教科指導法シリーズ
改訂第2版

小学校指導法

理 科

石井恭子
市川直子
編著

玉川大学出版部

改訂第2版まえがき

　本書は，小学校教員を目指す人が理科の指導法を身につけるためのテキストとして編集・執筆されたものである。理科は小学生が最も好きな教科の一つである。また，学級担任として理科を教える教員の約90％が理科全般の内容が好きだと答えている。しかし，教えることとなると半数以上が苦手としており，約7割が指導法についての知識が足りないと感じている（『平成20年度小学校理科教育実態調査』国立教育政策研究所より）。

　教員として，理科が好きという気持ちはとても大切である。教室から外に出て自然や季節を味わったり，理科室で実験をしたりすることは楽しい。特に小学校の理科で学ぶものは，昆虫や植物などの生き物や，太陽や風など日常的に出会う自然現象，磁石やゴムなどの身近な道具も多い。何気なく見ている自然の事物・現象を改めてじっくりと見て，あれ？不思議だな，どうなっているのかな？と思うことから理科の学習が始まる。まずは子どもたちと一緒に自然を見つめ，何が起きているか考えたり試したりすることを楽しむと良い。しかし，ただ子どもと一緒に楽しい，不思議と思っているだけでは授業にならない。理科教育の目標を考え，適切な実験や観察の方法を身につけ，安全な理科の授業を行えるようになることが大切である。

　理科で学ぶことは，科学の知識や観察・実験の技能を身につけることだけではない。ものごとを科学的に考えたり判断したりすることも重要なことである。

　2020年，新型コロナウィルス感染症の大流行によって多くの人の命や健康が脅かされ，世界中の人々の生活が大きく変わった。感染の仕組みやワクチンなど，科学に関心を持った人も多いだろう。他にも，ゲリラ豪雨や大型台風，プラスチックゴミによる海洋汚染など，簡単には解決できない多くの問題が起きている。ともすると，自分たちの生活に直接関わりを感じられない問題については，日常の便利さを優先し，考えないで過ごしてきたかもしれない。しかし，これらの問題はすべて地球全体の循環の視点から考える必要がある。水も空気も地球全体を循環しており，私たち人間を含む全ての生命が関わり合っているからである。教員になる皆さんも，自分たちの身の回りのできごとや環境問題など科学的な話題について関心を持ってほしい。

本書は，16章で構成されている。第1章から第10章までは理論編である。理科という教科の目標や特性，特に重要な「問題解決の力」「理科の見方・考え方」に始まり，授業における子どもの考え方や理科授業を作るための基本的なことを丁寧に解説してある。このテキストを読む際は，『小学校学習指導要領解説（理科編）』を傍におき，該当する部分を照らし合わせながら読んで理解を深めてほしい。第11章から第14章は実践編である。指導案や授業作りに必要な教材の解説は，実際に行われた授業を基にして書かれたものである。教科書や教師用指導書，インターネットの情報なども参考にしながら本書を読み進め，授業作りを学んでほしい。第15章と第16章は，理科室運営や飼育・栽培など，子どもたちが安全に観察・実験に取り組むために必要な事項が記されている。各章の終わりに示されている課題に取り組んだり，参考文献を読んだりして，さらに深く学んでいかれることを願っている。

編者

目次

改訂第2版まえがき

I　理論編 ……………………………………………………………… 1
　第1章　理科教育の意義と役割 ……………………………………… 3
　　第1節　教育の目的と理科教育 …………………………………… 3
　　第2節　2030年代の社会と理科教育 ……………………………… 6
　　第3節　日本の児童・生徒の現状 ………………………………… 7
　　第4節　これからの理科教育 ……………………………………… 9
　　第5節　学びの連続性の視点から考える理科教育 ………………13

　第2章　理科教育の目標と内容 ………………………………………21
　　第1節　理科の目標 …………………………………………………21
　　第2節　各学年の目標及び内容 ……………………………………26

　第3章　理科教育の変遷 ………………………………………………47
　　第1節　明治・大正の理科教育 ……………………………………47
　　第2節　昭和・平成の理科教育 ……………………………………49
　　第3節　今次の理科教育の改革 ……………………………………51

　第4章　現代の理科の教授学習論 ……………………………………53
　　第1節　現代の学習論の基本的な考え方 …………………………53
　　第2節　現代の学習論を踏まえた学習指導法の基本的な考え方 … 57

　第5章　子どもの考えに基づく理科教育の方法 ……………………63
　　第1節　子どもの考えに基づく理科学習指導の視点 ……………63
　　第2節　子どもの考えに基づく理科学習指導の具体化 …………67
　　第3節　子どもの考えに基づく理科学習指導の課題 ……………71

　第6章　理科学習評価の視点とその方法 ……………………………74
　　第1節　理科学習評価の基本的な視点 ……………………………74
　　第2節　理科学習指導に生かす評価 ………………………………79

　第7章　理科教育の指導法 ……………………………………………85
　　第1節　理科における「主体的・対話的で深い学び」の実現 …… 87

　　第2節　「見方・考え方」を働かせる理科授業 ……………………… 93

第8章　学習指導計画の作成 …………………………………………… 100
　　第1節　カリキュラム・マネジメントと学習指導計画 …………… 100
　　第2節　各学年の年間指導計画 ……………………………………… 106

第9章　学習指導案の作成 ……………………………………………… 115
　　第1節　学習指導案作成の意義とその役割…………………………… 115
　　第2節　学習指導案作成のポイント ………………………………… 118

第10章　ICTの活用とプログラミング教育 ………………………… 125
　　第1節　ICTの活用……………………………………………………… 125
　　第2節　プログラミング教育 ………………………………………… 132

Ⅱ　実践編 ………………………………………………………………… 137
第11章　「エネルギー」を柱とする領域の授業づくり ……………… 139
　　第1節　学習のねらいと内容 ………………………………………… 139
　　第2節　「エネルギー」の学習教材の研究と開発 ………………… 141
　　第3節　学習指導法と実践 …………………………………………… 149
　　資　料　「問題解決で目指す力」「考え方」と「見方」
　　　　　　（エネルギー）……………………………………………… 161

第12章　「粒子」を柱とする領域の授業づくり ……………………… 162
　　第1節　「粒子」の学習教材の研究と開発 ………………………… 162
　　第2節　「粒子」の学習の指導法と実践 …………………………… 170
　　資　料　「問題解決で目指す力」「考え方」と「見方」（粒子）…… 191

第13章　「生命」を柱とする領域の授業づくり ……………………… 192
　　第1節　「生命」の学習のねらいと内容 …………………………… 192
　　第2節　「生命」の学習教材の研究と開発 ………………………… 194
　　第3節　「生命」の学習の指導法と実践 …………………………… 202
　　資　料　「問題解決で目指す力」「考え方」と「見方」（生命）…… 215

第14章　「地球」を柱とする領域の授業づくり ……………………… 216
　　第1節　学習内容 ……………………………………………………… 216
　　第2節　「地球」の学習教材の研究と開発 ………………………… 219

　　　第3節　「地球」の学習の指導法と実践 ……………………………… 222
　　　資　料　「問題解決で目指す力」「考え方」と「見方」（地球）…… 235

Ⅲ　学習環境編と安全指導……………………………………………………… 237
第15章　理科室経営と安全指導 ……………………………………………… 239
　　　第1節　理科室経営 ……………………………………………………… 239
　　　第2節　理科室使用の安全指導 ………………………………………… 241
　　　第3節　理科室で起りやすい事故事例…………………………………… 243
　　　第4節　理科実験器具の安全な取り扱い………………………………… 245
　　　第5節　小学校理科で扱う薬品の管理…………………………………… 247

第16章　飼育・栽培活動の指導 …………………………………………… 252
　　　第1節　飼育・栽培活動の意義と役割…………………………………… 252
　　　第2節　飼育・栽培活動の指導 ………………………………………… 255

　　索引 …………………………………………………………………………… 269

I　理論編

　小学生の多くは「理科が楽しい」というが，実験や観察などの活動が楽しいだけで予想や仮説を考えたり実験結果から考察したりするのは苦手という子供も多い。しかし，理科の授業では，観察や実験をさせるだけでなく，結果を表現させたり話し合ったりする学習活動を充実させることが大切である。理科の授業では，観察や実験を経験して知識や技能を習得するだけではなく，思考したり表現したり対話したりすることによって，未知の状況にも対応できるような科学的思考力を身に付けることが目指されているからである。理論編では，「主体的・対話的で深い学び」を実現するための学習指導理論を学んでいく。

　第1章から第3章では，学習指導要領に示された理科の目標や内容，理科教育の変遷を学ぶ。第4章から第6章では，子供の考えに基づく理科指導のあり方や評価の考え方を学ぶ。第7章から第9章では，「主体的・対話的で深い学び」を実現する指導のあり方や指導計画の作り方を学ぶ。第10章では，ICT活用とプログラミング教育について学ぶ。

理科教育の意義と役割

　本章では，まず学校教育全体の目的・目標に触れ，理科教育の意義について明らかにする。次に，変化が激しいこれからの社会について一望し，教育及び理科教育について考え，日本の児童・生徒の現状を分析して，今後の理科教育の在り方について考える。

キーワード　教育の目的・目標　学習指導要領　生きる力　資質・能力　問題解決学習　主体的・対話的で深い学び　カリキュラム・マネジメント

第1節　教育の目的と理科教育

1. 教育の目的・目標

　我が国の教育の目的は，「人格の完成を目指し，平和で民主的な国家及び社会の形成者として必要な資質を備えた心身ともに健康な国民の育成を期して行われなければならない」（教育基本法第1条）とある。ここでいう人格とは「人が，ひとりの人間としての価値をもち，独立して存在するときに必要な精神的資格」（国語大辞典）と定義される。この教育の目的は，我が国の憲法第11条の「国民の基本的人権」や第26条「教育を受ける権利」等に支えられて実現できることを理解していなければならない。

　また，教育基本法第2条にはその目的を実現するために，5項目の目標を達成するよう促している。例えば1項には「幅広い知識と教養を身に付け，真理を求める態度を養い，豊かな情操と道徳心を培うとともに，健やかな身体を養うこと」とある。この目標を達成することにより，より高い「人格の完成」と「心身ともに健康な国民」の育成を目指すことになる。「人格の完成を目指す」

ことについては，玉川学園の正門の石組に掲げられている次の言葉「人生の最も苦しい　いやな　辛い　損な場面を真っ先きに微笑みを以って担当せよ」(小原國芳) と考え方は同じ方向を示しているといえる。

　児童・生徒を育てる目的は，児童・生徒の個性を生かしながらその人間性や資質・能力を養い，自己実現を図ることにある。また，社会や家族のために，一隅を担うことができる社会性や情操を養うことにある。その目的を実現するためには，「知・徳・体」バランスの取れた人格の育成を図るよう求められている。我が国のこの教育の目的は，戦後70年以上変わらず目指してきた内容であり，今後も継続して目指す内容である。

2. 新しい学習指導要領のねらい

　日本及び国際社会の急激な変化や児童・生徒の状況の変化に対応するために，文部科学省は戦後ほぼ10年毎に学習指導要領を改訂することにより，その時代に適応する教育のねらいの改善を図ってきた。直近では，平成28 (2016)年12月に文部科学省中央教育審議会が，2030年代の社会を見据えながら学校教育を通して育てたい児童の姿として，次の3点を挙げている。
(1) 社会的・職業的に自立した人間として，我が国や郷土が育んできた伝統や文化に立脚した広い視野を持ち，理想を実現しようとする高い志や意欲を持って，主体的に学びに向かい，必要な情報を判断し，自ら知識を深めて個性や能力を伸ばし，人生を切り拓いていくことができる。
(2) 対話や議論を通じて，自分の考えを根拠とともに伝えるとともに，他者の考えを理解し，自分の考えを広げ深めたり，集団としての考えを発展させたり，他者への思いやりを持って多様な人々と協働したりしていく。
(3) 変化の激しい社会の中でも，感性を豊かに働かせながら，より良い人生や社会の在り方を考え，試行錯誤しながら問題を発見・解決し，新たな価値を創造していくとともに，新たな問題の発見・解決につなげていく。

　この新学習指導要領のねらいの変化の背景には，日本を含めた国際社会の大きな変化がある。国際的なグローバル化や人工知能（AI）等の飛躍的発展による社会，産業・就業構造等の激変，少子高齢社会の到来等である。この社会の変化は明治維新及び太平洋戦争後に次ぐ，大きな変動であるといわれている。

　社会の大きな変化は，働く人々が備える能力についても変化を求め，例えばコンピューターやAIではできない創造性や経営・管理，もてなし等の能力の

育成を求めている。また，今後サービス産業が約8割を占めるといわれる先進諸国では，社会的能力，対人的能力や意欲，主体性等の汎用的能力が重視されるといわれている。学校教育においては，今までどちらかといえば学校に在籍した履歴や学歴が重視されてきたが，今後は在籍中に何を学びどんなことができるかが問われることになる。

　新学習指導要領のねらいは，新しい社会に対応できる「生きる力」としての「資質・能力」を身に付けた児童・生徒の育成を要請している。その「生きる力」としての「資質・能力」を次の3点に整理している。
（1）何を理解しているか，何ができるか（生きて働く「知識・技能」の習得）
（2）理解していること，できることをどう使うか（未知の状況にも対応できる「思考力・判断力・表現力等」の育成）
（3）どのように社会・世界と関わり，より良い人生を送るか（学びを人生や社会に生かそうとする「学びに向かう力・人間性等」の涵養）

3. 教育の目的・目標と理科教育

　理科教育においても「教育の目的・目標」や激変する社会で「生きる力」の「資質・能力」を育むことに貢献しなければならない。それは理科教育特有の目標である「自然の事物・現象についての問題を科学的に解決する（探究する）ために必要な資質・能力を育成すること」によって貢献できると考える。

　小学校の理科の目標は「自然に親しみ，理科の見方・考え方を働かせ，見通しをもって観察，実験を行うことなどを通して，自然の事物・現象についての問題を科学的に解決するために必要な資質・能力を育成することを目指すことであり，資質・能力3点の内容は，①「自然の事物・現象の理解，観察・実験の技能」②「問題解決の力」③「自然を愛する心情，主体的に問題を解決しようとする態度」である。

　新しい学習指導要領において目指す資質・能力の1点目は，「生きて働く『知識・技能』の習得」である。理科では「自然の事物・現象の理解，観察・実験の技能」を習得することであり，エネルギー領域（物理），粒子領域（化学），生命領域（生物），地球領域（地学・天文）の知識・概念や実験・観察の技能を習得することに当たる。「生きて働く『知識・技能』」を育成するためには，学習方法は児童・生徒を受け身にするのではなく，児童・生徒が自ら考え行動する学習方法によらなければならない。

　目指す資質・能力の2点目は，「未知の状況にも対応できる『思考力・判断力・表現力等』の育成」である。理科では「問題解決の力の育成」に当たり，問題の把握，予想，観察・実験，考察，結論をまとめるという一連の「問題解決学習」の実現により育成することができると考える。

　目指す資質・能力の3点目は，「『学びに向かう力・人間性等』の涵養」であり，このことは教育の目標である「人格の完成」に特に関わる内容である。理科では「自然を愛する心情，主体的に問題を解決しょうとする態度」に当たり，動植物を育てることや観察することから知識を獲得するばかりでなく，その面白さや愛らしさを体験し温かい人間性を身に付ける。また，電気教材や振り子，てこの原理などの規則性を見つけることから，自然への興味・関心を喚起し主体的に自然界の問題を解決する楽しさを身に付けたい。以上のように，理科教育においても学校教育全体の目的・目標の実現に貢献しなければならない。

第2節　2030年代の社会と理科教育

1. 2030年代の社会

　新しい学習指導要領のねらいを実現するに際し，現在及び誕生してくる児童・生徒が生活する2030年代の社会を予側しておく必要がある。

　我が国及び国際社会は，解決が困難な問題例えば地球温暖化や核廃絶の問題，人口増と食糧・水の問題，難民の問題，またグローバル化の進展や人工知能（AI）等の技術革新，人口減等による社会構造の激変，新型コロナウィルスの対応等の問題を抱えている。

　また，最近では第4次産業革命ともいわれる人工知能（AI）が人に替わってすべてを判断し，精密機械や物品を適切に動かしたり，製品の製造工程や交通機関を自動化したり，一国の経済の運営や金利，株価を適切に決定したりして人の仕事を奪ってしまうのではないかと懸念をもたれている。社会及び国の意思決定のシステムにしても，インターネットの普及により，伝統的な選挙による投票行動や議会制民主主義による意思決定ではなく，インターネット上の世論や意見が社会及び国の意思決定に強い影響を与えるようになるのではないかと考えられている。

2. 2030年代の社会と理科教育

　社会の変化が加速度的に早くなり複雑になる中で，児童・生徒が豊かな人間性を身に付け，豊かな人生を送り，家族や地域社会の運営を担うためにはどのような人格や資質・能力を身に付ければよいのだろうか。

　まず大切なことは自分と家族・地域社会の幸福のために働くという「前向きで健全な精神」を育てることである。この精神を育てることができなければ，玉川学園の創立者小原國芳の言う「神なき知育は知恵ある悪魔をつくることなり」が該当することになる。次に大切なことは，児童・生徒が「主体性」をもって考え行動できる力を育てることである。温暖化の問題を始めとして地球上で起きている問題は誰かが考え解決してくれる問題ではなく，人類の一人ひとりが考え行動しなければ解決できない。3番目に，伝統的な枠の中で解決策を考えるのではなく，今までの枠を出て考える「柔軟な思考」ができる児童・生徒を育てることである。新しい通信システムや経済活動，製品は伝統的なシステムや製品を超えた発想から生まれる。4番目に，先入観や一時の感情に捉われず事実に基づく「科学的な考え方」ができる児童・生徒を育てることである。インターネット上の世論や意見が，根拠のない一方的な感情や意見に爆発的に傾くのは，事実を確認せず根拠に基づく科学的な考え方で思考・判断しないところから生まれる。最後に，主体的に行動できるとともに他の人と「協働できる児童・生徒」を育てることである。健全な家族・社会の形成や維持，新しい製品やサービス，新しい世論や社会活動を生み出すためには，主体性とともに他の人と話し合い協働できる児童・生徒を育てることである。以上の資質・能力をもった児童・生徒を育てるためには，理科の目標を具体的に達成する努力が必要であり，そのためには，「主体性・対話的で深い学び」を実現する授業を継続的に研究・実践する必要がある。

第3節　日本の児童・生徒の現状

　これからの理科教育について述べるにあたり，日本の児童・生徒の理科に関する現状を知っておきたい。日本の児童・生徒の現状は，二つの国際調査と文部科学省の「全国学力・学習状況調査」によってうかがい知ることができる。

1. 学習到達度調査（PISA2015）─経済協力開発機構（OECD）

　本調査は，学校で学習した内容の理解度を見るのではなく，15歳児が持っている知識や技能を，実生活の様々な場面でどれだけ活用できるかを見るものである。科学的リテラシー及び読解力，数学的リテラシーの3分野を2000年以降，3年ごとに調査している。調査の参加国は，72カ国54万人が参加し，日本からは198校約6600人の生徒が参加した。結果は次の通りである。

（1）科学的リテラシーの得点は，538点で72カ国中2位である。

（2）「現象を科学的に説明する能力」，「科学的探究を評価して計画する能力」，「データと証拠を科学的に解釈する能力」は，72カ国中2位である。

（3）「将来のために理科学習を勉強する」は，OECD平均に近く課題である。

（4）「科学の話題は楽しい」「科学に関連する活動をする」「科学関連の話題を進んで説明する」等は，OECD平均より低く課題である。

2. 国際数学・理科教育動向調査（TIMSS2015）─IEA調査

　この調査は，国際教育到達度評価学会（IEA）が，児童・生徒の算数・数学及び理科の到達度を国際的な尺度によって測定し，児童・生徒の学習環境等との関係を明らかにするために4年に1度実施している。学校のカリキュラムで学んだ知識や技能が，どの程度習得されているかを中心に調査している。小学生は50カ国・地域27万人，中学生は40カ国・地域25万人が参加し，我が国は，148校の小学校4年生4400人，147校の中学校2年生4700人が参加した。

（1）理科の得点は小学校569点で47カ国中3位，中学校571点で39カ国中2位であり，前回に比較し得点が上昇し上位に位置している。

（2）「理科は楽しい」「理科は得意だ」と考える日本の小学校4年生は，90％と84％であり，国際平均（87％，75％）を上回っている。中学校2年生は66％と45％であり，国際平均（81％，53％）を下回っていて課題である。

（3）「理科は日常生活に役立つ」「望む仕事に付くために理科で良い成績をとる必要がある」と考える中学生は，62％と51％で国際平均（85％，72％）より低く課題であるが，前回よりは上昇している。

3. 全国学力・学習状況調査（文部科学省・国立教育政策研究所）

　2018（平成30）年4月に全国的な児童・生徒の学力と学習状況を把握・分析

し，教育施策の成果と課題を検証し，その改善を図るとともに，学校における児童・生徒への指導の充実や改善に役立てる目的で実施した。

　全国の小学校6年生107万7,930人，中学校3年生110万9,985人が参加した。小学校理科の結果は，次のとおりである。

（1）小学生全員の平均正答数は，16問中9.7問で，平均正答率は60.4％である。主として「知識」に関する問題の平均正答率は78.1％，「活用」に関する問題の平均正答率は56.3％である。

（2）問題を解決するために，実験方法を構想することに課題が残る。

（3）実験の結果を分析して，考察を加え記述することに課題が残る。

（4）実験の結果から妥当な考えを求め，記述することに課題が残る。

第4節　これからの理科教育

　PISA2015年調査やTIMSS2015年調査，2018年の全国学力・学習状況調査によると，日本の児童・生徒の科学的リテラシーの成績は国際的に上位にある。しかし，理科を学ぶ楽しさや関心・意欲が低く，理科に対する有用性を感じることに課題があり，また，問題を解決する観察・実験の方法を考える力や観察・実験の結果を分析して自然の規則性を見つけることに課題があることが分かった。また，米国のフォーブスによると世界の有力企業10社（2018年）に日本の企業は一社も入っておらず，進んで冒険し起業をする，また主体的に考え実行する日本人が少ないことが課題として挙げられている。これからの理科教育は，上のことを解決できる目標や内容を設定して改善する必要がある。

1. 興味が湧く楽しい理科

　先述のTIMSS2015の結果から，日本の小学校4年生で，「理科は楽しい」「理科は得意だ」と考えている児童は90％と84％である。一方，中学校2年生は，66％と45％であり，国際平均（81％，51％）を下回っている。児童・生徒が理科は楽しい面白いと思うときは，どんなときなのだろうか。それは，観察や実験を行うとき，予想通りの結果が出たときあるいは異なる結果が出たとき，自分が追究したい問題が解決したとき，顕微鏡等で日常とは異なる微小な事象等を見たとき等である。つまり，児童・生徒は，自然の事象に直接触れること

を好み，起きる現象に興味があり，自分が関わって見つけた問題を追究することに喜びを感じる。

　教師には，上の条件を満たす授業を企画し実施することが求められている。指導計画を立て，教材・教具を研究し，児童・生徒の主体性が発揮できる問題解決学習を実施する必要がある。適切な自然の事象を提示し，師弟で問題を取り出し，試行錯誤しながら解決方法を話し合い，観察・実験からデータを得て自然の規則性を見つけて解決に至る学習により，児童・生徒が興味深く取り組む理科の学習を実現しなければならない。

2. 豊かな自然体験

　理科教育の原点は，自然体験にある。自然について認識しようとする場合，自然の事象に直接触れる体験なしで認識することはできない。自然体験は，自然認識の基礎であり出発点でもある。幼児期から小学校中学年頃までの自然体験の内容は，水や泥，草や木，砂や石，虫や小動物，川や海，山や空，火の体験などが望ましい。これらの体験は，児童・生徒の視覚や聴覚，触覚，臭覚，味覚等の五感を育てる過程でもある。また，豊かな自然体験は，豊かな心を育てることにもなる。動植物の完成度の高い形質や岩石，山や海の景観の美しさ等は，柔らかな子どもの心に豊かな心情及び人格を育むことにもなる。

　小学校中学年から高学年の自然体験は，徐々に学習にのっとった体験に移行していく。動植物や流水，地層，火山，天体などは，追究する視点を持って観察する体験活動に組み入れられる。教室や実験室で再現できる物質・エネルギーの自然現象については，問題を設定し実験を通して追究するという体験活動になってくる。児童・生徒の理科教育及び人格形成の実現のために，幼児教育や小・中学校教育において，事物や現象に直接触れる自然体験や観察・実験を重視する授業をさらに増やしていかなければならない。

3. 自ら科学的に考え行動する力

　AI（人工知能）の発達や拡散する未来社会は，どんな社会なのか予測することが難しいといわれる。しかし，AIの発達した社会は，人間から仕事や生き甲斐を奪うのではなく，逆に人間は，より高度で精密な科学的な思考力や芸術的な感性が求められ，AIと共存する社会ではないかと考える。

　理科教育では，より高度で精密な科学的な思考力を育成することが求められ

るが, 新学習指導要領では, これを問題解決する資質・能力（①知識・技能, ②問題を解決する力, ③自然を愛する心情・意欲）として整理している。知識や技能ばかりではなく, 科学的に問題を考え解決することや自然を愛する心情や学習意欲も身に付けることをねらいとしている。児童・生徒が, 科学的に考え行動することができるようになるためには, 自然現象から問題を見出し, 予想や仮説を立て, 観察や実験をデザインして実施し, 結果を解釈して結論を導き出す方法等, 論理を組み立てる能力を繰り返し育てることである。ここで大切なことは, 教師主導型の授業ではなく, 児童・生徒が主体性をもって進める授業を実現することである。この資質・能力を育成するための授業の改善として「主体的・対話的で深い学び」が提案されている。

4. 理科における「主体的・対話的で深い学び」

「主体的・対話的で深い学び」には多様な学習方法があるが, 理科における学習方法の一つとして,「問題解決学習」がある。問題の発見・把握, 予想（仮説）・解決方法の立案, 観察・実験, 考察, 結論, 発展という6段階（または4～10段階）で問題を解決する方法である。6段階の学習過程では, 児童・生徒は受け身ではなく主体性が保障され, 友達と協力して問題解決を進め, 学習の楽しさを味わうことができる時間でなければならない。また, 各段階を形式的に固く守るのではなく, 学習内容（単元）によって柔軟に変えて, 真に児童・生徒が主体的・対話的に問題を解決する学習に深めることが大切である。

学習を深めるために今回の学習指導要領の目標では, 各教科特有の「見方・考え方」を働かせることを提示している。理科では問題を解決する場合自然の事象を「量的・関係的」な視点で捉えることや「比較」してみることにより, 問題の解決を容易にしたり知識・概念を深くしたりして「深い学び」を実現することが可能になる。児童・生徒からこの「見方・考え方」を引き出すためには, 教師が「見方・考え方」を熟知している必要がある。

5. 生活に密着する理科

「理科は日常生活に役立つ」「望む仕事に付くために理科で良い成績をとる必要がある」と考える日本の中学生は, 62％と51％で国際平均（85％, 72％）より低く, 課題である。また, 日本の16歳児の,「科学の話題は楽しい」「科学に関連する活動をする」については, OECD平均より低く, これもまた課題

である。

　今までの理科の学習は，獲得した知識・技能や科学的な考え方や方法が，社会や日常生活に役に立つことを指導してこなかったわけではないが，不足していたことは否めない。これからの理科教育では，獲得した知識や科学的な考え方を，社会や日常生活と密着させる学習を実施する必要がある。見つけた自然界の規則性が，技術として社会で活用されていることを学習したい。例えば，電気や磁石と電化製品，てこや振り子と生活上の道具，動植物と農業畜産，天気や流水と災害等の学習が考えられる。獲得した知識・技能や問題を解決する力が社会生活を送る際に活用でき，将来の職業に応用できるとき真に生きる力になりうると考える。

6. カリキュラム・マネジメントと理科

　各学校においては，新学習指導要領のねらいを実現するために学校教育目標の見直しから始め，教科等の目標や内容を新たに編成し直す必要がある。その際，教科等横断的な学習を充実することや，「主体的・対話的で深い学び」の実現に向けた授業改善を行うことが求められる。これらの実現のためには，児童・生徒や地域の実態を把握し，必要な人的・物的体制の確保，教育課程の改善等を通して，学習効果の最大化を図るカリキュラム・マネジメントに努めることが求められる。

　理科において目標を実現するためには，国語，算数，社会科，家庭科等の教科との連携が不可欠である。特に，総合的な学習の時間との連携は，問題解決の力と態度を育成することに効果があると考える。総合的な学習の時間では，児童・生徒が地域の身近な問題を取り上げやすいことから関心が高く，その問題をグループで主体的・対話的に追究することが可能であり，地域の自然や人々と密接に関わりながら問題解決の力と態度を身に付けることができる。その過程で自然に関する知識や概念も獲得できると考える。

第5節　学びの連続性の視点から考える理科教育

1. 幼小連携と理科教育

　2017年に改定された学習指導要領では，「カリキュラム・マネジメント」「社会に開かれた教育課程」と関連して，幼小・小中・中高といった学校段階間の円滑な接続が重視された。幼児期から初等中等教育まで一貫した子どもの育ちと学びの連続性の視点から，幼児教育においても「幼児期に育みたい資質・能力」「見方・考え方」が小・中・高等学校と同じ構造で教育課程に明記されている。小学校学習指導要領解説においても，幼稚園教育要領が付録として載せられた。

　特に幼小連携については，幼稚園・保育所・幼保連携型認定こども園を幼児教育として一体的にとらえるとともに，小学校教育との円滑な接続を図ることが目指され，「幼児期の終わりまでに育ってほしい姿」(10の姿)が明確にされた。幼稚園教育要領と保育所保育指針には「幼児期の終わりまでに育ってほしい姿」「幼児期に育みたい資質・能力」等多くの事項が共通して示されている。

　小学校においても，幼児教育を通して育まれた資質・能力を踏まえた教育活動を実施することが求められた。具体的には，小学校入学当初において「スタートカリキュラム」が生活科を中心として示され，遊びを通して総合的に育まれる幼児期の学びを生かして，教科等に分化した学校の学びへの滑らかな接続が求められるようになった。

　以下，5つの観点から理科教育における幼小連携を検討しておく。理科は小学校3年生からであるため，必要に応じて生活科についても検討する。

　まず，「幼児期に育みたい資質・能力」を見てみよう。

表1-1　「幼児期に育みたい資質・能力」

(ア)豊かな体験を通じて，感じたり，気付いたり，分かったり，できるようになったりする「知識及び技能の基礎」 (イ)気付いたことや，できるようになったことなどを使い，考えたり，試したり，工夫したり，表現したりする「思考力，判断力，表現力等の基礎」 (ウ)心情，意欲，態度が育つ中で，よりよい生活を営もうとする「学びに向かう力，人間性等」

「感じる」「気付く」「わかる」「できる」などが知識・技能の基礎として,「考える」「試す」「工夫する」「表現する」などが思考力・判断力・表現力として示されている。以下表1-2に幼児教育と生活科,理科の資質能力のキーワードを挙げた。幼児教育と生活科の「気付く」「わかる」が理科では「理解」に,幼児教育の「できる」が生活科と理科では「身に付ける」となっており,段階的な連続性が見られる。この3つの柱については,実際には渾然一体となって育つものであることを理解しておく必要がある。また,幼児期は生涯にわたる人格形成の基礎を培うものであることから,「知識及び技能の基礎」「思考力,判断力,表現力等の基礎」と明記されている。

表1-2 幼児教育,生活科,理科における資質能力の捉え

	幼児教育	生活科	理科
資質・能力 (知識・技能)	「感じる」「気付く」「わかる」「できる」	「気付く」「身に付ける」	「理解」「身に付ける」
資質・能力 (思考力)	「考える」「試す」「工夫する」「表現する」	「自分との関わりで捉え」「考え」「表現する」	観察・実験などを行う問題解決(比較,関係付け,条件制御,多面的に考える)
資質・能力 (学びに向かう力・人間性等)	心情,意欲,態度が育つ中で,よりよい生活を営もうとする	自ら働きかけ意欲や自信を持って学んだり,生活を豊かにしたりしようとする	主体的に問題解決しようとする 生物を愛護する(生命を尊重する)

　次に「幼児期の見方・考え方」を見ていく。2017年度幼稚園教育要領では,「総則　第1幼稚園教育の基本」に「幼児が身近な環境に主体的に関わり,環境との関わり方や意味に気付き,これらを取り込もうとして試行錯誤したり,考えたりするようになる幼児期の教育における見方・考え方を生かし」という文が付け加えられた。ここでも,「主体的に関わり」「気付き」「試行錯誤」「考え」など,環境に直接関わる中での幼児期の学びが明らかにされている。これまでにも,環境に自ら関わり試行錯誤したり考えたりする幼児期の子供たちの姿は事例報告などで明らかにされてきたが,教育課程上に明記されたことで,幼小の学びの連続性が一層重視されたといえる。
　3つ目に,幼児教育のねらいと内容を幼児の発達の側面からまとめ示した5

つの領域（「健康」「人間関係」「環境」「言葉」「表現」）の中で特に理科との関わりが深い「環境」について見ていく。領域「環境」のねらいは，表1－3に示すように，自然や身近な事象と関わり，発見を楽しんだり考えたり，物の性質等の感覚を豊かにすることとされており，理科の目標にある「自然に親しみ」「問題解決の力」「問題解決しようとする態度」につながる。

表1-3　幼稚園教育要領第2章　領域「環境」のねらい

> (1) 身近な環境に親しみ，自然と触れ合う中で様々な事象に興味や関心をもつ。
> (2) 身近な環境に自分から関わり，発見を楽しんだり，考えたりし，それを生活に取り入れようとする。
> (3) 身近な事象を見たり，考えたり，扱ったりする中で，物の性質や数量，文字などに対する感覚を豊かにする。

さらに，領域「環境」の内容には，「自然に触れて生活し，その大きさ，美しさ，不思議さなどに気付く」「生活の中で，様々な物に触れ，その性質や仕組みに興味や関心をもつ」「季節により自然や人間の生活に変化のあることに気付く」「自然などのに関心をもち，取り入れて遊ぶ」「身近な動植物に親しみをもって接し，生命の尊さに気付き，いたわったり大切にしたりする」「身近なも物や道具に興味をもって関わり，自分なりに比べたり，関連付けたりしながら考えたり，試したりして工夫して遊ぶ」などが示されている。ここで挙げられた「自然」「様々な物」「季節」「身近な動植物」などに関わる対象は，生活科でも学習対象として「地域の行事・出来事」「身近な自然」「身近にあるもの」「動物」「植物」などとして明記されており，学習内容としても「季節の変化と生活」「自然や物を使った遊び」「動植物の飼育・栽培」として示されている。さらに理科では「身の回りの生物」「季節と生き物」「植物の発芽，成長，結実」「動物の誕生」「風とゴムのはたらき」「光と音の性質」，「流れる水の働きと土地の変化」などに分化されていく。また，「比べ」「関係付け」「試す」「工夫」などの学習活動も生活科や理科に示されている用語と同じである。「比べる」と「関係付ける」は，理科学習の根幹である問題解決の過程の中で用いる考え方として位置付けられており，生活科でも分析的に考えることとして位置付けられている。また，「試す」「工夫する」は，生活科での「創造的に考えること」に位置付けられている。

　最後に「幼児期の終わりまでに育って欲しい10の姿」の中から，特に理科に関連が深い「思考力の芽生え」と「自然との関わり・生命尊重」を検討する。

　「思考力の芽生え」には，「物の性質や仕組みなどを感じ取ったり，気付いたりし，考えたり，予想したり，工夫したりする」や「友達の様々な考えに触れる中で，自分と異なる考えがあることに気付き，自ら判断したり，考え直したりするなど，新しい考えを生み出す」など，理科における思考力につながることが明記されていることがわかる。

　「自然との関わり・生命尊重」では，「自然の変化などを感じ取り，好奇心や探究心をもって考え言葉などで表現しながら，身近な事象への関心が高まるとともに，自然への愛情や畏敬の念をもつ」「身近な動植物に心を動かされる中で，生命の不思議さや尊さに気付き，身近な動植物への接し方を考え，命あるものとしていたわり，大切にする気持ちをもって関わる」と書かれている。

　以上見てきたように，幼児教育の教育課程には，小学校生活科や理科との共通点が非常に多く，幼児期の育ちを受けて，小学校で伸ばしていくことが求められていることがわかる。こうした姿は，園の環境の中で幼児の自発的な活動である遊びを通して総合的に育まれていくものであり，教科や領域等で分けられるものではないことを理解する必要がある。そのためには，小学校教員が近隣の幼稚園や保育所に出かけ，子どもたちの遊びの姿やそれを育む保育者の関わりを見ることも大切である。

2. 幼児期における自然と関わる学び

　子どもたちは，お天気がよければ園庭に出て，樹木や花壇などで，花や種，実などを見つけて遊びながら季節を感じたり命の営みを感じたりする。また，草むらで虫を見つけたり，うさぎなどの飼育動物を抱っこしたりして関わりながら，命を感じていく。また，斜面でどんぐりを転がしたり，おもちゃを作ったりしながら，何度も繰り返したりよく動くような工夫をしたりする。砂場では，トンネルを掘ったり水を流して川を作ったりして土や砂の感触を楽しむこともある。理科において「エネルギー」「粒子（物質）」「生命」「地球」と示される領域のすべてが，園の環境の中に含まれており，子どもたちはその環境に自ら働きかけることで，自然事象の不思議さや仕組みに気づいていく。また，試行錯誤したり，友だちと比べたり，絵や文字で表わしたりすることもある。その中で，自然への気付きだけでなく，豊かな感性，自立心や協同性，道徳性など

も育まれていく。自然環境と直接関わる体験こそが，幼児期の人格全ての育ちに繋がるのである。幼児期の学びは，遊びを充実する中で育まれており，子どもたちの経験は，小中学校の教科のように分かれて行われるわけではない。

幼児教育の保育者と学校の教師の関わりも異なる。幼児が自ら周りの環境に手を伸ばし興味や関心をもって追究していけるよう，保育者は園の中に豊かな自然や季節感，生き物と触れ合える場や時間などの環境を整える。さらに，ともに遊んだり，遊びを工夫したくなるような関わりをすることによって，子供が自発的に遊ぶ中で，考えたり工夫したりしていくことが目指されているのである。「主体的に環境に関わり」，「考え」たり「表現」したりすることによって，さらに興味関心が深まり，知識が身に付いたり技能が高まったりすることも多い。保育者が直接何かを教えるのではなく，子どもが自ら学んでいく環境を整えることが，「環境を通して行う教育」である。

幼稚園教育要領解説では，子どもの学びや教師の関わりの事例も示されている。表1-4に，「自然との関わり・生命尊重」におけるウサギの世話の事例と「言葉による伝え合い」におけるこもれびの発見と伝え合いの事例を示す。子どもが自然と関わる活動は，様々な視点から意味付けられている。示された，実際の子どもの活動は領域別に行われるものではないことが読み取れるだろう。

表1-4　幼児の活動と教師の関わりの事例（幼稚園教育要領解説より）

幼児の活動	教師の関わり
自然との関わり・生命尊重（p.61）より	
幼児は，身近な動植物に愛着をもって関わる中で，生まれてくる命を目の当たりにして感動したり，ときには死に接したりし，生命の不思議さや尊さに気付き，大切にする気持ちをもって関わるようにもなる。5歳児の後半になると，動植物との関わりを積み重ねる中で，ただかわいがるだけでなく，命あるものとして大切に扱おうとする姿も見られるようになっていく。例えば，学級で飼育しているウサギの世話をしているとき，ケージを掃除している間に年下の幼児にウサギを抱かせてあげている。掃除が終わると「あったかいでしょう」「ギュッとすると苦しいから，やさしくね」「ずっと抱っこしているとウサギが疲れちゃうから，	教師は，飼育や栽培を通して単に世話をすることを教えるだけでなく，動植物への親しみや愛着といった幼児の心の動きを見つめ，ときには関わり方の失敗や間違いを乗り越えながら，命あるものをいたりわり大切にする気持ちをより育むように援助することが重要である。身近な動植物との関わりの中での様々な出来事に対して，それぞれの生き物に適した関わり方ができるように，幼児と一緒に調べたり，幼児たちの考えを実際にやってみたり，そこ

そろそろお家に帰してあげようね」などと，日頃のウサギとの関わりから感じていることを，年下の幼児に伝える姿が見られる。	で分かったことや適切な関わり方を，学級の友達に伝えたりする機会をつくることも大切である。
言葉による伝え合い（p.65）より	
教師が読み聞かせをした絵本の中に「こもれび」という言葉がある。遠足に行ったとき，皆で木立の間を散策していると，数名の幼児が木の下から空を見上げ，「わあ，きれい」「キラキラしてる」「まぶしいね」「目がチカチカする」などと話している。すると，一人の幼児が思い出したように「これ，こもれびだ」と言う。「ああ，こもれび」「こもれびって，キラキラしてるね」と見上げながら会話が続く。近くに来た友だちにも「見てこもれびだよ」と伝えて一緒に見る。地面に映ったこもれびを見付けると，「下もきれいだよ」「ほんとうだ」「あっちにもあるよ」などと気付いたことを伝え合いながら，散策が続いていく。	教師は，幼児の状況に応じて，言葉を付け加えるなどして，幼児同士の話が伝わり合うように援助をする必要がある。また，絵本や物語の世界に浸り込むことで，豊かな言葉や表現に触れられるようにしたり，教師自身が豊かな表現を伝えるモデルとしての役割を果たすことで，様々な言葉に出会う機会を作ったりするなどの配慮をすることが必要である。

　ウサギの事例では，園で継続的に関わり世話をしたり可愛がったりする中で，命の尊さを実感し，それを年少児にも言葉で伝えている。こうした姿は自動的に育つものではなく，教師自身が幼児と一緒にやってみたり，伝え合う機会を作るなどの関わりをすることの大切さが述べられている。

　また，こもれびの事例では，遠足で出会った木漏れ日に「キラキラ」「まぶしい」「チカチカ」などと表現する中で，絵本で触れたことばを思い出した一人の幼児のつぶやきから，太陽光が目に見えたり反射したりする自然の様子への関心が広がっている。ここでも，教師自身が子どものロールモデルとして自然に対する豊かな感性を持つことの重要性が述べられている。

　小学校理科においても，子供たちの興味・関心は，生活の中で育まれていくものであり，教師は子どもの姿をよく見て一人ひとりを生かすことや，子供同士の関わり合い，伝え合いの機会を作ることが大切である。また，教師自身が自然に親しみ，さまざまな自然事象に関心を持つことが重要である。

　幼児期に育まれた好奇心や探究心は，「学びに向かう力」として小学校理科において発揮されていく。特に，時間に分断されていない幼児期に夢中になって遊ぶことにより，対象の特性を熟知した博士になったり，工夫の名人になったりしている。一方で，すべての子どもが同じ経験を積んでいるわけではな

いため，小学校入学時の姿として，一律に捉えてはならないことを理解しておく必要がある。経験が豊富な子どもは知識もあり，意欲的であることが多いが，虫に苦手意識を持っている子や，汚れたり濡れたりする砂場遊びは好まない子どももいる。小学校3年生以上の理科においても，一人一人のそれまでの経験や生育環境の違いを踏まえた上で，関心や意欲がもてるような指導をすることが求められる。

3. 幼児期の学びを踏まえた小学校理科の指導

　幼児期の学びは，遊びの中での学びである。学ぶことを意識しているわけではないが，楽しいことや好きなことに集中する中で様々なことを学んでいくのであり，「学びの芽生え」とも言われる。それに対して，児童期の学びは自覚的な学びと言われる。集中する時と休憩時間の区別がつき，与えられた課題を自分の課題として受け止め，計画的に学習を進めることができるようになっていく。

　ただ，小学校理科は，学級の子どもたちと生活をともにしている担任が担当し，学習対象は児童の生活に身近な自然環境や自然事象である。これまで見てきたように，幼児期に遊びの中で出会ってきた生き物や自然現象が，小学校の学習内容にもつながっている。ただ，全ての子どもが同じ経験や気付きをしているわけではないことから，理科の学習においては，まず子どもたちが自発的に自然に関わることによって，不思議だな，なんだろう？と興味や関心をもてるように，丁寧な自然体験から始めることが必要である。現実の自然に直接関わることなくして，教科書にある言語的な知識を覚えても，自然への関心も畏敬の念も育たない。また，教師自身が様々な自然に関心をもって関わり，子どもと一緒に発見を楽しんだり，考えたりして，学ぶ姿勢をもつことが重要である。

課　題

1. 日本の教育の目的，目標の内容について記述しなさい。
2. 新学習指導要領のねらいについて，記述しなさい。
3. 2030年代の社会と求められる資質・能力について記述しなさい。
4. 児童・生徒の理科の資質・能力の現状について記述しなさい。
5. これからの理科教育はどうあればよいか記述しなさい。

参考文献

井上智洋著『人工知能と経済の未来』文芸春秋，2016年

『資質・能力（理論編）』国立教育政策研究所，2016年

『主体的・対話的で深い学びを拓く』独立行政法人教職員支援機構，2018年

文部科学省『小学校学習指導要領（平成29年告示）解説　理科編』東洋館出版社，2018年

文部科学省『中学校学習指導要領（平成29年告示）解説　理科編』学校図書，2018年

文部科学省『小学校学習指導要領（平成29年告示）解説　総則編』東洋館出版社，2018年

文部科学省『平成29年　幼稚園教育要領』

文部科学省『幼稚園教育要領解説』フレーベル館，2018年

文部科学省『新幼稚園教育要領のポイント』

『幼，小，中，高校及び特別支援学校の学習指導要領等の改善及び必要な方策等について』中央教育審議会答申，2017年

第 **2** 章

理科教育の目標と内容

第2章では，『小学校学習指導要領（平成29年告示）理科』の全文を掲載し，小学校理科の目標と内容について解説を加える。目標は第3学年〜第6学年全体の目標と各学年の目標からなり，全体の目標は「自然の事物・現象の問題を科学的に解決するために必要な資質・能力を育成する」ことである。この目標を実現するために，各学年で学習する自然事象に関する学習内容を4領域（物質，エネルギー，生命，地球）に配置し4年間かけて学習する。

キーワード　理科の目標　理科の見方・考え方　問題解決学習　自然を愛する心情

第1節　理科の目標

小学校の理科の目標は，『小学校学習指導要領理科』の目標に次のように記述されている。

　自然に親しみ，理科の見方・考え方を働かせ，見通しをもって観察，実験を行うことなどを通して，自然の事物・現象についての問題を科学的に解決するために必要な資質・能力を次のとおり育成することを目指す。
(1) 自然の事物・現象についての理解を図り，観察・実験などに関する基本的な技能を身に付けるようにする。
(2) 観察・実験などを行い，問題解決の力を養う。
(3) 自然を愛する心情や主体的に問題を解決しようとする態度を養う。

小学校理科の最終的な目標は，「自然の事物・現象についての問題を科学的に解決するために必要な資質・能力を育成する。」ことにある。資質・能力は (1) 知識・能力，(2) 問題解決の力，(3) 心情・態度の3点に整理しているが，相

互に関連し合っているので，(1)(2)(3)の順に育成するものではなく，問題解決の学習の過程において総合的に育成するものである。

1．「自然に親しむ」について

「自然に親しむ」ことは，理科教育の原点である。自然について学習し認識しようとする場合，事物や現象に直接触れる体験なしで認識することは不可能に近い。小学校低学年までに親しむ自然の内容は，水や泥，草や木，砂や石，虫や小動物，川や海，山や空，火の体験などをすることが望ましい。これらの体験は，児童・生徒の視覚や聴覚，触覚，臭覚，味覚等の五感を育てる過程でもある。また，豊かに自然に親しむ体験は，豊かな心を育てることにもなる。

小学校中・高学年の自然体験は，理科の学習に沿った体験に移行していく。動植物や流水，地層，火山，天体などは追究する視点をもって観察する学習活動に組み入れられる。教室や実験室で再現できるエネルギー・粒子の自然現象については，実験を通して探究するという学習活動の対象として取り上げられる。児童・生徒の科学的に問題を解決する資質・能力及び人格形成の実現のために，幼児教育や小・中学校教育において，自然の事物や現象に直接触れる自然体験や観察・実験を重視する授業をさらに大切にしなければならない。

2．「理科の見方・考え方」について

前回の学習指導要領理科においては，「科学的な見方・考え方」は理科全体の目標を示していたが，今回の「理科の見方・考え方」は，資質・能力を育成する過程で児童が働かせる「物事を捉える視点や考え方」であること，さらには，各教科等を学ぶ本質的な意義や中核をなすものとして整理された。理科では問題解決の過程で，自然の事物・現象をどのような視点で捉えるかという「見方」については，領域ごとの特徴から次のように整理された。

(1)「エネルギーの領域」では，「量的・関係的」な視点で捉える。

(2)「粒子の領域」では，「質的・実体的」な視点で捉える。

(3)「生命の領域」では，「共通性・多様性」の視点で捉える。

(4)「地球の領域」では，「時間的・空間的」な視点で捉える。

4点は科学の4領域の学問の本質またはバックボーンであるとも考えることができる。ただ，これらの視点は領域固有のものではなく，他の領域においても用いられる視点であること，また，これら以外の「原因と結果」「部分と全体」

等の視点もあることに留意する必要があり，あまり固定的に考えてはならない。

「考え方」については，これまで理科で育成を目指してきた問題解決の能力を基に整理した。問題解決の過程で用いる「比較」や「関係付け」「条件制御」「多面的に考える」等を「考え方」とした。これは問題を解決するための「科学的な方法」に当たると考えられる。

「見方」と「考え方」は，別々に考えるのではなく「見方・考え方」として総合的に扱うことになる。児童は3学年の当初から「見方・考え方」を全てに働かせて問題を解決することは難しい。初めは単純に「比較する」ことや「関係付ける」ことを学習経験から得て，やがて5・6年生になり「条件を制御する」学習や「多面的に考える」学習を経て，それぞれの「考え方」を駆使することができるようになる。例えば，「量的・関係的」な視点等は，3学年の「風の力の働き」において，風の強さ（量）と車の距離（量）の関係を実際の体験の中から得て，その見方は次の磁石や電気の学習で活用できるようになる。

「見方・考え方」が普段からできるようになれば，問題を科学的に解決する資質・能力がさらに向上することになる。ただ，この「見方・考え方」を教師から児童へ一方的に注入することは慎み，あくまでも児童の生活経験や既習事項から引き出し，主体的な問題解決学習の中で自ら働かせ身に付けるように授業構成を工夫しなければならない。

3. 「見通しをもって観察，実験を行うこと」について

「見通しをもつ」前提として，教師と児童は解決する「問題」を明確にもっていなければならない。単元や単位時間の初めに教師は「問題づくり」の場を設定する。自然事象の実物を用意し，児童は見る，触れる，観察・実験する等を試み，そこから「理解できること」と「疑問や調べてみたいこと」を引き出す。「疑問や調べてみたいこと」について話し合い，児童の力で解決できる問題を数項目に絞り，学級の問題として意図的・計画的に解決を目指す。

問題を得たところで，「解決の見通し」を考える。児童は既習の内容や生活経験から，問題の解決を図るための根拠のある予想や仮説，解決するための観察，実験を考える。児童相互が十分に話し合うことが重要であり，教師主導ではなく児童が主体の実感を伴った「見通し」をもつようにしなければならない。

理科の「観察，実験を行う」ことは，問題を解決するためには必須の過程であり，予想や仮説を直接自然に働きかけて検証する科学的な手続きや手段である。観

察，実験を経ない結果や結論は，科学的な考察や検討に値しないといえる。「観察」は実験室で再現できない自然現象を扱い，直接現象を観察してデータを得たり，規則性を見つけたりする学習である。児童は五感を鋭く働かせ，計測器具等を利用して観察するよう勧めたい。「実験」は，人為的に整えられた条件の下で，実験器具等を活用して自然の規則性を見つける学習である。

4. 「問題を科学的に解決する」ことについて

「科学」は，人間が長い期間をかけて構築してきた学問であり，基本的な条件として「実証性」「再現性」「客観性」が考えられる。「実証性」は，設定された仮説が「観察・実験」によって証明できるということ。「再現性」は，「観察・実験」によって実証するとき人や時間，場所を変えて行っても同一の結果が得られるということ。「客観性」は，実証性や再現性という条件を満足することにより，多数の人に認められ公認されることである。

「問題を科学的に解決する」とは，自然の事物・現象についての問題を「実証性」「再現性」「客観性」などの条件を重視しながら，問題を解決するということである。児童が3つの「科学的な手続き」を身に付けるためには，教師の説明を聞くだけの受け身の学習ではなく，主体性をもって自ら考え活動し，友だちと話し合い検討し吟味しながら解決する問題解決学習は欠かせない。

(1)「理解と技能」について

小学校3〜6学年の理科では，4領域の31項目の自然の事物・現象について学習する。児童は問題を解決する過程において，事物・現象の性質や規則性などを理解する。学習の過程で既にもっている自然の事物・現象についてのイメージや素朴な知識や概念を科学的に妥当な知識や概念などに変えていく。

観察，実験などの技能は，器具や機器などを工夫して操作するとともに，観察，実験の結果を適切に記録する能力の育成が求められる。適切な観察，実験から妥当な結果（データ）を得られない場合は，自然の正しい概念や規則性を見つけることはできない。4年間で数十回の問題解決学習を体験することにより観察，実験の場所や時期，方法，回数などを適切に行う能力を身に付けるようにしたい。

(2)「問題解決の力を養う」について

理科の目標では3つの資質・能力の2番目に「観察，実験などを行い，問題解決の力を養う」を挙げている。問題解決の力とは，①自然事象から問題を見いだす力，②予想や仮説を発想する力，③解決の方法を発想する力，④結果を考察してより妥当な考えをつくり出す力などを指している。4年間でこの力を育成するが，各学年に重点的に育成する力を以下のように配置している。

・第3学年〜自然事象から問題を見いだす力
・第4学年〜予想や仮説を発想する力
・第5学年〜解決の方法を発想する力
・第6学年〜結果を考察してより妥当な考えをつくり出す力

実際の学習では，各学年に重点的に配置された力だけではなく，問題解決に必要な資質・能力全体を育成することになる。この力を育成するには，児童が自然の事物・現象について興味・関心をもち，問題を見いだし，予想や仮説を基に観察，実験を実施し，結果を考察する中で妥当な結論を見いだすという学習により，問題を解決するために必要な資質・能力を育成することができる。

(3)「自然を愛する心情と主体的に解決する態度」について

ア．自然を愛する心情

児童は植物の栽培や昆虫の飼育などの学習活動を通して，草花の仕組みの美しさや昆虫の可愛さ，不思議さに興味を持ち愛着を感じるようになる。また，大切に世話をしたにもかかわらず死んでしまったり枯れてしまったりすることから，生命のはかなさ大切さを体験し生命を大切にする態度が育まれる。また，もう少し大きな視野で自然と人間の活動について学習し，自然環境を守りながら進める人間の活動のあり方について考えるようにしたい。

イ．主体的に問題を解決する態度

現在の国内及び国外の解決が困難な問題は，誰かが解決してくれるのではなく，一人ひとりが主体的に考え解決策を生み出さなければならない。理科においては，自然事象の規則性を追究する学習を通して，児童が主体的に考え実行できる態度を養わなければならない。また，主体的に解決する力を向上させるために他の人と協力して，問題を解決する態度を育成するようにしたい。

第2節 各学年の目標及び内容

1. 第3学年の目標及び内容

第3学年の目標

（1）物質・エネルギー
① 物の性質，風とゴムの力の働き，光と音の性質，磁石の性質及び電気の回路についての理解を図り，観察，実験などに関する基本的な技能を身に付けるようにする。
② 物の性質，風とゴムの力の働き，光と音の性質，磁石の性質及び電気の回路について追究する中で，主に差異点や共通点を基に，問題を見いだす力を養う。
③ 物の性質，風とゴムの力の働き，光と音の性質，磁石の性質及び電気の回路について追究する中で，主体的に問題解決しようとする態度を養う。
（2）生命・地球
① 身の回りの生物，太陽と地面の様子についての理解を図り，観察，実験などに関する基本的な技能を身に付けるようにする。
② 身の回りの生物，太陽と地面の様子について追究する中で，主に差異点や共通点を基に，問題を見いだす力を養う。
③ 身の回りの生物，太陽と地面の様子について追究する中で，生物を愛護する態度や主体的に問題解決しようとする態度を養う。

上記の学年目標は『学習指導要領 理科編』の2章の「理科の目標」(1)(2)(3)を受けて①知識・技能②問題解決の力③心情・態度を養うことを記述している。

第3学年では，自然の事物・現象の差異点や共通点を基に，問題を見出すといった問題解決の力を育成することに重点が置かれている。

第3学年の内容
A 物質・エネルギー
(1) 物と重さ

物の性質について，形や体積に着目して，重さを比較しながら調べる活動を通して，次の事項を身に付けることができるよう指導する。
ア 次のことを理解するとともに，観察，実験などに関する技能を身に付けること。
（ア）物は，形が変わっても重さは変わらないこと。

> （イ）物は，堆積が同じでも重さは違うことがあること。
> イ　物の形や体積と重さとの関係について追究する中で，差異点や共通点を基に，物の性質
> についての問題を見いだし，表現すること。

　ここでは「粒子の保存性」つまり，物質の性質について問題解決学習を行う。（ア）では，粘土やアルミニウム等の物質を丸めたり細く伸ばしたり細かくしたりして，形を変えても重さは不変であること。（イ）では同体積の木や粘土，金属等は重さが異なることを学習する。初め手ごたえ（体感）で重さを感じ，次に自動上皿はかり等で計測して表などに整理して，物の形と体積の関係の規則性を見つける。

（2）風とゴムの力の働き　（本テキスト149 〜 153ページ参照）

（3）光と音の性質

> 　光や音の性質について，光を当てた時の明るさや暖かさ，音を出した時の震え方に着目して，光の強さや音の大きさを変えたときの違いを比較しながら調べる活動を通して，次の事項を身に付けることができるよう指導する。
> ア　次のことを理解するとともに，観察，実験などに関する技能を身に付けること。
> （ア）日光は直進し，集めたり反射させたりできること。
> （イ）物に日光を当てると，物の明るさや暖かさが変わること。
> （ウ）物から音が出たり伝わったりするとき，物は震えていること。また，音の大きさが
> 　　　変わるとき物の震え方が変わること。
> イ　光を当てたときの明るさや暖かさの様子，音を出したときの震え方の様子について追究
> 　する中で，差異点や共通点を基に，光や音の性質についての問題を見いだし，表現すること。

　ここでは「エネルギーの捉え方」つまり，光や音のエネルギーとしての性質について問題解決学習を行う。（ア）では平面鏡を使い反射した日光を暗い壁や地面に当て，光は反射させることができ，まっすぐ進み，明るくする力をもっていることを見つける。（イ）では友だちと協力して壁の一点や水を入れた缶に日光を集めると明るさが増し温度が上がり，エネルギーを集めることができることを見つける。また，虫眼鏡でも日光のエネルギーを集めることができ，黒い紙等が焦げることを見つける。（ウ）では輪ゴムや紙，糸電話，小太鼓，弦楽器等を使い，音と音源の震え，音の大きさと音源の震えの大きさの関係を

見つける。学習の最後に，児童が生活の中の光と音の利用について体感し，使いこなせるようにしたい。

（4）磁石の性質

> 　磁石の性質について，磁石を身の回りの物に近付けたときの様子に着目して，それらを比較しながら調べる活動を通して，次の事項を身に付けることができるよう指導する。
> ア　次のことを理解するとともに，観察，実験などに関する技能を身に付けること。
> 　（ア）磁石に引き付けられる物と引き付けられない物があること。また，磁石に近付けると磁石になる物があること。
> 　（イ）磁石の異極は引き合い，同極は退け合うこと。
> イ　磁石を身の回りの物に近付けたときの様子について追究する中で差異点や共通点を基に，磁石の性質についての問題を見いだし，表現すること。

　ここでは「エネルギーの捉え方」つまり，エネルギーの一つである磁力の性質について問題解決学習を行う。（ア）では磁石をテスターとして使い，身の回りの物が引き付けられる物かそうでない物かに別け，引き付けられる物は金属の中でも鉄など少数であることを知る。その際，鉄が磁石になることや，磁石と鉄の距離が離れる毎に引き付ける力が弱くなることを見つける。（イ）では二つの磁石を使い異極（N・S極）は引き合い，同極（N・N極，S・S極）は退け合うことを見つける。また，棒磁石やU字型磁石等をひもで吊るし自由に動くようにすると，南北に向いて止まることを見つけ，北に向く方をN極，南に向く方をS極と名付けていることに触れる。最後に，生活の中で磁石がどのように使われているか探究し，物を付けるのに磁石の強弱を利用し，東西南北を見つけるために方位磁針を活用していることを見つけたい。

（5）電気の通り道

> 　電気の回路について，乾電池と豆電球などのつなぎ方と乾電池につないだ物の様子に着目して，電気を通すときと通さないときのつなぎ方を比較しながら調べる活動を通して，次の事項を身に付けることができるよう指導する。
> ア　次のことを理解するとともに，観察，実験などに関する技能を身に付けること。
> 　（ア）電気を通すつなぎ方と通さないつなぎ方があること。
> 　（イ）電気を通すものと通さないものがあること。
> イ　乾電池と豆電球などのつなぎ方と乾電池につないだ物の様子について追究する中で，差異点や共通点を基に，電気の回路についての問題を見いだし，表現すること。

　ここでは「エネルギーの変換と保存」つまり，エネルギーの一つである電気の性質について問題解決学習を行う。（ア）では1個の乾電池と1個の豆電球を導線でつなぎ，点灯するつなぎ方としないつなぎ方を見つける。点灯する場合は，導線が乾電池の＋極と－極につながり，回路が輪のようになっている。点灯しない場合は，導線が＋極と＋極，－極と－極につながるか，回路のどこかが切れて輪になっていない場合であることを見つける。（イ）では回路をテスターとして使い，身近にある物質を回路に入れてつなぎ，通電するかどうか調べる。通電する物質は金属である鉄や銅，アルミニウム等であることを見つける。通電しない物質は木や紙，ガラス，プラスチック等であることも見つける。ここでは，乾電池の＋極と－極を直接つなぐショート回路は，危険なのでつながないよう注意したい。最後に，生活の中で電気がどのように使われているか探究したい。また，「物質・エネルギー」の指導に当たっては，ゴムや風で動く自動車や船を作ったり，鏡を使って光のリレーをしたり，物が震えることで音が伝わる糸電話を作るなど3種類以上のものづくりや実験をする。

B　生命・地球
（1）身の回りの生物

> 　身の回りの生物について，探したり育てたりする中で，それらの様子や周辺の環境，成長の過程や体のつくりに着目して，それらを比較しながら調べる活動を通して，次の事項を身に付けることができるよう指導する。
> ア　次のことを理解するとともに，観察，実験などに関する技能を身に付けること。
> 　（ア）生物は，色，形，大きさなど，姿に違いがあること。また，周辺の環境と関わって生きていること。
> 　（イ）昆虫の育ち方には一定の順序があること。また，成虫の体は頭，胸及び腹からできていること。
> 　（ウ）植物の育ち方には一定の順序があること。また，その体は根，茎及び葉からできていること。
> イ　身の回りの生物の様子について追究する中で，差異点や共通点を基に，身の回りの生物と環境との関わり，昆虫や植物の成長のきまりや体のつくりについての問題を見いだし，表現すること。

　ここでは「生物と環境の関わり」「生物の構造と機能」「生物の連続性」について，問題解決学習を行う。（ア）では校庭や花壇，公園，野原等で動植物を観察して，それぞれに形や色，大きさに特徴があり名前が付けられていることを見つける。

植物についてはタンポポやオオイヌノフグリ，スミレ，アオキ等，動物については アリやダンゴムシ，オタマジャクシ等の地域の動植物を観察したい。また，タンポポ等は日なたに生育し，アオキ等は日陰に生育し，ダンゴムシは草むらの日蔭にいて，オタマジャクシは水中にいる等生育する環境が異なることを見つけたい。

（イ）（本テキスト203 ～ 210ページ参照）

（ウ）ではヒマワリやオシロイバナ等の複数の植物の成長を観察し，育ち方は種子から発芽し子葉が出て，葉が茂り，花が咲き，果実が実り種子ができた後に枯死するという共通の順序があることを見つける。また，複数の植物の体のつくりを観察し，どの植物の体も「根，葉，茎」からできていて，茎は葉や花，果実をつけることを見つけたい。

（2）太陽と地面の様子　（本テキスト220 ～ 229ページ参照）

2．第4学年の目標及び内容

第4学年の目標

（1）物質・エネルギー

① 空気，水及び金属の性質，電流の働きについての理解を図り，観察，実験などに関する基本的な技能を身に付けるようにする。

② 空気，水及び金属の性質，電流の働きについて追究する中で，主に既習の内容や生活経験を基に，根拠のある予想や仮説を発想する力を養う。

③ 空気，水及び金属の性質，電流の働きについて追究する中で，主体的に問題解決しようとする態度を養う。

（2）生命・地球

① 人の体のつくりと運動，動物の活動や植物の成長と環境との関わり，雨水の行方と地面の様子，気象現象，月や星についての理解を図り，観察，実験などに関する基本的な技能を身に付けるようにする。

② 人の体のつくりと運動，動物の活動や植物の成長と環境との関わり，雨水の行方と地面の様子，気象現象，月や星について追究する中で，主に既習の内容や生活経験を基に，根拠のある予想や仮説を発想する力を養う。

③ 人の体のつくりと運動，動物の活動や植物の成長と環境との関わり，雨水の行方と地面の様子，気象現象，月や星について追究する中で，生物を愛護する態度や主体的に問題解決しようとする態度を養う。

　第4学年では，自然の事物・現象から見出した問題について，既習の内容や生活経験を基に，根拠のある予想や仮説を発想するといった問題解決の力を育成することに重点が置かれている。

第4学年の内容
A　物質・エネルギー
（1）空気と水の性質

> 　空気と水の性質について，体積や圧し返す力の変化に着目して，それらと圧し返す力とを関係付けて調べる活動を通して，次の事項を身に付けることができるよう指導する。
> ア　次のことを理解するとともに，観察，実験などに関する技能を身に付けること。
> （ア）閉じ込めた空気を圧すと，体積は小さくなるが，圧し返す力は大きくなること。
> （イ）閉じ込めた空気は圧し縮められるが，水は圧し縮められないこと。
> イ　空気と水の性質について追究する中で，既習の内容や生活経験を基に，空気と水の体積や圧し返す力の変化と圧す力との関係について，根拠のある予想や仮説を発想し，表現すること。

　ここでは「粒子の存在」つまり，空気と水の性質について問題解決学習を行う。（ア）ではビニル袋等に空気を閉じ込め圧す体験から，空気は圧し縮められることを体験する。次に注射器等で空気を圧し縮め，減少する空気の体積毎に押し返す力が増加することを把握する。さらに，注射器に100g，200gと重りを増加した時，空気の体積が60ml，40mlと減少する実験により，重さと体積の関係を考える。（イ）ではビニル袋等に水を閉じ込め圧す体験をし，さらに注射器に水を入れ圧す実験により，水の体積は変わらず圧し縮められないことを把握する。最後に，空気鉄砲の体験や生活の中のボールや風船，タイヤ等の利用について学習して，生活の中の空気の利用について知識と体験を深めたい。

（2）金属，水，空気と温度

> 　金属，水及び空気の性質について，体積や状態の変化，熱の伝わり方に着目して，それらと温度の変化とを関係付けて調べる活動を通して，次の事項を身に付けることができるよう指導する。
> ア　次のことを理解するとともに，観察，実験などに関する技能を身に付けること。
> （ア）金属，水及び空気は，温めたり冷やしたりすると，それらの体積が変わるが，その程度には違いがあること。

　(イ)　金属は熱せられた部分から順に温まるが，水や空気は熱せられた部分が移動して全
　　　体が温まること。
　(ウ)　水は，温度によって水蒸気や氷に変わること。また，水が氷になると体積が増えること。
イ　金属，水及び空気の性質について追究する中で，既習の内容や生活経験を基に，金属，
　　水及び空気の温度を変化させたときの体積や状態の変化，熱の伝わり方について，根拠の
　　ある予想や仮説を発想し，表現すること。

　ここでは「粒子のもつエネルギー」つまり，固体，液体，気体のもつ性質に
ついて問題解決学習を行う。(ア)ではマヨネーズの容器等に空気を閉じ込め，
お湯や氷水等で温めたり冷やしたりして中の空気の変化を調べ導入にする。空
気と水の温度と体積変化の関係は，丸底フラスコと注射器を組み合わせた実験
器具で数値化して探究し，温度による体積変化は気体である空気がもっと大
きいことを把握する。(イ)では蝋をぬった金属板や金属の棒を熱して，熱し
た部分から順に温まることを探究する。水の温まり方は試験管やビーカー内の
水を温め，水が移動して全体が温まることを把握する。空気の温まり方は箱の
中の空気や教室内の空気を温め，空気が移動して全体が温まることを把握する。
(ウ)では試験管内の水を寒剤入りの氷で冷やし，温度による状態変化を観察
する。また，ガスコンロでビーカー内の水を熱し，温度による水の状態変化を
観察し，水は温度によって固体，液体，気体に変化することを把握する。

(3) 電流の働き

　電流の働きについて，電流の大きさや向きと乾電池につないだ物の様子に着目して，それ
らを関係付けて調べる活動を通して，次の事項を身に付けることができるよう指導する。
ア　次のことを理解するとともに，観察，実験などに関する技能を身に付けること。
　(ア)　乾電池の数やつなぎ方を変えると，電流の大きさや向きが変わり，豆電球の明るさ
　　　やモーターのまわり方が変わること。
イ　電流の働きについて追究する中で，既習の内容や生活経験を基に，電流の大きさや向き
　　と乾電池につないだ物の様子の関係ついて，根拠のある予想や仮説を発想し，表現すること。

　ここでは「エネルギーの変換と保存」つまり，乾電池（電源）のつなぎ方を
変えると回路の電流量が変わることについて問題解決学習を行う。(ア)では
回路の中の2個の乾電池の並び方を直列又は並列に変えると，流れる電流量が
変わり，回路中にある豆電球や発光ダイオード，モーター等の明るさや動きが
変わることを把握する。また，乾電池（電源）を逆向きにつなぐと，電流は逆

向きに流れるが電流量や豆電球の明るさ等は変わらないことを把握する。ここでは，電流計の使い方や発光ダイオードの一方向性，回路図の書き方等を扱い，さらに生活の中での電気の利用について発展的に学習したい。

B 生命・地球
（1）人の体のつくりと運動

> 人や他の動物について，骨や筋肉のつくりと働きに着目して，それらを関係付けて調べる活動を通して，次の事項を身に付けることができるよう指導する。
> ア 次のことを理解するとともに，観察，実験などに関する技能を身に付けること。
> （ア）人の体には，骨や筋肉があること。
> （イ）人が体を動かすことができるのは，骨，筋肉の働きによること。
> イ 人や他の動物について追究する中で，既習の内容や生活経験を基に，人や他の動物の骨や筋肉のつくりと働きについて，根拠のある予想や仮説を発想し，表現すること。

ここでは「生物の構造と機能」つまり，人の骨と筋肉の働きについて問題解決学習を行う。（ア）ではまず自分の腕や足を観察してから，人体模型や図，レントゲン写真等で全身の骨と筋肉の様子を概観し，自分の体と比較する。（イ）では自分の腕や足等の大きな骨と筋肉を触りながら動かし，骨と筋肉，関節の関係を見つける。また，腕や足等の模型を作り，動かすにはどんな構造が必要かを見つける。また，学校のウサギや鶏を観察して，体が動く仕組みについて探究したい。

（2）季節と生物

> 身近な動物や植物について，探したり育てたりする中で，動物の活動や植物の成長と季節の変化に着目して，それらを関係付けて調べる活動を通して，次の事項を身に付けることができるよう指導する。
> ア 次のことを理解するとともに，観察，実験などに関する技能を身に付けること。
> （ア）動物の活動は，暖かい季節，寒い季節などによって違いがあること。
> （イ）植物の成長は，暖かい季節，寒い季節などによって違いがあること。
> イ 身近な動物や植物について追究する中で，既習の内容や生活経験を基に，季節ごとの動物の活動や植物の成長の変化について，根拠のある予想や仮説を発想し，表現すること。

ここでは「生命の連続性」「生物の環境との関わり」つまり，動植物の季節（寒暖）による生命の活動の変化について問題解決学習を行う。（ア）では季節

ごとのオタマジャクシ，鳥類，昆虫等の活動の様子を観察・記録して，気温と共に発生，成長，繁殖し子供や卵を残すことを把握する。（イ）では季節ごとのヘチマ，ヒマワリ等の成長の様子を観察し記録して，気温と共に発芽，成長，開花，結実して，種子を残して枯れるか越冬することを把握する。観察する動植物は，児童に身近な地域ですぐ見られる動植物を選びたい。

（3）雨水の行方と地面の様子

> 　雨水の行方と地面のようすについて，流れ方やしみ込み方に着目して，それらと地面の傾きや土の粒の大きさとを関係付けて調べる活動を通して，次の事項を身に付けることができるよう指導する。
> ア　次のことを理解するとともに，観察，実験などに関する技能を身に付けること。
> 　（ア）水は，高い場所から低い場所へと流れて集まること。
> 　（イ）水のしみこみ方は，土の粒の大きさによって違いがあること。
> イ　雨水の行方と地面のようすについて追究する中で，既習の内容や生活経験を基に，雨水の流れ方やしみ込み方と地面の傾きや土の粒の大きさとの関係について，根拠のある予想や仮説を発想し，表現すること。

　ここでは「地球の内部と地表面の変動」「地球の大気と水の循環」，つまり，地表面の水の流れ方としみ込み方について問題解決学習を行う。（ア）では雨上がりの校庭や花壇，砂場等の雨水の流れを観察して，雨水は高い場所から低い場所へ流れていることや，いつも低い場所に水溜りができることを見つける。そのことから，平らだと思っていた校庭には高い場所と低い場所があることを把握する。（イ）では雨上がりの後の校庭や花壇，砂場等のいつまでも水が残っている水溜りとすぐ水がなくなる水溜りを観察して，その違いを探究し，土の質に違いがあることを見つける。その際，虫眼鏡で粘土質の土や砂場の砂等の粒の大きさを観察し，水のしみこみ方との関係を見つける。また，ビーカーに粘土や砂等を入れ，水のしみ込み方を実験して検証したい。

（4）天気の様子

> 　天気や自然界の水の様子について，気温や水の行方に着目して，それらと天気の様子や水の状態変化とを関係付けて調べる活動を通して，次の事項を身に付けることができるよう指導する。
> ア　次のことを理解するとともに，観察，実験などに関する技能を身に付けること。

　（ア）天気によって1日の気温の変化の仕方に違いがあること。
　（イ）水は，水面や地面などから蒸発し，水蒸気になって空気中に含まれていくこと。また，空気中の水蒸気は，結露して再び水になって現れることがあること。
イ　天気や自然界の水の様子について追究する中で，既習の内容や生活経験を基に，天気の様子や水の状態変化と気温や水の行方との関係について，根拠のある予想や仮説を発想し，表現すること。

　ここでは「地球の大気と水の循環」つまり，1日の空気中の温度の変化は天気に関係していることや，地表及び水面の水は空気中に蒸発し，再び結露等として水になって現れることについて問題解決学習を行う。（ア）では晴れ，曇り，雨等と天気が異なる日の気温を6〜7時間計測しグラフ化して，その特徴を見つける。晴れの日の気温のグラフは山型になり，曇りや雨の日の気温のグラフは高低差が小さくなることを把握し，その原因を探究する。（イ）では2つの水を入れたコップを用意して，Aはラップ等で覆いをし，Bは覆いをしないで数時間放置する。また，校庭等に水を撒き，ビニルシート等で覆いをする場所と覆いをしない場所を設定し数時間放置する。その結果を考察してラップやビニルで覆わないと，水は空気中に蒸発していることを把握する。さらに，空気中に蒸発した水は，存在するのかまた再び取り出すことができるかを探究する。生活経験等からお風呂のガラス，寒い日のガラスに付着する水等の経験から，空気中の水を取り出す方法を考え，氷入りのコップ等の実験により，空気中の水は確かに存在しており取り出すことができることを把握する。

(5) 月と星

　月や星の特徴について，位置の変化や時間の経過に着目して，それらを関係付けて調べる活動を通して，次の事項を身に付けることができるよう指導する。
ア　次のことを理解するとともに，観察，実験などに関する技能を身に付けること。
　（ア）月は日によって形が変わって見え，1日のうちでも時刻によって位置が変わること。
　（イ）空には，明るさや色の違う星があること。
　（ウ）星の集まりは，1日のうちでも時刻によって，並び方は変わらないが，位置が変わること。
イ　月や星の特徴について追究する中で，既習の内容や生活経験を基に，月や星の位置の変化と時間の経過との関係について，根拠のある予想や仮説を発想し，表現すること。

　ここでは「地球と天体の運動」つまり，月の1か月間の形の変化及び1日の位置の変化，星の明るさと色の違い及び時間の経過に伴う位置の変化につい

て問題解決学習を行う。（ア）では昼間に見える半月の動きについて方位磁針等を使って数時間位置の変化を記録し，月の1日の動きは東から出て南中しやがて西に沈むことを見つける。また，月の暦等を利用して，夜家庭で1か月間，満月→半月→三日月の変化を観測して，月の形の変化を把握する。（イ・ウ）では星座早見盤や方位磁針を利用して夜家庭で星を観測する方法を指導して，夏の大三角や冬のカシオペア等の数時間の動きを観測し，星には明るさや色の違う星があることや，星の並び方は変わらないが時刻ごとの位置が変わることを把握する。

3．第5学年の目標及び内容

第5学年の目標

（1）物質・エネルギー
① 物の溶け方，振り子の運動，電流がつくる磁力についての理解を図り，観察，実験などに関する基本的な技能を身に付けるようにする。
② 物の溶け方，振り子の運動，電流がつくる磁力について追究する中で，主に予想や仮説を基に，解決の方法を発想する力を養う。
③ 物の溶け方，振り子の運動，電流がつくる磁力について追究する中で，主体的に問題解決しようとする態度を養う。
（2）生命・地球
① 生命の連続性，流れる水の働き，気象現象の規則性についての理解を図り，観察，実験などに関する基本的な技能を身に付けるようにする。
② 生命の連続性，流れる水の働き，気象現象の規則性について追究する中で，主に予想や仮説を基に，解決の方法を発想する力を養う。
③ 生命の連続性，流れる水の働き，気象現象の規則性について追究する中で，生命を尊重する態度や主体的に問題解決しようとする態度を養う。

5学年では，自然の事物・現象から見出した問題についての予想や仮説を基に，解決の方法を発想するといった問題解決の力を育成することに重点が置かれている。また，観察，実験の場面で「条件を制御する」必要が多く出てくるので，この考え方が十分身に付くように留意したい。

第5学年の内容
A 物質・エネルギー
（1）物の溶け方

> 物の溶け方について，溶ける量や様子に着目して，水の温度や量などの条件を制御しながら調べる活動を通して，次の事項を身に付けることができるよう指導する。
> ア 次のことを理解するとともに，観察，実験などに関する技能を身に付けること。
> 　（ア）物が水に溶けても，水と物を合わせた重さは変わらないこと。
> 　（イ）物が水に溶ける量には，限度があること。
> 　（ウ）物が水に溶ける量は水の温度や量，溶ける物によって違うこと。また，この性質を利用して，溶けている物を取り出すことができること。
> イ 物の溶け方について追究する中で，物の溶け方の規則性についての予想や仮説を基に，解決の方法を発想し，表現すること。

　ここでは「粒子の保存性」つまり，物が水に溶ける量や様子に着目して，水の温度や量などの条件を制御しながら，物の溶け方の規則性について問題解決学習を行う。（ア）では，水が入ったビーカーに食塩やミョウバン等を溶かし，溶かす前の全ての重さと溶かした後の重さを電子てんびん計りで計測して，水に溶かしても重さは変わらず物が保存されていることを把握する。（イ・ウ）では，食塩やミョウバンを50ml，100ml等の水に溶かして，定量カップで何杯溶けるか計測し，物が一定の水に溶ける量には限度があり，水の量を増やすと物が溶ける量も増えること，さらに，溶ける量は物によって異なることを把握する。また，水の温度を20℃，40℃等と変えて，食塩やミョウバンが定量カップで何杯溶けるか計測し，表やグラフに記録して，水温が高くなると物が溶ける量が増えることや増え方は物によって異なることを把握する。

（2）振り子の運動

> 振り子の運動の規則性について，振り子が1往復する時間に着目して，おもりの重さや振り子の長さなどの条件を制御しながら調べる活動を通して，次の事項を身に付けることができるよう指導する。
> ア 次のことを理解するとともに，観察，実験などに関する技能を身に付けること。
> 　（ア）振り子が1往復する時間は，おもりの重さなどによっては変わらないが，振り子の長さによって変わること。
> イ 振り子の運動の規則性について追究する中で，振り子が1往復する時間に関係する条件についての予想や仮説を基に，解決の方法を発想し，表現すること。

　ここでは「エネルギーの捉え方」つまり，振り子が1往復する時間に着目して，振り子の運動の規則性について問題解決学習を行う。（ア）では，実験用の振り子を活用して，振り子が1往復する時間は振り子の長さで決まるのか，重さや大きさで決まるのか，振り幅で決まるのかについて，複数回の実験を行い結果（データ）ついて考察し結論を得る。また，生活の中で活用される振り子を見つけ，活用方法について探究したい。

(3) 電流がつくる磁力　（本テキスト153〜159ページ参照）

B　生命・地球
(1) 植物の発芽，成長，結実　（本テキスト210〜213ページ参照）

(2) 動物の誕生

> 　動物の発生や成長について，魚を育てたり人の発生についての資料を活用したりする中で，卵や胎児の様子に着目して，時間の経過と関係付けて調べる活動を通して，次の事項を身に付けることができるよう指導する。
> ア　次のことを理解するとともに，観察，実験などに関する技能を身に付けること。
> 　（ア）魚には雌雄があり，生まれた卵は日がたつにつれて中の様子が変化してかえること。
> 　（イ）人は，母体内で成長して生まれること。
> イ　動物の発生や成長について追究する中で，動物の発生や成長の様子と経過についての予想や仮説を基に，解決の方法を発想し，表現すること。

　ここでは「生命の連続性」つまり，魚には雌雄があり，生まれた卵は時間の経過とともに中の様子が変化して孵化することや，人は受精した卵が母体内で少しずつ変化し，さらにへその緒から養分等をもらって成長すること等について問題解決学習を行う。（ア）では，水槽内に雌雄のメダカを飼い，世話をしながら産卵を待ち，解剖顕微鏡等で卵の中の変化を観察しやがて孵化に至ることを把握する。（イ）では，人の母体の模型や映像等を活用して，受精卵の変化や体の特徴がはっきりしてくる過程等を捉え，その成長の養分は母体内でへその緒を通して母体から供給されていることを把握する。

（3）流れる水の働きと土地の変化

> 流れる水の働きと土地の変化について，水の速さや量に着目して，それらの条件を制御しながら調べる活動を通して，次の事項を身に付けることができるよう指導する。
> ア　次のことを理解するとともに，観察，実験などに関する技能を身に付けること。
> 　（ア）流れる水には，土地を侵食したり，石や土などを運搬したり堆積させたりする働きがあること。
> 　（イ）川の上流と下流によって，川原の石の大きさや形に違いがあること。
> 　（ウ）雨の降り方によって，流れる水の速さや量は変わり，増水により土地の様子が大きく変化する場合があること。
> イ　流れる水の働きについて追究する中で，流れる水の働きと土地の変化との関係についての予想や仮説を基に，解決の方法を発想し表現すること。

ここでは「地球の内部と地表面の変動」「地球の大気と水の循環」，つまり，流れる水の速さや量に着目して，流れる水の働きと土地の変化について問題解決学習を行う。（ア）では，実際の川の観察や流水実験器における実験を通して，流れる水には，土地を侵食，運搬，堆積する働きがあることを把握する。（イ）では，実際の川や映像等により川の様子を観察して，上流や下流の石の大きさや形，河岸の浸食や体積の様子等の違いは，流れる水の量と速さとの関係によって決まることを把握する。（ウ）では，主として映像等により台風や集中豪雨時の川の様子を観察して，水の量や速さが増し河岸を大きく浸食したり，時には家や橋，田畑に被害を及ぼしたりすることなどを把握する。

（4）天気の変化

> 天気の変化の仕方について，雲の様子を観測したり，映像などの気象情報を活用したりする中で，雲の量や動きに着目して，それらと天気の変化と関係付けて調べる活動を通して，次の事項を身に付けることができるよう指導する。
> ア　次のことを理解するとともに，観察，実験などに関する技能を身に付けること。
> 　（ア）天気の変化は，雲の量や動きと関係があること。
> 　（イ）天気の変化は，映像などの気象情報を用いて予想できること。
> イ　天気の変化の仕方について追究する中で，天気の変化の仕方と雲の量や動きとの関係についての予想や仮説を基に，解決の方法を発想し，表現すること。

ここでは「地球の大気と水の循環」，つまり，雲の量や動きに着目して，それらと天気の変化とを関係付けて，天気の変化の仕方について問題解決学習

を行う。（ア）では，晴や曇り，雨の日の空の様子を観察して，天気の変化は雲の量や動きと関係あることを把握する。また，雲には様々な形や量，動きのものがあることを見つける。（イ）では，実際に数日間雲の量や動きを観測し，天気の変化を調べるとともに気象衛星の情報も参考にして，天気はおおよそ西から東へ変化するという規則性があることを捉える。しかし，台風の進路はこの規則性は当てはまらず，短時間に多量の降雨があることを把握する。

4．第6学年の目標及び内容

第6学年の目標

---

(1) 物質・エネルギー
① 燃焼の仕組み，水溶液の性質，てこの規則性及び電気の性質や働きについての理解を図り，観察，実験などに関する基本的な技能を身に付けるようにする。
② 燃焼の仕組み，水溶液の性質，てこの規則性及び電気の性質や働きについて追究する中で，主にそれらの仕組みや性質，規則性及び働きについて，より妥当な考えをつくりだす力を養う。
③ 燃焼の仕組み，水溶液の性質，てこの規則性及び電気の性質や働きについて追究する中で，主体的に問題解決しようとする態度を養う。
(2) 生命・地球
① 生物の体のつくりと働き，生物と環境との関わり，土地のつくりと変化，月の形の見え方と太陽との位置関係についての理解を図り，観察，実験などに関する基本的な技能を身に付けるようにする。
② 生物の体のつくりと働き，生物と環境との関わり，土地のつくりと変化，月の形の見え方と太陽との位置関係について追究する中で，主にそれらの働きや関わり，変化及び関係について，より妥当な考えをつくりだす力を養う。
③ 生物の体のつくりと働き，生物と環境との関わり，土地のつくりと変化，月の形の見え方と太陽との位置関係について追究する中で，生命を尊重する態度や主体的に問題解決しようとする態度を養う。

6学年では，学習の過程において，自然の事物・現象から見出した問題について追究し，より妥当な考えをつくりだすといった問題解決の力を育成することに重点が置かれている。

第6学年の内容
A　物質・エネルギー
（1）燃焼の仕組み

　燃焼の仕組みについて，空気の変化に着目して，物の燃え方を多面的に調べる活動を通して，次の事項を身に付けることができるよう指導する。
ア　次のことを理解するとともに，観察，実験などに関する技能を身に付けること。
　（ア）植物体が燃えるときには，空気中の酸素が使われて二酸化炭素ができること。
イ　燃焼の仕組みについて追究する中で，物が燃えたときの空気の変化について，より妥当な考えをつくりだし，表現すること。

　ここでは「粒子の存在」「粒子の結合」，つまり，空気の変化に着目して，物の燃え方を多面的に調べる活動を通して，燃焼の仕組みについて問題解決学習を行う。（ア）では，缶内の木の燃焼や広口ビン内の燃焼実験により，植物体が燃えるときには，空気中の酸素が使われて二酸化炭素ができることや，空気は酸素や二酸化炭素のほかに窒素も含んでいることを把握する。

（2）水溶液の性質　（本テキスト183〜190ページ参照）

（3）てこの規則性

　てこの規則性について，力を加える位置や力の大きさに着目して，てこの働きを多面的に調べる活動を通して，次の事項を身に付けることができるよう指導する。
ア　次のことを理解するとともに，観察，実験などに関する技能を身に付けること。
　（ア）力を加える位置や力の大きさを変えると，てこを傾ける働きが変わり，てこがつり合うときにはそれらの間に規則性があること。
　（イ）身の回りには，てこの規則性を利用した道具があること。
イ　てこの規則性について追究する中で，力を加える位置や力の大きさとてこの働きとの関係について，より妥当な考えをつくりだし，表現すること。

　ここでは「エネルギーの捉え方」つまり，てこに加える力の位置や大きさに着目して，これらの条件とてこの働きとの関係を多面的に調べる活動を通して，てこの規則性について探究する問題解決学習を行う。（ア）では，長さ1m位の実際のてこや実験用のてこを活用して実験し，力を加える位置や力の大きさを変えると，てこを傾ける働きが変わり，つり合うときには規則性があることを把握する。（イ）では，身の回りからてこの規則性を利用したはさみ，ペンチ，

釘抜き，トング，ピンセット，ドアの取っ手等の道具を見つけて，支点が内や外にある道具や輪軸として使用されている道具の規則性を探究する。

（4）電気の利用

> 　発電や蓄電，電気の変換について，電気の量や働きに着目して，それらを多面的に調べる活動を通して，次の事項を身に付けることができるよう指導する。
> ア　次のことを理解するとともに，観察，実験などに関する技能を身に付けること。
> 　（ア）電気は，つくりだしたり蓄えたりすることができること。
> 　（イ）電気は，光，音，熱，運動などに変換することができること。
> 　（ウ）身の回りには，電気の性質や働きを利用した道具があること。
> イ　電気の性質や働きについて追究する中で，電気の量と働きとの関係，発電や蓄電，電気の変換について，より妥当な考えをつくりだし，表現すること。

　ここでは「エネルギーの変換と保存」「エネルギー資源の有効利用」つまり，電気の量や働きに着目して，それらを多面的に調べる活動を通して，発電や蓄電，電気の変換についての問題解決学習を行う。（ア）では，手回し発電機や光電池，蓄電器等を使って実験して，電気は発電したり蓄電したりできることを把握する。（イ）では，回路に豆電球や発光ダイオード，電子オルゴール，モーター，電熱線等をつないで実験して，電気は光，音，回転運動，熱等に変換できることを把握する。（ウ）では，生活の中の電気を利用した道具を見つけて，それらは電気を光，熱，回転運動，暖房・冷房等に変換して利用し，その量や時間を制御しながら使用していることを把握する。ここでは，プログラミング学習も実施したい。

B　生命・地球
（1）人の体のつくりと働き

> 　人や他の動物について，体のつくりと呼吸，消化，排出及び循環の働きに着目して，生命を維持する働きを多面的に調べる活動を通して，次の事項を身に付けることができるよう指導する。
> ア　次のことを理解するとともに，観察，実験などに関する技能を身に付けること。
> 　（ア）体内に酸素が取り入れられ，体外に二酸化炭素などが出されていること。
> 　（イ）食べ物は，口，胃，腸などを通る間に消化，吸収され，吸収されなかった物は排出されること。

（ウ）血液は，心臓の働きで体内を巡り，養分，酸素及び二酸化炭素などを運んでいること。
（エ）体内には，生命活動を維持するための様々な臓器があること。
イ　人や他の動物の体のつくりと働きについて追究する中で，体のつくりと呼吸，消化，排出及び循環の働きについて，より妥当な考えをつくりだし，表現すること。

　ここでは「生物の構造と機能」つまり，生命を維持する働きを多面的に調べる活動を通して，人や他の動物の体のつくりと働きについて探究する問題解決学習を行う。（ア）では，私たちの吸気と呼気を気体検知管等で調べて，吸気には酸素が約21％，二酸化炭素はほぼゼロ，呼気には酸素は約18％，二酸化炭素は約3％が含まれていることから，肺を通して血液中に酸素を取り入れ，二酸化炭素を排出していることを把握する。（イ）では，唾液による消化実験や映像，人体模型等による食道や胃，小腸，大腸等の観察により，食物は口から食道，胃，小腸，大腸へと移動する間に消化され養分に変わり，腸から吸収されることを把握する。（ウ）では，手首の脈拍や聴診器の活用，映像，人体模型等の観察によって，全身の血液の流れを調べ，腸から入った養分，肺から入った酸素等は，心臓の働きにより血液に含まれて全身にくまなく運ばれることを把握する。（イ）では人体模型や映像等により体内の臓器全体を観察して，呼吸には肺，消化・吸収には胃，腸，肝臓，排出には腎臓，血液の循環には心臓が関係していることを把握する。さらに，上の全ての臓器が相互に連携して，生命を維持していることを捉える。

（2）植物の養分と水の通り道

　植物について，その体のつくり，体内の水などの行方及び葉で養分をつくる働きに着目して，生命を維持する働きを多面的に調べる活動を通して，次の事項を身に付けることができるよう指導する。
ア　次のことを理解するとともに，観察，実験などに関する技能を身に付けること。
（ア）植物の葉に日光が当たるとでんぷんができること。
（イ）根，茎及び葉には，水の通り道があり，根から吸い上げられた水は主に葉から蒸散により排出されること。
イ　植物の体のつくりと働きについて追究する中で，体のつくり，体内の水などの行方及び葉で養分をつくる働きについて，より妥当な考えをつくりだし，表現すること。

　ここでは「生物の構造と機能」つまり，植物の体のつくりと体内の水などの

行方や葉で養分をつくる働きに着目して，生命を維持する働きを多面的に探究する問題解決学習を行う。（ア）では，インゲンマメ等の葉に日光を当てるものと当てないものを設定し，両者をエタノールで処理してヨウ素反応を見ることにより，日光に当たる葉にはでんぷんができることを把握する。（イ）では，ホウセンカ等の葉にビニル袋をかぶせ，発生する水分がどこから来たか探究する。ホウセンカ等に赤い水を吸わせ，植物体の根，茎，葉等の断面を観察して，水は根から吸収されて茎を通り，葉の裏の気孔から蒸散されることを把握する。

(3) 生物と環境

> 　生物と環境について，動物や植物の生活を観察したり資料を活用したりする中で，生物と環境との関わりに着目して，それらを多面的に調べる活動を通して，次の事項を身に付けることができるよう指導する。
> ア　次のことを理解するとともに，観察，実験などに関する技能を身に付けること。
> （ア）生物は，水及び空気を通して周囲の環境と関わって生きていること。
> （イ）生物の間には，食う食われるという関係があること。
> （ウ）人は，環境と関わり，工夫して生活していること。
> イ　生物と環境について追究する中で，生物と環境との関わりについて，より妥当な考えをつくりだし，表現すること。

　ここでは「生物と環境の関わり」つまり，生物と水，空気及び食べ物とのかかわりに着目して，それらを多面的に探究する問題解決学習を行う。（ア）では，身近な植物をビニル袋に包み日光を当て，生物が生きていく上で必要な酸素を作り出しているかどうかを気体検知管等で明らかにして，同時に二酸化炭素を吸収していることも把握する。また，必要な水はどのように手に入れているかを調べ，家庭の水道〜浄水場〜川〜ダム〜山野に降る雨〜大気・雲〜海や陸地から蒸発する水をたどり，地球上の水は循環していることを把握する。（イ）では，私たちの食べ物はどこから手に入れているかを追究して，キャベツなどの植物は国の内外の農家から，肉類は内外の飼育農家や牧場から得ていることを把握する。また，自然界の動物の食べ物を調べ，例えば，植物→バッタ→カエル→ヘビ→大型の哺乳類・鳥類と食う食われる関係にあり，また，水中の微生物とメダカの関係にも触れ，これを「食物連鎖」ということを把握する。（ウ）では，映像や資料を活用して，人間や動物が生き延びるために必要な清浄な水，空気，食べ物を安定して手に入れるために，世界の自然環境をどう保てばよい

か調べ話し合い，保存する山野や森，海，川，海岸等と人間の生活に必要な住宅地，工業用地，公共用地，道路，港等との兼ね合い（均衡）について考えを深める。さらに，私たちでも実行できる環境保護について，話し合い実践してみる。

（4）土地のつくりと変化 （本テキスト229〜234ページ参照）

（5）月と太陽

> 　月の形の見え方について，月と太陽の位置に着目して，それらの位置関係を多面的に調べる活動を通して，次の事項を身に付けることができるよう指導する。
> ア　次のことを理解するとともに，観察，実験などに関する技能を身に付けること。
> （ア）月の輝いている側に太陽があること。また，月の形の見え方は，太陽と月との位置関係によって変わること。
> イ　月の形の見え方について追究する中で，月の位置や形と太陽の位置との関係について，より妥当な考えをつくりだし，表現すること。

　ここでは「地球と天体の運動」つまり，月と太陽の位置に着目して，これらの位置関係を多面的に調べる活動を通して，月の形の見え方と太陽と月との位置関係を探究する問題解決学習を行う。（ア）では，昼夜の月の位置や形を観察したり，ボールに光を当て回転させる実験の結果をモデルや図で表したりして，月の輝いている側に太陽があること，月は日によって三日月，半月，満月等形が変わること，月の形の見え方は，太陽と月と地球（自分）との位置関係によって変わること等を把握する。

　さらに，バスケットボールを月とし，大型ライトを太陽として，回転する椅子に座った自分がバスケットボールを持ち，回転しながら，月が，新月→三日月→半月→満月に変化する実験を行う。

　その実験結果から，月と太陽と地球（自分）の位置関係で，地球から見える月の形が変化することを理解する。

表2-1　小学校4年間の理科の内容一覧表

	エネルギー	粒子	生命	地球
3年	風とゴムの力の働き 光と音の性質 磁石の性質 電気の通り道	物と重さ	身の回りの生物	太陽と地面の様子
4年	電流の働き	空気と水の性質 金属，水，空気と温度	人の体のつくりと運動 季節と生き物	雨水の行方と地面の様子 天気の様子 月と星
5年	振り子の運動 電流がつくる磁力	物の溶け方	植物の発芽，成長，結実 動物の誕生	流れる水の働きと土地の変化 天気の変化
6年	てこの規則性 電気の利用	燃焼の仕組み 水溶液の性質	人の体のつくりと働き 植物の養分と水の通り道 生物と環境	土地のつくりと変化 月と太陽

課　題

1. 3～6学年の目標を比較して，違いと共通性を一覧表にしなさい。
2. 4領域の内容を「エネルギーの3～6学年の内容」，「粒子の3～6学年の内容」という具合にまとめ，内容の系統性を明らかにしなさい。
3. 中学校の4領域の内容を調べて，小学校との系統性を調べなさい。

参考文献

文部科学省『小学校学習指導要領（平成29年告示）解説　理科編』東洋館出版社，2018年
文部科学省『小学校学習指導要領（平成29年告示）解説　総則編』東洋館出版社，2018年
文部科学省『中学校学習指導要領（平成29年告示）解説　理科編』学校図書，2018年
文部科学省「幼稚園，小学校，中学校，高等学校及び特別支援学校の学習指導要領等の改善及び必要な方策等について（答申）」2016年

理科教育の変遷

　第3章では，明治以後現在までの日本社会の変動と理科教育について概観する。先ず，明治期の「学制」頒布と「教育令」期以後の理科教育について述べ，次に，大正期の理科教育と「国民学校」の理科教育について触れる。戦後の理科教育は，(1)生活の重視から(7)知識基盤社会と理科教育までの内容について述べる。最後に，今次の教育改革と理科教育について触れたい。

キーワード　系統的　科学的概念　生活科　知識基盤社会

第1節　明治・大正の理科教育

1．明治期の理科教育

(1)「学制」頒布のころの理科教育

　日本の近代学校制度は1872（明治5）年の「学制」頒布によって始まった。1873（明治6）年に誕生した小学校は6歳で入学し，下等小学4年と上等小学4年であった。理科に当たる教科は，下等小学では「養生法」と「理学大意」，上等小学では「博物学大意」と「化学大意」「生理学大意」であり，授業時数も多く設定し明治政府の科学教育への力の入れ方が伝わってくる。しかし，教科書はなく児童への指導は懸図（56×76cm）によって行われた。また，当時小学校の通学率は2割程度であったので，理科の授業を受けられる児童はまだ少なかった。

(2) 「教育令」期以後の理科教育

1886（明治19）年に「小学校令」が発布され，小学校は尋常小学校（4年）と尋常高等小学校（4年）になり，尋常小学校が義務教育とされた。教科書は「検定」となり，初めて「理科」という教科が設置され，高等小学校で週2時間指導された。理科の内容は，「果実・穀物・草木・人体・禽獣・虫魚〜日・月・星・空気・温度・水蒸気・雲・霧・氷〜滑車・天秤・磁石・電信機等」を学ぶものとされた。しかし，理科の授業を受けることができた児童は，1902（明治35）年時点で約4割であった。

2. 大正期及び戦中の理科教育

(1) 大正期の理科教育

1914（大正3）年に第1次世界大戦が始まり，理科教育の振興が叫ばれた。1919（大正8）年，尋常小学校の理科は5・6学年で行っていたが，4・5・6学年で週2時間ずつ実施することになった。理科教育界の指導者であった棚橋源太郎は，著書「新理科教授法」で「欧米の諸国を通じて今日の理科教授法は，生徒に実験させ，それを教授の基礎にする方法である。是が為に・・生徒実験室の設備が必要である」と述べている。教科書を中心に知識を注入する理科教育から，観察・実験を行い児童の主体性を大切にする理科教育を提唱している。

(2) 「国民学校」の理科教育

1931（昭和6）年からの満州事変，日中戦争と戦争が進行するにつれ，科学教育の必要性が叫ばれた。1941（昭和16）年，小学校は「国民学校」に改められ，理科の指導は，4学年ではなく1学年からの指導に強化された。理科は，「自然界ノ事物現象及自然ノ理法ト其ノ応用ニ関シ（中略）科学的処理ノ方法ヲ会得セシメ，科学的精神ヲ涵養スルモノトス」とあり，現在の考え方に近い。1〜3学年の理科の指導書「自然の観察」の内容は，現在の「生活科」に近い。しかし，進んだ理念の下で教科書等が作られスタートしたが，戦時体制の混乱や教材教具の不足等から成果を挙げることなく終戦を迎えた。

第2節　昭和・平成の理科教育

　戦後の我が国の教育は，1946（昭和21）年の日本国憲法の制定，1947（昭和22）年の教育基本法の制定によって方向が定められた。この方向に影響を与えたのは，1946（昭和21）年の「米国教育使節団」であり，その報告書には科学的精神の教育を力説している。学校教育制度は6・3・3・4制が採用され，義務教育は9年間とし，理科教育も6年間から9年間に延長された。

1．昭和の理科教育

（1）生活を重視する理科教育

　1947（昭和22）年に米国占領軍の指導のもとにつくられた「学習指導要領・一般編（試案）」に続く「理科編」は，法的拘束力はまだなく，指導内容と共に指導法に力点を置いていた。指導方針は「生活単元学習」「問題解決学習」を目指し，目標は「すべての人が合理的生活を営み，いっそうよい生活ができるよう……」とした。内容は1～3学年の例として①動物の生活，②植物の生活，③空と土の変化，④機械と道具，6学年の例としては①アサとワタ，②山と水，③自転車，など生活に密着する内容が多い。しかし，「生活単元学習」は，学問的系統性や教育的系統性に欠け，学力の低下を招いたとして批判された。

（2）系統性重視の理科教育

　学問的系統性と教育的系統性が欠けているという批判を受けて，1958（昭和33）年の「小学校学習指導要領」の目標は，①事実を尊重し，自然から直接学ぼうとする態度を養う。②筋道を立てて考えたり工夫・処理したりする態度と技能を養う。③自然科学的な事実や基礎的な原理を理解し，生活を合理化する態度を養う。④自然を愛護しようとする態度を養うとした。内容は，①生物とその生活，②気象とその変化，③土地とその変化，④天体とその動き，⑤機械とその働き，⑥物質とその変化の6領域に整理され，学問的に系統化が図られた。この時から学習指導要領は法的拘束力を持つことになった。

（3）現代化を目指す理科教育

　1968（昭和43）年の小学校学習指導要領の特色は，米国の科学教育の「現

代化運動」の影響を受け，「内容の精選の度を高め系統性を強め，探求の過程を重視」した内容になった。米国の「現代化運動」は，昭和32年（1957年）にソ連が世界初の人工衛星を打ち上げたことから始まった。精選の度を高めたことにより，前の学習指導要領の小項目は375であったが，今回は228項目に減少し，内容は4割減になった。また，内容構成は6領域から3区分に整理され，①生物とその環境，②物質とエネルギー，③地球と宇宙になり，系統性は一層強化され，知識重視の傾向が強まった。「科学的な概念」の習得が重視されたが，内容が多く難しいことから，習得できない児童が出たことに批判が集まった。

(4)「ゆとり」重視の理科教育

　知識に偏った理科教育という批判を受けて，1977（昭和52）年の小学校学習指導要領は，「ゆとりと充実」と「人間性豊かな児童・生徒の育成」が基本方針として改定された。小学校の理科の時間は5，6学年で週1時間減少した。なお，低学年理科は廃止するという議論に配慮して，低学年理科は「合科的指導」を行うことにした。小学校理科の目標は「観察・実験などを通して，自然を調べる能力と態度を育てるとともに自然の事物・現象についての理解を図り，自然を愛する豊かな心情を培う」として，豊かな心情を培うことを重視している。内容の項目は従来71であったものが52に減少した。

2. 平成の理科教育

(1) 生活科誕生と理科教育

　1989（平成元）年の小学校学習指導要領・理科の改訂の方針は，①生活科新設に伴う低学年理科の廃止，②内容の精選，集約，③理科と日常生活との関連の強化であった。内容の精選，集約については，従前の学習指導要領の25％が削減された。小学校理科の目標で強調していることは，①直接経験の重視，②問題解決能力の育成，③科学的な見方や考え方を養うことである。前回同様に内容を削減しているが，科学的な見方や考え方の育成を強調している。

(2)「生きる力」と理科教育

　1998（平成10）年の学習指導要領改定のねらいは，児童・生徒のいじめや不登校，社会体験の不足などの実態を背景として，「豊かな人間性」を育てるとともに「生きる力」をはぐくむことにあった。小学校理科の改定で強調され

たのは，①観察・実験等に「見通しをもって」を追加し，事物・現象に意図的に働きかけること，②児童が主体的に学ぶことにより，問題解決の能力を獲得すること，③問題解決学習を通して，科学的な見方や考え方を養うことの3点である。学校5日制や「ゆとり」をもった学習の実現のために，内容は前回よりさらに3割削減された。

(3) 知識基盤社会と理科教育

　2008（平成20）年の学習指導要領の改訂は，21世紀の社会が「知識基盤社会」へ移行するという背景と我が国の児童・生徒の学力低下という実態等から強く影響を受けた。その結果，戦後初めて小学校理科の学習内容を増やし，授業時間は約1割増加した。改善の基本方針は，①小学校理科の内容は3区分を2区分とし，「A物質・エネルギー」と「B生命・地球」とする，②「科学的な思考力・表現力」の育成を図る，③「科学的な見方や考え方」を養うために，観察・実験や自然体験，科学的な体験を一層充実する，④理科を学ぶことの意義や有用性を実感できるようにし，科学への関心を高める等である。

第3節　今次の理科教育の改革

　2030年代の社会は，第4次産業革命といわれるAI（人工知能）及びインターネット等の発展，グローバル化や少子高齢化による社会の急激な変化が予測されている。その変化を受けて，今次の教育改革は21世紀型学力といわれる新学力の育成や高校教育の改革，大学入試改革と連動した高大接続の改革として，これまでになく，初等，中等，高等教育の一体的な改革を目指している。単に学習履歴や卒業実績を示すだけではなく，在学中に何を学び何ができるか，どんな資質・能力を身に付けているかが求められている。

　理科教育においても目標は「自然の事物・現象についての問題を科学的に解決するために必要な資質・能力を育成する」として，資質・能力では「知識・技能」はもちろんであるが，「思考力・判断力・表現力（問題解決の力）」を重視し，さらに「自然への愛情や主体的に学ぶ態度」を育成することを求めている。さらに，今回，2017（平成29）年告示の学習指導要領では，指導内容ばかりでなく初めて指導方法にも触れ，学習過程においては「主体的・対話的で

深い学び」を実現するよう授業の改善を求めている。将来必要な資質・能力の育成を強く求めているが，教育の大きな目標である人格や人間性の涵養も忘れてはならない。

課 題

1. 1873（明治6）年の小学校の発足から現在までの理科教育の歴史について，その概要をまとめなさい。
2. 明治から現在までの理科の意義の変遷についてまとめなさい。

参考文献

板倉聖宣，永田英治他編著『理科教育史資料（1）』東京法令出版株式会社，1986年

中央教育審議会「幼稚園，小学校，中学校，高等学校及び特別支援学校の学習指導要領等の改善及び必要な方策等について（答申）」2016年

文部科学省『小学校学習指導要領（平成29年告示）解説　理科編』東洋館出版社，2018年

文部科学省『小学校学習指導要領』1947年，1958年，1968年，1977年，1989年，1998年，2008年，2017年

第 **4** 章

現代の理科の教授学習論

　理科学習指導の目的は，能動的に学習する子どもを育成することである。能動的な学習とは，子どもが明確な見通しを持って学習に臨み，学習に必要な情報を取捨選択し，自分なりの考えを構成することである。さらに，構成した考えと既習の内容とを結びつけることである。こうした力を子どもに育成するために，子ども同士の対話を中心とする対話的な授業の計画が必須である。対話を通した考えや情報の吟味と共有によりこの力は育成される。

キーワード　受動的な学習　能動的な学習　構成主義学習論　協働的な学習　対話的な学習
　　　　　　イメージ

第1節　現代の学習論の基本的な考え方

　学習指導とは，子どもに知識や技能を習得させ，習得後，彼らが次の学習に生かしたり，身の周りで生起することを説明できるようにすることである。そのための方法を学習指導方法という。あるいは，簡単に指導方法という。当然，教科ごとにその方法は異なる。観察，実験を基に考える活動を基本にする理科と体育での学習指導方法が異なることは容易に想像できよう。そして，各教科の授業における1時間ごとの学習指導の計画を表したものを学習指導案という。この具体的な内容については，後の章で詳しく説明される。

1. 受動的な学習と能動的な学習

　子どもにとって有効である学習指導方法を考える上において，彼らにどのような学習を求めるかにより，その方法は異なる。子どもに知識や技能を効率的に記憶することを求めるのであれば，それにふさわしい方法がある。反対に，

知識や技能の一方的な注入ではなく，子どもが納得しながら習得することを求めるのであれば，それにふさわしい指導方法がある。どのような学習を前提にするかにより，学習指導方法は異なるのである。

　子どもに求める学習の姿を明らかにし，その上で，必要とされる指導方法を考えることが重要である。現代の日本において，子どもに求める学習は『小学校学習指導要領解説 総則編』（文部科学省，2017）における次の指摘に見ることができる。それは，「生涯にわたって能動的（アクティブ）に学び続ける」ことができるようにすることである。

　能動的（アクティブ）は英語のactiveであり，その反対は受動的（パッシブ）passiveである。子どもに求められているのは，現代社会では能動的な学習なのである。『小学校学習指導要領解説 総則編』（文部科学省，2017）は，その具体的な学習の姿として次の3点を指摘している（文中の（　）内のことばは筆者による）。

・（子どもが）学ぶことに興味や関心を持ち，（中略）見通しをもって粘り強く取り組み，自己の学習活動を振り返って次に（すべき学習につなげる）「主体的な学び」。

・子ども同士の協働，教職員や地域の人との対話（中略）を通じ，自己の考えを広げ深める「対話的な学び」。

・知識を相互に関連付けてより深く理解したり，情報を精査して考えを形成したり，問題を見いだして解決策を考える（中略）「深い学び」。

　能動的な学習が，何を子どもに求めているのかが，これら3点を見るとより明らかになる。闇雲に活動をするのではなく，学習の計画を立て，計画通りに学習が進んだか，その結果，何が理解できたか，何が十分にできなかったか等，子ども一人ひとりに自覚させ，かつ振り返えらせることを，まず求めている。「主体的な学び」の実現である。

　こうした学習は，子ども一人ひとりで行われる。その際には，併せて，クラスの仲間や教師に助言を求め，学習の範囲を広げたり，修正することがある。分からないことについて，仲間や教師に助言を求めたり，自分の考えの曖昧なところや誤った点を修正したりするのである。

　さらには，子ども同士で問題についての考えを持ち寄り，皆で納得できる考えを作りあげたりすることもある。こうした「対話的な学び」に子ども一人ひとりが能動的に関わることで，彼らは学習の質を自分の意思により変える機会

を得ることができるのである。

　2つの学習を子どもが常に心がけることにより，得られた情報に対する見方は深まっていくのが明らかである。また，これを契機にして，今まで自分が持っていた知識と得られた情報とを関連付けることができるため，結果として，より「深い学び」を生起させることができるのである。

　深い学びの成立は，さらに，次の学習における問題の見いだしにもつながる。深い学びが子どもにおいて次々とつながりを見せ，彼らの持つ知識や情報の質を広げ，深めていくことができる。能動的な学習が，何を子どもに求めているのかが明らかになった。

2．構成主義―能動的な学習の背景にある考え方

　学習指導の前提となる学習についての考え方は，現代では能動的な学習にあることが明らかになった。学習指導要領が依拠するこうした考え方の背景には，構成主義学習論があると見てよい。構成主義学習論を背景にした能動的学習を，なぜ学習指導の前提にするのかを説明する前に，まず，構成主義学習論（constructivismあるいはconstructivist's view）について簡単に説明しよう。

　構成主義学習論では，子どもが自分の考えを広げ，発展させるために，情報を収集,加工し,自分で構成（構築ともいう）するとき,新しい考えは意味を持って記憶されるという考え方を取る。小学校3年生が電気回路についての概念を構成することを例にしてみよう。ちなみに，以降の議論においては，一般的に使用される知識ということばではなく，この概念ということばを用いる。溶解,植物，地層等個別の学習の結果，子どもに理解させたいと考える内容を理科では，概念，あるいは科学概念ということばを用いる。

　小学校3年の電気の学習では，子どもにまず電気の回路概念を構成することを求める。豆電球，乾電池が導線で結ばれているとき，豆電球は点灯する。豆電球，乾電池，導線の結びつきを回路概念という。次ページの図4-1は理科教科書に示されている回路概念を示したものである（霜田他，2014）。図に示されているように，導線が輪のようになっていても，曲がっていても，交差していても3つがつながっていれば豆電球は点灯するので，すべて回路概念という。

　子どもは理科授業で自由に回路を作りながら，図に示されたように多様な回路を作り上げていく。その結果，子どもは回路概念を「つながっている」「輪になっている」「閉じている輪」等のことばと意味を構成し，図とともに記憶

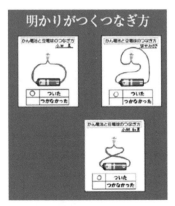

図4-1 導線を電池につなぎ，豆電球がつくつなぎ方と，つかないつなぎ方を実験する

していく。

　これが，理科を例にした構成主義学習論の基本的な考え方である。この例のように，子どもに活動したことから情報を収集させ，その意味を子どもなりの表現と共に理解を求めるのが，構成主義学習論の考え方である。試験勉強のように意味を理解せずに丸暗記したことと，こうして意味を理解し記憶する学習との差は明らかである。丸暗記したことは意味を持たないので，徐々に記憶からなくなる。一方，意味とともに記憶した事柄は記憶から消えにくい。

　子どもがどうしたら電気がつくかに興味を持ち，意欲的に活動に取り組み，その結果として，上述した表現とともに回路概念を理解する学習，それが現代の社会では求められている。まさに，子どもが能動的に取り組む学習である。子どもに能動的に学習に取り組ませる背景には，現代の社会を取り巻く情報量がある。一つひとつを記憶するような学習では，こうした社会に適切に対応することはできない。インターネットを通して，大量の情報と密接に結びつけられている，グローバル化社会への対応である。

　そこでは，自分の必要性に応じて，情報を収集し，その意味を考えていく学習こそ求められる。必要な情報を取捨選択しながら，自分にとって意味あるものを取り入れていく学習こそ，学齢期からの子どもに身に付けさせなければならない。こうした考え方は，欧米社会において支配的である。当然，学校教育へも反映されている。学習指導要領には直接このような説明はないが，明らか

にその考え方の影響を受けている。

　この学習は上述した「対話的な学び」で説明したように，子ども一人だけでは成立しない。仲間からの情報や考えの収集を踏まえることが必要である。これを一般的には社会構成主義という。仲間が納得したり，あるいは合意した内容こそ，理解するに値するという考え方である。

　言い換えれば，協働的な活動こそが重要である，という考え方である。一人で考えを構成し，持っていても仲間が納得したものでなければ，その考えや情報は通用せず，意味を持たないのである。

　理科授業においても同じである。図4-1に示す回路概念もクラスの仲間が納得したものでなければ，回路ということばも使えないし，通用しない。仲間の合意を背景にして，意味を構成することで回路概念は成立する。こうした協働的な学習，すなわち「対話的な学び」が子どもの学習をより意味あるものにしていくのである。社会構成主義がこの考え方の背景にある。

　上述した，主体的で，対話的で，深い学びの充実の背景に構成主義の考え方があることが明らかである。理科の学習指導はこのような背景についての理解なしに考えることはできない。

第2節　現代の学習論を踏まえた学習指導方法の基本的な考え方

1. 対話的な授業

　上述した「主体的な学び」は，「対話的な学び」を通して内容を発展させたり，深めたりすることができた。「対話的な学び」の充実が，子どもの学習には重要であることが明らかである。こうした学びを基本とする授業は，対話的な授業という。それは，社会構成主義の考え方を反映し，子どもの協働的な学習を基本にしている。その具体的な例を次ページの表4-1に示す（森本信也，2013）。

　これは小学校4年生の学習である。水の状態変化について習得した概念を，子どもが身の周りの事象を説明するのに活用した事例である。教師の発問を契機として，子どもが1〜7の発言を結び付けながら，すなわち，対話を通して

表4-1　対話的な理科授業の例

教　師	：水蒸気を冷やすと水になります，っていうのが実は皆さんの周りで起きているのです．ここからどんどん蒸発しているこの水，いちばん身近にまた出てくるときがあるよね．この教室の中で，どこでしょう？
子ども$_1$	：口．
教　師	：人間の，あーでもそれ人間の中でしょ．よくあるでしょ．教室の中でよくあるでしょ．どこだ？
子ども$_2$	：窓．
教　師	：窓だよね！窓のところに絵を書くことない？あるよね．家でやったら，書いたところが汚くなるからって，書いたら怒られることあるよね．そのとき水滴は窓の外側と内側どちらにありますか？
子ども$_3$	：怒られたことある，内側．
教　師	：内側だよね．ということは教室の中の水蒸気が何で水になったの？
子ども$_4$	：教室の水蒸気が窓で冷やされた．
教　師	：窓が冷たいのか．確かに窓は冷たいよね．
子ども$_5$	：窓の方が冷たくて，見えない水蒸気が見えるようになった．
教　師	：なるほど，つけたしどうぞ．
子ども$_6$	：教室の中と外の温度が違うから．
教　師	：どう違うのですか？
子ども$_7$	：教室の中が温かくて，外が冷たいから，教室の中の温かい空気にある水蒸気が外の冷たい温度に冷やされて，それがだんだんたまって水滴になる．

考えを協働的に深めていった様子を見ることができる．簡単にその様子を振り返ってみよう．

　教師は水蒸気が「この教室の中で，どこでしょう？」，という発問により，まず，水蒸気に学習を焦点化している．これを受けて，子どもは「子ども$_2$：窓」→「子ども$_3$：窓の内側」というように発言をつなげ，水が窓で凝結したことを確認していく．子どもが対話を通して考えをつなげ，学習を深めていった様子が明らかである．対話的な学習が機能し始めている．

　さらに，教師は「水蒸気が何で水になったの？」との発問から，学習の視点を温度と関連させることへ変換している．教師は，子どもの考えをつなげることを支えると同時に，学習をさらに深めるために，子どもの対話を見ながら，学習，すなわち対話の視点の変換を試みているのである．子どもはこの働きかけから，「子ども$_4$：窓で冷やされた」→「子ども$_5$：見えない水蒸気が見えるようになった」→「子ども$_6$：教室の中と外の温度が違う」→「子ども$_7$」によ

るまとめ，というように学習が進められていった。

　子ども一人ひとりが学習の目的を共有しながら，自分たちの持つ情報や考えをつなげながら，一人では成立し習得できなかった考えを構成していったのである。これが，対話的な授業の基本的な姿である。

2. 対話的な授業を進めるための基本的な考え方

　アレクサンダーは，こうした対話的な授業を実現させるの基本的な原理として，表4-2に示す5つを捉えている（Alexander, R., 2005）。アレクサンダーは，多様な子ども同士の対話に基づく授業を分析し，その結果として，表に示す原理を抽出した。表の原理にしたがって，表4-1の対話を分析してみよう。

　表4-1の対話では，水蒸気の行方探し，そして，それが凝結していく要因探し，というように，クラスの仲間全体で目的を共有し，学習を進めている。目的的に授業が進んでいる。この時，仲間同士の考えを基にし，次の考えへと移動していく様子を見ることができる。子どもは互いを学習の対象として捉え，そこから学習しようとしている。相互に教え合いながら，新しい学習内容を習得しているのである。相互教授的にも授業は進んでいる。また，一貫した視点から学習を深めようとしている。言い換えれば，蓄積的でもある。

　さらに対話では，「子ども$_1$：口」に見られるように，学習の目的に対する多少イレギュラーな発言も，無視したり，破棄することなく，教師による次の発言により，学習の目的に即した発言として位置付けられる。「教師：人間の，あーでもそれ人間の中でしょ。よくあるでしょ。教室の中でよくあるでしょ。どこだ？」

　ここでは，学習に際して表現されたものに対して，すべてそのまま受容しよ

表4-2　対話的な授業の原理

・目的的―教師は子どもに目標を明確に伝え，これを基に授業を進める。
・相互教授的―教師と子ども双方がお互いの考えを聞き，考えを共有する。あるいは，別の解決策を検討する。
・蓄積的―子どもと教師それぞれ，あるいは全体で一貫した視点に基づき考えを構成（構築）する。
・支持的―子どもは常に自由な雰囲気の中で，自分の考えを表現できる。
・協働的―教師と子どもが一体となってグループあるいはクラス全体で課題を処理する。

うとする学習の風土を作ろうとしている。支持的な視点の維持がここでは重視されている。そして，最後の協働的な学習は，対話的な授業の最も基本的な視点として位置付けられている。

　クラスの仲間の支援を下に，目的を見失うことなく，子どもに活動の継続を保障するのがこれらの原理である。授業の進行において，教師と子どもがともに注視すべき視点である。それは，1時間の学習の終了後に，子どもに次のことを実感させよう。学習してきたことを振り返り，つなげることを意識しながら対話をすることで，意味ある成果をもたらすことを子どもに実感させる（森本信也，2016）。対話的な授業が，構成主義学習論に基づいて構想されていることが明らかである。

　こうして，対話的な授業を進めるための基本的な考え方を見るとき，これは子どもの考えの優劣を決めるために行われていない。ディベートのように相手の考えを打ち負かす目的で行われてはいない。むしろ逆に，子どもが互いの意見を融合し，共有することに意義を求めている。授業において，意見を融合し，共有する上において，アレクサンダーの指摘する視点は，まさにこの目的に合致するのである。

3．例えやイメージ表現により対話を進め，考えを深める理科授業

　対話的な授業の目的が，考えや情報を皆で構成し，その結果を共有することにあるとするならば，子どもが考えや情報を互いに適切に伝え合うことが必須である。うまく対話ができなければ目的を達成することができないからである。対話的な授業の原理にある支持的な視点はこの解決に有用である。子どもに自由に考えを述べさせる学習の風土を作るとき対話が円滑に進む。子どもにとって意欲的に学習する場を提供する。

　自分の考えを相手に伝えるのに，例えやイメージで表現することは，子どもの好むところであり，実際，彼らは意欲的に活動に取り組む。自由な表現が保障されるからである。自由な表現を通して，科学的な考えへ進むための手掛かりを掴むことができるのである。表4-3は小学校6年生の酸の学習についての対話である（森本信也，1999）。

　子どもは小学校5年の学習で食塩が水に溶けることを学習している。これを踏まえて，塩酸にアルミニウムが溶けたことについての子どもが考えたことを対話を通して吟味している。子どもは「溶ける」ということばが食塩の溶解に

表4-3　例えやイメージ表現により対話を進め，考えを深める理科授業の例

子ども₁：かき回さないのに，塩酸にアルミニウムはどんどん溶けていったよ。食塩のときとは違うよ（つぶやくように）。 教　師：えー。ほんと！食塩のときはどんなふうに溶けた？ 子ども₂：食塩を溶かしたときは，割りばしなんかで一生懸命かき回さなくちゃ溶けなかった。 子ども₃：そー，水より，ずっと溶かすパワーみたいながあるんだよ，塩酸には。 教　師：パワーって，なーに？（不思議そうに） 子ども₄：水より塩酸にはものを溶かすパワーが強いんだよ，きっと！だから，塩酸の中に入れただけでアルミみたいな金属だって溶けちゃうんだよ。 教　師：パワーが違うと溶け方も全然違うんだね（確認するように）。 子ども₅：そう，水だと食塩みたいに，溶けたものを水を蒸発させて，また取り出せたけど，塩酸ときは取り出せなかったし，アルミと違うものが出てきた。

も，塩酸にアルミニウムが溶解することにも使われることに，戸惑いを持ち始めている。表4-3から明らかなように，同じ「溶ける」ということばで説明される現象が，明らかに異なるからである。

　そこで，子ども₃，子ども₄によるパワー発言が生まれた。塩酸は水よりパワーが強い発言である。金属を塩酸に入れるだけで，金属が瞬く間に溶けたからである。子どもは化学反応の概念を持っていない。そこで，水と塩酸への物質の溶け方が明らかに異なることを観察し，その説明として「パワー説」を構成した。現象として溶けるように見えるが，その背後で起きていることの相違を子どもは見いだし，この説を編み出したのである。

　これは自分の考えを相手に伝えるために構成された例え，あるいはイメージである。例えやイメージが新たな「溶ける」という現象を説明することを可能にしたのだ。また，これが中学校における化学変化の概念の素地を作っていったことはいうまでもない。この例にあるように，子どもに自分の考えを自由に表現させることで，対話を円滑に進めることができる。それは同時に，新しい考えへの素地を作ることにつながる。

　教師の発言がこうしたことを積極的に価値付け，その意味を皆で共有することで，ここでの学習は強化され，発展の素地を作ることができるのである。当然それは，単純に表現のユニークさを褒めることではない。その表現が何を語ろうとしているかを分析し，それを子どもに伝えていくことが何よりも重要である。子どもはこうした表現を積み重ねながら，科学的な考えを構成していく

ことになる。能動的な学習を支える対話的な授業において重視されるべき視点である。

　大人の目から見れば子どもの表現には曖昧さや誤解が含まれている。ことば尻を捉えるのではなく，表現に含まれている科学の芽を育てることこそ，子どもが自ら考え，判断し，それを表現する力を育成することにつながるのである。かつて，ジョン・ホルトが指摘した下記の学習者像は，このことを的確に言い当てている。こうした学習者を育成するために自由な表現のやり取りが必要である。構成主義学習論の必要性についての至言である（ジョン・ホルト，1981）。

　「知性のある人間は，若者であれ老人であれ，新しい状況や問題に遭遇した時には，それに向けて心を開いて取り組んでいく。（中略）彼は，大胆に，想像力豊かに，知恵を縦横無尽にめぐらせて，たとえ確信をもってではなく，少なくとも希望はもって問題と取り組む。もし，問題を征服しそこなった時にも，彼は恥じらったり恐れたりすることもなく，自分の誤りを見つめ，その誤りから学び得る限りのことを学ぶ。これが知性である」

課　題

1. 能動的な学習の意味について，具体例を挙げて説明しなさい。
2. 能動的な学習の必要性についてまとめなさい。
3. 対話的な授業の原理について，具体例を挙げて説明しなさい。

参考文献

Alexander, R.Culture, Dialogue and Learning, *IACEP 10th International Conference*, 2005,　pp. 13-14

霜田他『みんなと学ぶ小学校理科3年』学校図書，2014年

ジョン・ホルト著，吉田章宏監訳『子ども達はどうつまずくか』評論社，1981年

森本信也「自分の学びを振り返り，学びをつなげる子供を育てる授業の創造」『初等教育資料』
　2016年11月号pp. 75　東洋館出版社，2016年

森本信也著『考える力が身につく対話的な理科授業』東洋館出版社，2013年

森本信也著『子どもの学びにそくした理科授業のデザイン』東洋館出版社，1999年

文部科学省『小学校学習指導要領（平成29年告示）解説 総則編』東洋館出版社，2017年

子どもの考えに基づく理科教育の方法

　子どもは自然事象について，理科授業を受ける前から多様な考えを構成している。子どもが構成している考えを予想や仮説として取り上げるとき，彼らはその検証を目指して理科学習を始める。能動的な理科学習の具現化である。理科学習指導方法の基本的な視点である。こうした視点に基づき計画された授業を受けた子どもは，最近の学力調査においても優れた成果をあげていることが明らかにされている。今後の学習指導の視点として踏襲すべきである。

キーワード　子どもが構成する考え　予想や仮説　考察　全国学力・学習状況調査　子どもの学習意識

第1節　子どもの考えに基づく理科学習指導の視点

　第4章で紹介したように，子どもは理科授業において，例えやイメージを巧みに駆使して，自分の考えを表現しようとする。そこで，子どものこのような学習への意欲を生かし，能動的に学習を進めることができるようにすることが必要である。そのためには，授業において，彼らの考えを的確に捉え，これに基づいて学習を進めさせることが重要である。以下において，その視点について説明する。

1. 理科授業に表れる子どもの考え

　子どもは日常経験，学校の授業，メディア情報に基づいて，自然の事象について多様な考えを構成していることが明らかにされている（森本信也，1993）。例えば，スーパーマーケットや飲食店には「動物入店お断り」の看板を出す所が少なくない。この看板が示す意味は「犬や猫などのペットの入店禁止」である。

　こうした表示を子どもが見るとき，彼らは動物ということばを犬や猫のような哺乳動物を指すと考える。動物ということばの意味を限定的に捉えるのである。当然，理科の教科書で記述されるモンシロチョウやダンゴムシをその対象とは考えない。

　別の事例も挙げてみよう。4章で示した電気回路で，電気の流れを子どもに問うと，次のように答える者が多い。乾電池の＋極からは＋の電気が流れる。－極からは－の電気が流れる。二つの電気は豆電球のところで衝突する。衝突して豆電球はピカッと光る。あるいは，電気は乾電池の＋極から一方向に流れ，豆電球を点灯させるのに使われる。そのため，電気が豆電球から出るときは，入るときに比べてその量は少なくなる。

　これら子どもの考えは，大人の目から見れば誤り，情報不足と片付けられがちである。しかしながら，犬や猫とモンシロチョウやダンゴムシなどとの共通性を子どもに問えば，餌を食べる（すなわち従属栄養），雄と雌により子孫を残す（すなわち生殖）等の共通性を挙げることができる。その結果，動物と同じ仲間というように考えを変える機会を作ることができる。

　電気についても同様なことが言える。電気が衝突したり，消耗するという子どもの考えを確かめるために，図5-1に示すように，豆電球の前後に検流計を入れて，電気の量と流れる方向を調べれば，二つの考えではなく，電気が一方向に流れ，電気はなくならないことを子どもは確認し，考えを修正することができる。

　二つの事例から言えることは，子どもは多様な情報を取り入れ，誤った考え

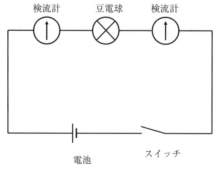

図5-1　検流計を使って電気の流れを調べる

表5-1　子どもが構成している自然事象についての考え

科学概念	子どもが学習前に構成している考え
植物	人が栽培したり，手をかけたものが植物。草やタンポポは雑草の仲間。種は植物ではない。
物質の保存	粘土のかたまりを平らにすると，広くなるからかたまりの時より量は増えてる。粘土のかたまりを細かくバラバラにすると粒々が増えるから，かたまりの時より量は増えてる。
水溶液の均一性	水に食塩を溶かすと底の方が濃くなる。食塩は水に溶けて下の方にたまっていくから。

を構成しているということではない。子どもにその意識はない。むしろ，取り入れた情報を加工して，自分なりに意味を作り上げているのである。したがって，理科授業では，子どもの考えを捉え，科学との接点こそ模索すべきである。それは可能なのである。これらの事例から十分推測できることである。

　子どもに今考えていることについて自覚させ，新しい情報を与えることにより，彼らは考えを変えることができる。また，そうした力を持っている。子どもなり考えていることを引き出し，それに焦点化させることにより，彼らは考えを変えたり，発展させたりする機会を持つことができるのである。

　理科授業では，これら以外にも表5-1に示すように，子どもが構成している自然事象についての考えの表れを多数見ることができる（オズボーン，フライバーグ，1989）。個々の科学概念について，子どもなりに意味を構成しているのが明らかである。

　そこで，上述したように，子どもに今考えていることを露わにさせることで，新しい考えを構成する機会を与えることができるのである。理科授業において，子どもに能動的な学習を求めるのであれば，それは彼らに今学習していることについての考えを出させることが必須である。子どもの考えを変え，発展させる機会を作ることができるからである。

2. 理科授業における子どもの考えの位置付け

　理科授業に表れる子どもの考えと科学の接点とを意図的に作り出すとき，彼らの考えは科学概念への芽生えとなっていく。例えば，電気回路で豆電球が点灯する理由として，電気の衝突や電気の消耗を考える子どもは，次のように考

えている。

　回路には目には見えないが，電気が流れている。また，電気は回路で豆電球を点灯させるパワーを持っている。子どもは電気の流れや回路で仕事をする能力を考え，これらのことに関心を寄せている。電流の存在，電流の仕事についての概念の芽生えや学習への意欲をここに見ることができる。

　しかしながら，子どものこの考えに意図的な働きをかけをせず，素朴な考えと「放置」したままでは，彼らの考えには何らの価値ももたらされない。もちろん，子どもらしい発想と捉えることはできるが，それだけの話である。一方，電気の概念の芽生えと位置付けるとき，子どもには考えを再考する機会がもたらされる。

　それが，上述した豆電球の前後に検流計をつなぎ，電流の量と方向を調べる実験の提示である。このとき，子どもは衝突説や消耗説について再考を求められる。自分の考えている結果とは異なる事実が示されるからである。子どもは再度自分の考えを振り返り，その有効性や限界を考えさせられるのである。その結果，考えを変更する機会を持つのである。新しい学習の機会である。

　子どもの考えを調べ，それに対峙し，その検証を求める観察，実験を提示することは，彼らの考えと科学との接点を意図的に作り出すことに他ならない。子どもの考えに基づいて，理科授業を進めるための最も基本的な事項である。子どもが何に関心を示し，それについてどのように考えているのかを捉えることが，こうしたことを実行するための基本である。

　子どもは自分の考えを検証するために，必要な情報に着目し，考えの有効性や修正点を考えるのである。子ども自らが考え，活動を進める，すなわち理科授業を進行させるのである。その原動力になるのが，子どもが理科授業で新たな内容を学習する前に構成している考えなのである。理科学習指導において，このような活動は，学習することについての予想や仮説を，子どもに立てさせるときに始められる。

　予想や仮説を立てることは，言い換えれば，子どもにとって，授業における学習の方向を見いだすことである。何を調べるのかが明らかになるのである。理科授業はこうして，予想や仮説を立てることにより，子どもが学習の見通しを持つことから始まり，その検証のために授業は進められる。具体的には，子どもの電気の衝突説や消耗説を前提とし，表5-2に示すように予想や仮説を立てさせるとき，こうした活動は理科授業において実際に機能し始める。

表5-2　子どもの考えを予想や仮説とし，検証させるための働きかけ

教　　師：乾電池一個，豆電球一個でできている回路に電気がどんな風に流れているのか予想してみよう。 子ども₁：電池の＋極から電気が流れる。また，－極からも流れます。二つの電気は豆電球でぶつかって光ると思います。 子ども₂：電池の＋極から電気が流れ，豆電球を光らせるのに使われるので，出るとは少なくなると思います。 教　　師：図5-1のような回路を作って，今，みんなが予想したことについてこれから調べてみよう。

第2節　子どもの考えに基づく理科学習指導の具体化

　これから学習する内容について，子どもの考えを露わにし，彼らに自覚させ，その検証により進める理科授業について，具体的に説明する。

1. 問題の見いだしから，予想や仮説の設定

　子どもが能動的に学習を進めるためには，学習する内容について問題意識をもたせることが必要である。小学校5年「物の溶け方」を事例にして考えてみよう。砂糖や食塩は水に溶け，泥や砂などは溶けないことを子どもは経験上知っている。しかしながら，溶けた物の重さが保存されているか否かはあまり意識していない。そこで，子どもに問題が提起される。

問題
食塩やミョウバンを水に溶かすと見えなくなった。できた水溶液の重さはどうなっているのだろうか。

　この問題を解決するためには，予想や仮説を子どもに立てさせ，調べる視点を明確化させることが必要である。そこで，上述したような子どもが学習前に持っている考えを露わにし，その解決を図らせるのである。

予想や仮説

　食塩（あるいはミョウバン）5gを水50gに溶かすと，水溶液の重さはどうなりますか？
1. 食塩を溶かすと目に見えなくなるから，重さは50g。
2. 食塩は水に溶けてしまったので，55gより少し軽くなる。
3. 食塩5gを水50gに溶かしたのだから，重さは55gになる。
4. 1.〜3.以外の考え。

　子どもが持つ予想や仮説の典型的な例をここには示す。もちろん，これら以外の考えも示されることはありうる。重要なことは，溶けた食塩の重さに着目させることである。正確に言えば，物の溶解における保存について目を向け，これについて調べようとする意識をもたせることが重要なのである。予想や仮説を立てさせる意味である。

　上の選択肢を見て明らかなように，ここには子どもなりの考えが現れる。また，引き出すことが必要である。子どもと科学との接点が作られるのである。溶かすと重さがなくなるというのは，まさに，目の前から物が溶けて見えくなから，という考えである。また，少し軽くなるとという考えは，溶けることにより，重さが少し失われるという判断である。

　これら以外に考えも出されるが，いずれにしろ，溶けた食塩の存在について子どもに考えを焦点化させることに，予想や仮説を立てる意味はあるのである。予想や仮説を子どもに持たせず，この実験を実行しても，すべての子どもに何を，どんな目的で調べようとするのか，という意図は伝わらない。ただ，これらの作業を教師により求められ，実行するということしか伝わらない。子どもに考える機会はもたらされない。予想や仮説のを立てることの重要さが明らかである。

2．観察，実験から考察

　予想や仮説を検証するための実験はおおよそ，下記のように進められる。そして，結果が出される。そして，予想や仮説を検証するためのデータとして用いられる。もちろん，こうした活動については，十分その意味を子どもに理解させながら進めることが必要である。問題→予想や仮説→観察，実験→結果の導出，という一連の思考過程の意味を，各活動ごとに子どもに確認しながら進めることが必要である。

観察，実験と結果の導出
ふた付きのプラスチック容器，水，食塩，合計の重さを電子天秤などで量る。次に水と食塩を容器中で混ぜ，完全に溶かし，再度天秤で重さを量る。溶かす前と溶かした後の重さを記録する。

　観察，実験結果は，どの予想や仮説が支持されたのかを，子どもなりに考えさせるためのデータとして活用することが必要である。言い換えれば，自分の考えが検証されたのか，あるいは修正が必要だったのかを，子どもは事実に基づいて考えるのである。これが次の活動，考察となる。

考察
1.〜4.の予想や仮説が，支持されたのか，あるいは修正が必要だったのかを，データに基づいて子ども自身に判断させる。

　ここで，子どもは自分の考えがどのような観察，実験事実により支えられるのか，あるいは根拠として成立するのかを改めて学習するのである。予想や仮説と考察を対にして，問題に対する解決が図られていくのである。予想や仮説を常に意識させながら，考察をさせることが重要である。実際の授業の様子から，子どもがどのようにこうした活動するのかを以下に示す（森本信也，2018）。

　表5-3から子どもの考察が徐々に詳細になされていくのが明らかである。子ども$_1$〜子ども$_3$に表れている考えを見れば明らかである。ここでは，水に溶けた物の重さが保存される理由が子どもなりに考えられている。初めは，食塩

表5-3　考察における子どもの対話

教　師	：何で食塩，ミョウバンの重さは変わらないんだろう。予想の時には小さくなるから軽くなるという話が出ていたよね。
子ども$_1$	：小さくなったけど分かれて小さくなっただけ。
教　師	：この図（右図）みたいな感じ？分かれて小さくなる。だから変わらない？小さく分かれても重さは変わらないのは何で？
子ども$_2$	：量は変わらない。
教　師	：小さく分かれても量を集めたら変わらないのか？軽くなると予想なると予想していたけれど，どうだった？
子ども$_3$	：やっぱり（3年の時にやった）粘土と同じ。
教　師	：粘土と同じ。バラバラにしても量は変わらないのか。

やミョウバンが溶けてバラバラになっただけだから，重さは変わらないという考えである。次は多少定量的になっていく。絵に示されたように，1gという量は変わらないのである。最終的に，粘土の重さの保存と同様に考え，この考えを物の溶解にまで発展させていったのである。

　子どもは考察において，予想や仮説が「当たった」「外れた」式の発想をしない。むしろ，この事例に示されたように，自分，あるいは皆で共有した考えが支持できるのかの理由を求めようとするのである。当然，子どもがこのような意識をもつのは上述の対話にあるように，子どもの考えを掘り下げようとする教師の問いかけがあったことは言うまでもない。

　考察において，子どもは確かなデータと共に，自分なりの考えを論理的に構成しようとしているのが明らかである。子どもなりの考えについての表現がなされ，それを価値付けしてさらに掘り下げようとする教師の点が，こうした活動を可能にするのである。

3. 問題に対する結論

　予想や仮説と考察を主軸にしてなされてきた学習の最後は，問題に対する結論を子どもに出させることである。結論は，次のように問題に正対した表現として示される必要がある。また，子どもにも学習の確認として表現させる。

結論
食塩やミョウバンを水に溶かしてできた水溶液の重さは，水の重さと溶かした物の重さの和です。

　食塩とミョウバンだけの観察，実験だけなので，すべての水溶液について一般化をすることはできない。しかし，この二つの事例から導かれた結論は，さらに別の水溶液について考えたり，調べたりする際の予想や仮説となって，さらに説明する範囲を拡大させる契機になる。問題→結論という一連の過程を，一種の論理として子どもに学習させる意義がここにある。理科学習指導の最も基本とすべき視点として銘記すべきである。

第3節　子どもの考えに基づく理科学習指導の課題

　子どもが自分の考えを予想や仮説として表現すること，そしてこれらについて観察，実験を通して考察することが，理科学習指導として最も重要であることが明らかにされた。現在の日本の理科教育において，こうした指導が適切に行われているのかを示すデータがある。文部科学省が小学生・中学生を対象にした学力評価がそれである。理科に関わる調査から学習指導の課題を明らかにしてみよう。

　この調査は，「全国学力・学習状況調査」という。国語，算数・数学は毎年，理科は3年に一度小学校6年生，中学校3年生を対象において行われている。調査では，学力と子どもの学習に関する意識が調べられている。最も新しい調査は，2018年に実施された。このデータから学習指導の課題を抽出する。

　子どもの学習に関する意識調査は，「平成30年度全国学力・学習状況調査報告書・質問紙調査」によりなされた（文部科学省　国立教育政策研究所，2018）。この調査では，理科の学習活動に対する子どもの意識とそうした意識をもつ者，そうでない者それぞれの学力の平均正答率が示されている。

　平均正答率は，ことばの記憶を問う式の問題（理科A），表やグラフ等のデータから考える式の問題（理科B）について示されている。ここでは，難易度の高い理科Bの正答率と子どもの意識との関連性を取り上げる。次ページの表5-4にその一部を示す。小学校6年生についての調査結果である。

　質問(1)では，教師が積極的に子どもの学習活動について価値付けているか否かが，子どもの学習成果と関連するかが問われている。認めてもらっていると考えている者とそうでない者との間で，正答率に大きな差が見られた。他教科でも同様な傾向が見られた。理科の授業で子どもの考えを積極的に取り上げ，学習指導に生かしていくことが，この調査から必要であることを推測できる。

　質問(2)では，計画的に学習する習慣を持っている者はそうでない者に比べて正答率が高いことが示されている。理科授業において，予想や仮説を持って学習に臨むことと同じである。質問(3)では，(2)とほぼ同じ正答率の傾向が示された。理科授業で予想や仮説を持って学習に臨む者は，他の教科の学習においても同質の学習を行っていることを推測できる。

　質問(4)では，考察を行っている者とそうでない者との間にも，正答率で前

問と同様の傾向があることが示された。質問(1)～(4)の学習意識がそれぞれ関連性を持っていることを推測できる。実際，理科の授業における活動を考えれば，このことは肯定的に受け止めることができる。

　質問(5)では，色々な授業で，自分の考えを仲間に伝えるために工夫している者は，そうでない者に比べて正答率が高いことが示されている。自分の考えを説明するのに，根拠を挙げて説明したり，表現方法を仲間に分かるように工夫している者である。学習が個人だけで進めるられるのではなく，クラスの仲間との対話を通してこそ充実すると捉えているものと推測できる。

　質問(6)は，質問(5)を理科に限定したときの子どもの考えを問うたものである。質問(5)とほとんど同じ回答傾向を示しているのが明らかである。対話を中心とした授業における学習の態度が，どの教科においても一貫してなされた結果と推測できる。当然，理科授業でもこのことが反映されている。

　表5-4全体を通して言えることは，次のことである。子どもの考えを基にした予想や仮説の設定，考察の充実，対話を通したこれらの活動の広がりを，理科学習指導を計画し，実行するための重点事項として位置付けなければならな

表5-4　子どもの学習への意識と学力との関連

質問内容	子どもの意識と正答率（　）内	
(1) 先生は，あなたの良いところを認めてくれていると思いますか。	当てはまる	(58.2)
	当てはまらない	(49.6)
(2) 5年生までに受けた授業では，課題の解決に向けて，自分で考え，自分から進んで取り組んだと思いますか。	当てはまる	(60.0)
	当てはまらない	(45.3)
(3) 理科の授業では，自分の予想をもとに観察や実験の計画を立てていますか。	当てはまる	(59.8)
	当てはまらない	(46.6)
(4) 理科の授業で，観察や実験の結果から，どのようなことが分かったのか考えていますか。	当てはまる	(60.6)
	当てはまらない	(43.9)
(5) 授業で，自分の考えを発表する機会では，自分の考えがうまく伝わるよう，資料や文章，話の組み立てなどを工夫して発表していたと思いますか。	当てはまる	(61.0)
	当てはまらない	(48.6)
(6) 理科の授業で，自分の考えをまわりの人に説明したり発表したりしていますか。	当てはまる	(61.8)
	当てはまらない	(49.6)

い。理科学習指導を適切に進めるための視点であり，今後においても欠くことができない。積極的に取り上げたい。

課　題

1. 子どもの考えを理科学習指導に生かす視点ついて，具体例を挙げて説明しなさい。
2. 理科学習指導を具体化する視点について，具体的に説明しなさい。
3. 理科学習指導を充実させるための課題をまとめなさい。

参考文献

オズボーン，フライバーグ編，森本信也・堀哲夫訳『子ども達はいかに科学理論を構成するか』東洋館出版社，1989年

森本信也著『子どもが学びを深める理科授業とその評価』黒田・森本編『深い理解を生み出す理科授業とその評価』学校図書, 2018年。この授業実践は横浜市立立野小学校教諭（2019年現在）境孝氏の実践による。

森本信也著『子どもの論理と科学の論理を結ぶ理科授業の条件』東洋館出版社，1993年

文部科学省　国立教育政策研究所『平成30年度全国学力・学習状況調査報告書・質問紙調査』2018年

第 **6** 章

理科学習評価の視点とその方法

　授業を通して子どもに学力を形成するためには，彼らの学習の進捗状況を適切に見取り，これに即した学習指導を計画することが重要である。学力は，学習指導要領では資質・能力として示されている。資質・能力の育成状況を見取るための視点は，観点別評価といわれる。観点別評価により，子どもに資質・能力を育成する上で，学習評価と学習指導を一体化させて機能させなければならない。この目的を達成させるために，診断的評価，形成的評価，総括的評価を学習指導に組み込むことが必要である。

キーワード　診断的評価　形成的評価　資質・能力　観点別評価　パフォーマンス評価

第1節　理科学習評価の基本的な視点

　学習評価の対象とするのは，子どもの学習成果である。学習評価は，授業を通して子どもが身に付けた知識や技能，思考方法，学習に対する意欲等に対する見取りを行うことである。第4章では子どもによる能動的学習への着目とその重要性を指摘した。したがって，学習評価においては，子どもが能動的に知識や技能を習得し，思考方法を身に付けていく状況こそ的確に見取り，それを指導の視点として生かすことが重要である。その実現のためにまず学習評価の基本的な視点について説明する。

1. 現代の学習評価の基本的な視点

　学習指導要領の目標や内容について子どもがどのように学習しているのか，あるいはどのような興味・関心を持っているのか等を見取るのが，学習評価の実際である。これは，学習指導要領に示された学力規定にしたがってなされる。学習指導要領では，学力を「資質・能力」として説明している。それは，次の

三つの柱からなる（文部科学省，2017）。

1　生きて働く「知識・技能」の習得：何を理解しているか，何ができるか。
2　未知の状況にも対応できる「思考力・判断力・表現力等」の育成：理解していること・できることをどう使うか。
3　学びを人生や社会に生かそうとする「学びに向かう力・人間性等」の涵養：どのように社会・世界と関わり，よりよい人生を送るか。

　学力をこのような三つの柱から捉えることは，世界的な潮流である。知識・技能の習得のみを学力として捉えてきた従前の視点に取って代わるものである。ただ何かを知っている，できるようになっているだけでは十分ではない。それを自分が遭遇した問題解決において活用できなければならない。また，常にそうした意識を持つことが必要だ，という学力観への変換である。

　学習指導要領の内容は，すべてこうした三つの柱それぞれの視点から示されれている。学習評価はこうした学習指導要領の内容に準拠して行われる。こうした，学習指導要領に準拠して行う評価を「目標準拠評価」という。当然のことであるが，これは子ども一人ひとりの学習状況を評価するために行われるものであり，いわゆる相対評価とは異なる。

　この目標準拠評価を行うためには観点が必要である。客観的に学習評価を行うためである。これは，「観点別学習状況評価」，通称，「観点別評価」といわれる。各教科の学習状況を評価するための基本的な枠組みであり，次の三つからなる（文部科学省，2019）。これらは上述した資質・能力の三本柱に対応している。

・知識・技能：
　　各教科等における学習過程を通した知識及び技能の習得状況について評価を行うとともに，それらを既有の知識及び技能と関連付けたり活用したりする中で，他の学習や生活の場面でも活用できる程度に概念等を理解したり，技能を習得したりしているかについて評価する。
・思考力・判断力・表現力：
　　各教科等の知識及び技能を活用して課題を解決する等のために必要な思考力，判断力，表現力等を身に付けているかどうかを評価する。
・主体的に学習に取り組む態度：
　　資質・能力の一つである，「学びに向かう力・人間性等」に関わる観点としてここでは示されるべきであるが，次の理由からここでは「主体的に学習

に取り組む態度」として示されている。

すなわち,「学びに向かう力・人間性等」には①「主体的に学習に取り組む態度」として観点別評価（学習状況を分析的に捉える）を通じて見取ることができる部分と,②観点別評価や評定にはなじまず,こうした評価では示しきれないことから個人内評価（個人のよい点や可能性,進歩の状況について評価する）を通じて見取る部分がある。したがって,ここでは①の内容を取り上げる。それは次の二つの観点から評価される。

ⅰ．知識・技能を獲得したり,思考力・判断力・表現力等を身に付けたりすることに向けた粘り強い取り組みを行おうとすることを評価する。

ⅱ．ⅰの粘り強い取り組みを行う中で,自らの学習を調整しようとする側面を評価する。

これら観点別評価は上述した資質・能力の内容について,さらに分析的に示したものと捉えることができる。これらを理科の観点から捉え直し,子どもの学習指導を進めるための視点として考えることが次の課題である。

2．理科における観点別評価の視点

学習指導要領の内容は,上述したように,資質・能力の3つの要素から構成されている。これを受けて小学校理科の目標は次のように設定されている（文部科学省,2017）。当然,個別の内容の学習目標の表記においても同様である。

(1) 自然の事物・現象についての理解を図り,観察,実験などに関する基本的な技能を身に付けるようにする。

(2) 観察,実験などを行い,問題解決の力を養う。

(3) 自然を愛する心情や主体的に問題解決しようとする態度を養う。

(1)は知識・技能の習得に関する目標である。(2)の問題解決能力は,理科における思考力・判断力・表現力等の育成に関する目標である。(3)は理科における学びに向かう力,人間性等の涵養に関する目標である。以下において,具体的に説明する。

(1)はエネルギー（物理的内容）・粒子（化学的内容）・生命（生物的内容）・地球（地学的内容）に関する知識の習得,観察,実験に関する技能の習得を示している。(2)の問題解決の力は,第5章で述べた子どもが問題を見いだし,予想や仮説を設定し,観察,実験を通して検証,すなわち考察するという一連の学習過程で必要とされる力を示している。しかし,これは一朝一夕に育成す

ることはできない。そこで，学年ごとに重点的に育成すべ力を次のように示し，その育成を図ろうとしている。太字が主に育成すべき力を示している。

第3学年：自然の事物・現象について追究する中で，**差異点や共通点を基に，問題を見いだし，表現すること。**

第4学年：自然の事物・現象について追究する中で，**既習の内容や生活経験を基に，根拠のある予想や仮説を発想し，表現すること。**

第5学年：自然の事物・現象について追究する中で，**予想や仮説を基に，解決の方法を発想し，表現すること。**

第6学年：自然の事物・現象について追究する中で，**より妥当な考えをつくりだし，表現すること。**

　これらを概観すると，4年間を通して，問題解決の力を徐々に育成しようとしていることが明らかである。各学年で習得を目指す知識や技能の習得とともに，こうした力の育成も図る必要があることを上述の目標は示している。

　(3)は文字通り，子どもが能動的に問題解決を図ろうとする意欲を涵養するための目標である。(1)(2)の目標と密接に関連していることが明らかである。(1)〜(3)は観点ごとに分析された内容であるが，相互に関連させて見取っていくことが必要である。具体的には次の表6-1のように示される（井土ヶ谷小学校，2018）。

表6-1　観点別評価の例（3年単元「物と重さ」）

知識・技能	思考力・判断力・表現力等	主体的な学習態度
・物は形が変わっても，重さは変わらないことを理解している。 ・物は体積が同じでも，重さは違うことを理解している。 ・てんびんや自動上皿ばかりを用いて重さを数値化し，その結果を表に整理し，重さを比較できる。	物の形や体積と重さとの関係について追究する中で，差異点や共通点を基に，物の性質について問題点を見いだし，表現している。	物と重さについて追究する中で，主体的に問題解決しようとする。

　こうした観点を設けることにより，子どもの能動的な学習を多面的な視点から評価し，それぞれの活動において十分なところ，指導を加えることが必要な点を見取ることができるのである。観点別に子どもの学習を評価し，彼らの次の学習指導として活用していくのである。言い換えれば，学習指導と評価を分

離不可分な活動として捉えていくことが必要なのである。

3. 子どもの能動的な学習を見取るパフォーマンス評価

　子どもの能動的な学習を見取るためには，パフォーマンス評価が有用である。理科授業におけるパフォーマンス評価は，既に1960年代後半から70年代にかけてその重要性が指摘されてきた。それは，主に観察，実験器具の取り扱いについての習熟度を評価するための用語として使われてきた。現在でも観察，実験器具の習熟は重視されなければならない。したがってこの意味で，現在でも使われることがある。

　しかしながら，パフォーマンス評価ということばは現在では，これらよりも広い意味で使われ，定着してきている。すなわち，現在，パフォーマンス（performance）は，次のような意味において使われる。子どもが問題解決において，自分なりの考えとその表現，その考えの根拠となる情報等をまとめたものの総体を指す（森本信也，2013）。

　こうした子どもの学習状況を見取るためにパフォーマンス評価は実施される。子どもが直面している問題に対して解決のために今なすことができること，そして，そのすべてを表現したものが文字通り子どものパフォーマンスであり，その評価が重視されているのである。

　まさに，能動的に子どもが学習を進め，その進行状況を捉える評価の視点といえる。当然，ここでの表現は，曖昧であり時には誤りも含まれる。それでも，学習途上の考えの見取りに，正誤の吟味は不要である。むしろ，子どもが意欲的にこうした学習を進めることを支援することに，パフォーマンス評価の意義はある。パーキンスはこうした考えに立脚し，子どものパフォーマンスを見取る視点として次の(1)〜(4)を指摘している。もちろん，これは指導すべき視点でもある（Perkins, D.N., 1995）。

(1) 考えを示すことばが記述されている。
(2) 考えが子どもなりに表現されている
(3) 多様な情報を子どもが取り入れ，考えの根拠にしている。
(4) 考えを自分なりに作り上げて行くという視点から記述されている。

　次ページの図6-1に示す具体的な事例により，(1)〜(4)の意味するところを説明する（西田，2017）。図は小学校4年生による，金属での熱の伝わり方についての説明である。子どもは，金属は粒がつながっている等のことばで，ま

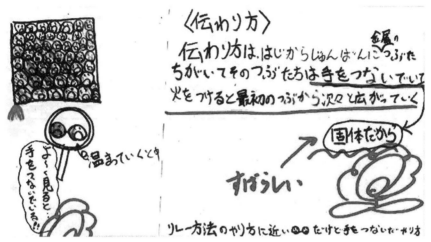

図6-1　実験をして自分の考えを自分なりに作り上げていく

ず固体の説明をしている。(1)(2)が表れている。さらに，火をつけたところから熱が伝わり，リレー方式だ，というように(3)を加え，考えのまとめを図ろうとしている。(4)である。

　これらは上述した観点別評価の3つの要素による分析でも十分可能であり，内容的には重なっている。観点別評価を実際に活用するに当たっては，こうした視点として咀嚼し，活用すべきである。そのとき，子どもの学習状況に即した評価とこれに即した学習指導を準備し，実行することができると考えられる。観点別評価を行う目的は，子どもの能動的な学習を捉え，その積極的な支援を図ることにあるからである。子どもが新たな学習を作り上げようとするその時点にふさわしい評価こそなされなければならない。この目的にとってふさわしい評価の方法が，学習指導方法の計画に具備されるべきである。

第2節　理科学習指導に生かす評価

　理科授業において，学習評価は，問題解決に関わる子どもの学習活動を円滑に進める上で必須であることが明らかになった。理科授業の進行に伴い，学習評価をどのように組み込むと子どもの学習に寄与するのか，その分析が次の課

題である。診断的評価，形成的評価，総括的評価，という3つの学習評価の機能を組み込むことがこの目的にとって有用である。以下において説明する。

1. 診断的評価が促す学習活動

　理科授業を始める前に，当該の単元に関わる子どもの既有の学習内容や生活経験等を見取るのが，診断的評価（diagnostic assessment）である。当該単元の学習の素地となる内容について，適切に学習がなされてきたかを，まさに診断し，適切な処置を行い，単元での学習に備えることにこの評価の目的がある。第5学年単元「振り子の運動」を事例にして説明する。

　生活経験において，現代の子どもに振り子は馴染みのある物ではない。それでも，道具としては単純なので，おもりと糸で振り子を作り，子どもに自由に遊ばせる中で，学習に関わる問題を見いださせることは容易にできる。すなわち，振り子の周期的な運動に気づかせた後，おもりの重さや糸の長さが，周期を変化させる条件になるかを問題とするのである。この問題を子どもが見いだすとき，この単元での学習は始まる。

　問題が明らかになったら，次の活動は子どもに予想させることである。おもりの重さや糸の長さを変えると，周期が変化するかを子どもなりに予想させるのである。予想は，第5学年までの学習において，子どもに育成しておくべき思考力・判断力・表現力等である。すなわち，「自然の事物・現象について追究する中で，既習の内容や生活経験を基に，**根拠のある予想や仮説を発想し，表現すること**」が，第4学年での観点別評価の内容であった。

　具体的にいえば，振り子の周期を調べる方法ついて，子どもが根拠ある予想をするのを見取ること，それが，この場面での診断的評価に該当する。例えば，「長い振り子はゆっくり振れるから，振り子を長くすると，1往復する時間は長くなる」「おもりが重いと振れるとき勢いがつくから，1往復する時間は短くなる」等の根拠を挙げて，予想をすることができれば，第4学年での思考力・判断力・表現力等が定着していることを評価できる。

　そして，根拠として挙げられたことはこの単元での観察，実験の対象となる。この活動を通して，第5学年で目指す思考力・判断力・表現力等は育成される。すなわち，「自然の事物・現象について追究する中で，**予想や仮説を基に，解決の方法を発想し，表現すること**」の育成である。

　予想の根拠としてあげられた振り子の長さやおもりの重さを変化させると

き，周期が変わるかどうかを調べる観察，実験の方法を子どもに考えさせ，実行することである。この活動の素地が第4学年で育成されるべき予想になるのである。予想の根拠を子どもが明らかにできないとき，周期に影響を与える条件を調べることができない。第4学年と第5学年との学習指導をつなげるために，診断的評価は欠かせないことが明らかである。このことは当然，他学年間でも同様である。

　上の事例では，思考力・判断力・表現力等を話題にしたが，知識・技能の習得，学びに向かう力・人間性等の涵養においても，診断的評価は行われる。診断的評価により，当該学年での学習に必要とされる資質・能力を分析し，当該学年での学習活動への円滑なつながりを図っていくことが重要である。必要とされる資質・能力の育成が図られていないときは，当然，適切な指導により，当該学年での学習の素地を作ることにも留意すべきである。

2．形成的評価が促す学習活動

　振り子の長さや重さにより周期が変化するかを調べる観察，実験を計画し，実行することが次の学習活動であった。具体的には，観察，実験の条件を制御して，子どもが観察，実験することがここでの主要な目標である。上述した第5学年で育成すべき思考力・判断力・表現力等の具体的な内容である。

　振り子の長さの影響を調べるときには，おもりの重さは一定にする，おもりの重さの影響を調べるときには，振り子の糸の長さを一定にする等の「条件を制御しながら調べる」活動により，観察，実験を子どもが進めることがここでの目指す学習活動である。

　子どもがこうした考え方を理解し，観察，実験を進められるように学習指導するための評価が必要である。子どもにこうした学習を徐々に形成するための評価を形成的評価（formative assessment）という。文字通り，子どもが学習を形成する状況を見取ることであり，そして，この結果を学習指導へと反映させるために行うのである。

　観察，実験の結果を次ページの表6-1のように整理できることがここでの目標であり，成果である。この学習に関わる観点別評価の技能の評価は，表に結果を整理できることである。思考力・判断力・表現力等の評価の対象は，この表の意味を理解し，さらに，説明することである。表に整理し，その意味，すなわち，条件制御して観察，実験する意味を子どもが的確に捉えているかを見

表6-1　条件を変えて振り子が1往復する時間を調べる観察，実験の結果

（おもりの重さを変えて調べる－振り子の長さは同じ）

おもりの重さ	1往復する時間 （10往復時間÷10）	1回目	2回目	3回目
10g 20g ：				

（振り子の糸の長さを変えて調べる－おもりの重さは同じ）

糸の長さ	1往復する時間 （10往復時間÷10）	1回目	2回目	3回目
30cm 40cm ：				

取るのである。この見取り，すなわち学習評価に基づき，適宜指導を加え，学習を先へ進めるのである。こうした見取りの設定により，子どもの学習がまさに形を成されていくのである。

　具体的には，上の表6-1の結果をグラフ化し，おもりの重さ，振り子の長さ，どの条件が振り子の周期に影響を与えるのかを，子どもに読み取らせる。ここでも，表をグラフ化し，読み取る技能についての形成的評価を行い，その学習指導が適宜行われなければならない。

　ここでは，振り子の法則を子どもが導くための形成的評価の最も基本的な観点について述べたが，細かく指摘すれば，多々考えられる。例えば，観察，実験用スタンドを使って測定装置を組み立てる技能，あるいはデータを表やグラフにまとめ，読み取る技能を活用するために，算数科での指導を再度行うことも考えられる。学習対象となる子どもの実態に即した形成的評価と学習指導がなされなければならない。

3．総括的評価が促す学習活動

　総括的評価（summative assessment）は，単元目標を子どもが達成できたか

を見取ることである。すなわち，学習に関わる問題，振り子が1往復する時間に影響を与える条件について，子どもが適切に説明できることを見取ることである。当然，この結果を踏まえてこれに即した学習指導は行われなければならない。ここでは，「振り子の長さが長いほど，振り子が1往復する時間は長くなる。おもりの重さを変えても，振り子の1往復する時間は変わらない」という内容についての子どもの説明が評価の対象となる。当然のことではあるが，これらの文言について，子どもに記憶を求めているわけではない。

学習についての問題，続く予想等一連の問題解決の過程を，子どもが振り返りながら，何を根拠にして，問題が解決されたのかを説明することが求められているのである。子どもに学習の振り返りを求めながら，それぞれの過程での活動が適切になされていたのかを見取り，再度必要に応じて学習指導へと反映させていくことが，ここでの評価の目的である。

容易に想像できるように，こうした活動はこの単元固有の内容ではない。習得すべき知識・技能の相違はあるが，学習過程は第5学年に共通した内容である。この単元に関わる学習の充実が，他の単元，さらには第6学年での学習へ影響を与えていくのである。

したがって，「予想や仮説を基に，解決の方法を発想し，表現する」力の育成を主軸として，振り子の法則を見いだす活動が，子どもに成立したかが評価されなければならないのである。十分でなければ，関わる学習指導を行い，こうした学習の定着が図られなければならない。

上述したように，診断的評価，形成的評価，総括的評価の三つの機能は相互に関連していることが明らかである。また，関連性を考慮し，その成果を学習指導へ生かすことが重要である。その時こそ，理科授業における子どもの能動的な学習活動を深め，拡大することができるのである。その保障のための観点として捉えるべきである。

課　題

1. 理科授業において育成すべき資質・能力について，具体例を挙げて説明しなさい。
2. 理科授業における観点別評価について，具体例を挙げて説明しなさい。
3. 理科授業における診断的評価，形成的評価，総括的評価及び，その関連性について具体例を挙げて説明しなさい。

参考文献

西田俊章『粒子のもつエネルギーの概念を「つながり」によって深める』『理科の教育』2017年，
　Vol.66，No.784

David N.Perkins 他編　*Software Goes to School :Teaching for Understanding with New Technologies.*
　Oxford University Press，1997年

森本信也著『考える力が身につく対話的な理科授業』2013年

文部科学省『小学校学習指導要領（平成29年告示）解説 理科編』東洋館出版社，2018年

文部科学省『小学校学習指導要領（平成29年告示）解説 総則編』東洋館出版社，2018年

文部科学省『児童生徒の学習評価の在り方について（報告）』2019年

横浜市立井土ヶ谷小学校『平成30年度授業研究会指導案集』2018年

第 **7** 章

理科教育の指導法

　本章では，理科教育における指導の在り方について解説する。第1節では，理科における「主体的，対話的，深い学び」を実現する指導の在り方について，第2節では，「理科の見方・考え方」を働かせる指導の在り方について述べる。

キーワード　主体的学び　対話的学び　深い学び　理科の見方・考え方　問題解決の過程

第1節　理科における「主体的・対話的で深い学び」の実現

1.　理科指導のあり方

　理科の学習指導は，児童が「自然に親しみ，理科の見方・考え方を働かせ，見通しをもって観察，実験を行うことなどを通して，自然の事物・現象についての問題を科学的に解決するために必要な資質・能力を育成することを目指す」（『小学校学習指導要領（平成29年告示）　理科編』「教科の目標」より）

　すなわち，理科の学習は，「児童が自然に親しみ」から始まる子どもの主体的な問題解決の過程を通して行われものであり，その指導は，子どもの問題解決を保証するものとなる。

　今回の学習指導要領では，さらに「主体的・対話的で深い学び」の実現に向けた授業改善が求められている。授業改善に向けた取り組みは，とりもなおさず授業づくりの視点である。学習指導要領　理科編　指導計画作成上の配慮事項には，「主体的・対話的で深い学びの実現に向けた授業改善」として次のように示されている。

> （1）単元など内容や時間のまとまりを見通して，その中で育む資質・能力の育成に向けて，児童の主体的・対話的で深い学びの実現を図るようにすること。その際，理科の学習過程の特質を踏まえ，理科の見方・考え方を働かせ，見通しをもって観察，実験を行うことなどの，問題を科学的に解決しようとする学習活動の充実を図ること。

　理科においては，「理科の見方・考え方」を働かせ，見通しをもって観察，実験を行うことなどの問題解決の過程を通して「主体的・対話的で深い学び」の実現を図ることになる。

（1）主体的な学び

　「主体的な学び」を実現するためには，子ども自身が自然の事物・現象から問題を見いだし，その問題を解決するための必要性や見通しをもつことが大切である。問題解決の過程でいうならば，子ども自らが問題意識をもち問題解決の方向性に見通しをもって発信することである。

　また，子ども自身が自らもつ「知識及び技能」を生かし，「見方・考え方」を働かせて観察，実験の結果を基に考察を行い，より妥当な考えをつくりだすことが大切である。問題解決の過程では，見通しを立てた解決への道を，自らの力を発揮しながら推進していくことである。

　さらに，子ども自身が，自らの学習を振り返って，自然の事物・現象に新たな意味づけを行ったり，得られた知識や技能を基に，次の問題を発見したりすることが大切である。これは，子ども自身が自らの学びを自覚することであり「メタ認知」の力が求められることになる。

（2）対話的な学び

　「対話的な学び」を実現するためには，子ども自身が自然の事物・現象と向き合い対話し，そこから得られる考えや知見を，子ども同士，子どもと教師などが，議論したり協働したりすることが大切である。

　問題設定や検証計画の場面，観察，実験の結果の処理の場面，結果を基に考察する場面などで，子どもがそれぞれの考えを持ち寄り，意見を交換したり，根拠を基に議論したりしながら，自分の考えをより妥当なものにしようとすることである。この時，他者と自分の考えの違いを意識し，「批判的に考える」ことや，妥当性を求めて「合意形成」を図ることなどが大切となる。

（3）深い学び

「深い学び」実現するためには，子ども自身が自らの学びの状況を「メタ認知」的に把握できる場面を大切にすることが必要である。例えば，「理科の見方・考え方」を働かせながら問題解決の過程を通して学ぶことにより，理科で育成を目指す資質・能力を獲得するようになっているか，様々な知識がつながって，より科学的な概念を形成することに向かっているか，新たに獲得した資質・能力に基づいた「理科の見方・考え方」を，次の学習や日常生活などにおける問題発見・解決の場面で働かせているかなどの視点で授業を考えることが大切である。

理科の授業において「主体的・対話的で深い学び」の実現を図るためには，子どもの問題解決の過程に沿って，子どもの学習に即した指導の在り方を工夫していくことになる。

2. 問題解決の過程

では，子どもはどのような問題解決の過程を経て自らの科学概念を構築していくのだろう。

理科という教科を特徴づけるものは何かと学生に尋ねると，学習の対象が自然の事物・現象だということや，観察や実験等を行って調べることができることなどが挙がってくる。確かに，理科は教師の話を聞いたり，教科書を読んだりして覚えるという教科ではなく，子どもが自然の事物・現象に向き合うことから始まり，自らそこに働きかけ，答えを求めることが必要な教科なのである。そこには，子どもなりに問題を解決していくための思考や活動の流れが考えられる。理科では，この流れを問題解決の過程ととらえている。

例えば，次ページの図7-1のように問題解決の流れを考えたとしよう。

まず，子どもは，自然の事物・現象に出会う。初めて目にするものであれば，「これは何だろう」と思うかもしれない。面白い動きであれば，「触りたい」「自分もやりたい」と思うかもしれない。

じっくり見ているうちに「なんでだろう」「どうして」という疑問や問題が子どもの中に生まれてくる。

子どもは，疑問だけに収まらない。「きっとこういうことだよ」「こういう仕組みに違いないさ」と子どもなりに仮説や予想を立てる。さらには，「こうしてみれば分かるはずだよ」「やりたいよ」と確かめる方法を考えだす。好奇心

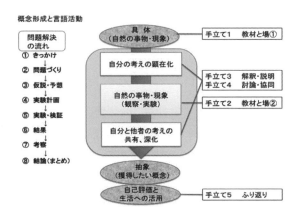

図7-1　問題解決までの気持ちの流れと行動
平成28年度　横浜市三ッ沢小学校研究紀要

は高まるばかりで，こうなると子どもは止まらない。実際に見たり，試したり（観察，実験）して事物・現象に関わって調べるだろう。その結果が予想通りなら「やっぱりね」と友だちとうなずき合うだろうし，違っていたら「どうしてだろう」と新たな問題が生まれるだろう。

　このような子どもの思考や活動の流れを大切にして教師が授業を考えると，子どもは「やらされている」学習ではなく「自分がやっている」という意識をもつことができる。子どもの問題解決の流れの中にあるそれぞれの問題解決の活動を大切にして授業づくりをすることが理科の授業づくりでは求められている。

3.「主体的・対話的で深い学び」の実現する問題解決の活動

　問題解決の過程に沿った理科指導のあり方は，とりもなおさず「主体的・対話的で深い学び」の実現に向けた取り組みとなる。ここでは，理科指導のあり方を，その過程に沿って解説する。

(1) 事物・現象との出会い（事象提示）

　学習の最初にどのように事象（事物・現象）と出会うかは，子どもにとってこれからの学習を進めていくうえで大きな意味をもつ。

　子どもは，これまでの学習や経験に基づいて対象に対してイメージやエピソード，知識などをもっている。学習対象に出会ったとき，これまでに自分がもっている経験や知識で説明ができなかったり，学級に自分と違う考えがあることに気付いたりすると，子どもは，自分の問題を意識するようになる。子どもが主体的に自然の事象と関わるためには，事象提示が大きな役割を担っている。

〈物質・エネルギーの学習に多い事象提示〉

　子どもに問題を意識させる事象との出会い

①児童の学びの原動力となるような事象であること。

　　「不思議だな」「どうなっているのかな？」「やってみたいな」等，子どもの心を揺さぶる事象であるとよい。

②解決の糸口が見いだせるような事象であること。

　　子どもの先行経験や既習内容で説明できそうな事象。全く説明ができないと解決への意欲がもてない。また，皆が全て説明できる事象では，疑問が生じず学習が成立しない。子どもの実態把握が必要である。

③子どもが問題を捉えられる事象であること。

　　的確な問題づくりにつながるような事象提示が必要である。

④子どもの思考の流れに沿って，無理なく展開できる事象であること。

　　最初に提示する事象が，その後の問題解決の過程で，子どもの思考の流れに沿って無理なく展開できるような事象であることが大切である。

〈物質・エネルギー単元での学習例〉

第5学年「振り子の運動」
①事象との出会い 　・ターザンロープで誰が長く振れるか揺らしてみる。 ②問題の把握 　・1往復にかかる時間は，おもりの重さ，ロープをもつ場所，振れる幅に関係がありそうだ。 ③予想・仮説 　・どれが1往復にかかる時間に関係あるか，「おもりの重さ，糸の長さ，振れ幅」の条件を1つだけ変えて調べると分かるはずだ。 ④観察・実験の立案，実施 　・実験の条件を制御し，3つの実験を各10回ずつ行い平均を出す。 ⑤結果の整理と共有 　・各班の結果を集め，学級全体で3つの実験の結果を共有する。

⑥考察と結論
　・仮説を振り返り，結果と比較しながら学級としての結論を出す。
⑦活用
　・学習を振り返り，生活を見直す。

〈生命の学習に多い事象提示〉

問題を意識させる場（環境づくり）の設定

①子どもの生活の中に発見できる場をつくること。

　植物や動物，昆虫は子どもが関心をもっている教材なので，教師が環境を整え，出会いの場をつくることで，意欲的な活動が生まれる。

②理科の力を育てる出会いの場をつくる。

　飼育，栽培にはそれぞれに適した時期があるので，学習のねらいが達成できる出会いの場をつくることが大切である。

③植物や動物との継続的な出会いの場を大切にする。

　命の継続を捉えるためには，単元の初めだけでなく継続した出会いの場が必要である。

〈生物の継続観察を行う学習例〉

第3学年「昆虫の体のつくり」

①事象との出会い
　・子どもたちが描いた「モンシロチョウ」の絵。
　・みんなかわいいけれど，本当はどんな体なのかな。
②問題の把握
　・モンシロチョウの体のつくりを調べよう。
③予想
　・はねの数や，体のつくりをよく見ると分かる。
④観察計画，実施
　・ルーペなどを使って体のつくりを観察し，記録する。
⑤観察結果の整理
　・みんなで描いた絵と比べながら，違いをはっきりする。
⑥結論
　・体は「頭，胸，腹」の3つの部分からできている。足は胸から6本出ている。
⑦活用
　・他の昆虫の体のつくりも調べたい。

(2) 問題づくり

　子どもは自然事象に出会い，自ら働きかけることで様々な気付きや不思議さを感じる。理科の学習では，それらの疑問を集約し，いくつかの疑問を整理しながら問題を見いだすことが大切である。この時，既有の経験や知識とのずれ，一人ひとりの気付きを大切にし，相互の話し合いなどを通して，いくつかの疑問を整理し問題づくりをしていく。そのために，次のような工夫が必要となる。
①気付きや不思議さを感じる導入の工夫

　既有の経験や知識とずれを感じる事象提示の工夫が必要となる。
②一人ひとりが気付きや不思議さを表現し，問題を意識化する活動

　問題をより明確にするために，一人ひとりの気付きや不思議に思ったことをノートやカードに絵や文で表現する活動を大切にする。
③一人ひとりの気付きを全体のものとし，問題を共有化する活動

　一人ひとりの気付きや問題を学級全体で話し合うことによって，互いの考えの違いや共通点を理解しながら問題を整理し，これから追究していく問題を明らかにする。

(3) 予想・仮説

　ある事物・現象に対して検証可能な根拠をもった考えを「仮説」あるいは「予想」という。授業では，話し合いを通してつくられた問題を解決するために，これまでの経験や既有の知識を総動員して，自分なりに根拠をもった予想や仮説を立てる。例えば，第3学年の「太陽と地面の様子」の学習で影ふみをしているとき，自分の影が動いていることに気付き，子どもは「自分の影の動きは，太陽の動きと関係がある」という予想をした。予想を立てた時点で子どもは，実験方法として「1時間ごとに太陽の位置と自分の影の位置を調べれば分かる」と考えた。つまり，仮説が立てられるということは問題に対して解決の見通しをもっていることが多いといえよう。

(4) 観察・実験の立案，実施

　問題に対する仮説を確かめるために行う活動が観察，実験である。観察や実験は仮説を設定し，実験方法を緻密に計画し，その結果や結論を導くまでの一連の過程の中で意味をもってくるものである。つまり，観察や実験はきわめて意図的，目的的な体験ということができる。

　観察中心の学習では，観察の対象は，動植物や天体，雲や空などであり，実験室で再現できない事象が多い。適切な機会を逃がさないようにして，詳細に記録しデータを残すことが大切となる。このデータを基に自然の規則性や法則性を見いださせる。

　実験中心の学習では，実験室で再現することができるので，適切な実験を行い，詳細に記録をデータとして残すことが大切である。

①観察，実験の計画段階

　自分が立てた予想や仮説を確かめるために観察，実験を計画する段階である。何を使ってどのような観察，実験を行えばよいか考えることが求められる。観察，実験の計画ができた段階では，子どもは自分の仮説が正しければ，結果はこうなるはずだと予想できていることになる。

　観察，実験の方法については，ノートやカードに図や文で表し，意見交換する活動を設けて，仮説が確かめられる観察，実験になっているかを吟味することが必要である。

②観察，実験の実施段階

　計画に沿って観察，実験を行う段階である。ここでは，観察，実験を行いながら，観察，実験の結果を記録していく。比較しながら観察したり，要因と関係付けながら変化を記録したり，条件を制御しながら実験を行ったりといった，「考え方」を働かせることが必要となる。そして，観察，実験の予想や仮説と見比べながら，観察，実験の不備はないか見直しながら進めていくことが求められる。

(5) 結果の整理

　結果の整理とは，観察，実験の結果であるデータを考察しやすいように表やグラフなどにして，読み取りやすく，分かりやすくすることである。また，個々の子どものデータを班や学級のデータとして集約し，整理し共有する段階である。

(6) 考察と結論

　仮説から考えた「観察，実験結果の見通し」と実際の「観察，実験の結果」を比較し，見通し通りだったのか，否かを判断する。

　見通し通りだった場合は，仮説が正しかったことを確認し，仮説に対する考

察を行うとともに，きまりを他へ適用したり，より一般化したりする方向を考えるようにする。

見通しと違っていた場合は，仮説が正しくなかったと判断するか，観察，実験の方法に誤りがなかったかを振り返り，どこに問題があったのかを明らかにする。

観察，実験のデータを基に学級全体で話し合い，学級集団としての結論を導くことが大切である。学級集団での検討を行うことによって，客観性，再現性，実証性といった科学の特質が保証される。

(7) 活用

主に「活用」は，理科の学習で学んだ知識・技能が実際の自然の中で成り立っていることを捉えたり，日常生活の中で役立っていることを確かめたりすることができることである。

授業では，授業の後半や単元の後半に活用の場面を設けるが，知識の獲得の場面で「学んだことを活用する体験」が大切である。

活用の場面では，よりよく分かることを実感したり，使える知識や技能になったことを実感したり，獲得した原理が日常生活とつながっていることを実感したりする「振り返り」の場面の設定が大切となる。

第2節 「見方・考え方」を働かせる理科授業

1. 理科の「見方・考え方」

平成20年版の学習指導要領まで，理科では「科学的な見方や考え方」を育成することを目標として位置づけてきた。「科学的な見方や考え方」は，科学概念だけではなく，資質・能力も包含するものと捉え，学習指導要領でも，「問題解決の活動によって児童が身に付ける方法や手続きと，その方法や手続きによって得られた結果及び概念を包括する」と示されてきた。

今回（平成29年）の学習指導要領改訂では，全ての教科において育成すべき目標が，資質・能力としてより具体的に示された。さらに「見方・考え方」は，資質・能力の育成に向かう学習の過程で子どもが働かせる「物事を捉える視点

や考え方」であること，教科等ごとの特徴があり，各教科を学ぶ本質的な意義や中核をなすものとして整理された。

　そこで，理科についても改めて「理科の見方・考え方」として，「理科ならではの視点」と「理科ならではの思考の枠組み」について考え，子どもがどのように「見方・考え方」を働かせるのか具体的にイメージしながら授業づくりをしていくことが必要である。

2.「見方」を働かせて自然の面白さを見る

　理科の「見方」は，様々な自然の事物・現象を捉える理科ならではの視点である。理科を構成する4つの領域ごとに，その特徴から整理されている（表7-1）。

表7-1　理科を構成する4つの領域とその見方

内容領域	見方	その他の見方
エネルギー	量的・関係的な視点	原因と結果 全体と部分 定性と定量 など
粒子	質的・実体的な視点	
生命	多様性と共通性の視点	
地球	時間的・空間的な視点	

(1)「量的・関係的」な見方

　「エネルギー」を柱とする領域では，主として量的・関係的な視点で自然の事物・現象を捉えていく。

　第3学年「風とゴムの力の働き」の学習では，子どもはゴムで動く車などを作り，ゴムの引っぱる長さを変えながら，ゴムが元に戻ろうとする力の大きさと車の動く距離に着目して，その関係を調べようとする。ゴムをたくさん引っぱれば車は遠くまで進むと漠然とは捉えていたものが，ゴムを引く長さを1，2，3……と変えて調べたとき車が進む距離も○cm，○○cm……と増えていくことを数値として実感を伴って理解する。得られたデータを表やグラフに表すことによって，車を△cmのところに止めるためには，ゴムを引く長さをどのように調整するか考えることができる。量的・関係的な視点を働かせる楽しさがそこにはある。

(2)「質的・実体的」な見方

「粒子」を柱とする領域では，主として質的・実体的な視点で自然の事物・現象を捉えていく。

第4学年「空気と水の性質」の学習では，閉じ込めた空気を圧し縮めたときの体積や圧し返す力に着目して調べていく。空気は目に見えないのに，閉じ込めて力を加えると圧し返してくる。水は，圧しても縮められない。それぞれの質的な違いが見えてきたり，目に見えないものが実体として存在することの証拠を捉えたりと，まさに質的・実体的な視点を働かせる面白さがそこにある。

(3)「共通性・多様性」の見方

「生命」を柱とする領域では，主として共通性・多様性の視点で自然の事物・現象を捉えていく。

第3学年「身の回りの生き物」の学習で，昆虫の体のつくりに着目する。子どもたちが「むし」と呼んでいる生き物は，大きさも形も多様な生き物である。それを体のつくりに着目して比較すると，昆虫と呼ばれる生き物は全てが「頭，胸，腹」という共通のつくりをしていることに気付く。多様な姿の生き物が，実は共通の特徴をもつ仲間であること等，共通性と多様性の視点を働かせる面白さがそこにはある。

(4)「時間的・空間的」な見方

「地球」を柱とする領域では，主として時間的・空間的な視点で自然の事物・現象を捉えていく。

第6学年「土地のつくりと変化」では，土地やその中に含まれる物に着目して地層ができた要因について調べていく。流れる水の働きや火山の活動と関係付けていくと，目の前の土地がはるかな時間や空間的な広がりで見なければ見えてこないことに気付く。この領域特有の壮大なスケールは，時間的・空間的な視点を働かせることによって見える楽しさである。

3.「考え方」を働かせて「問題解決の力」を育てる

理科の「考え方」は，問題解決の過程において，どのような考え方で思考していくかを示したものである。これまでの理科で育成を目指してきた「問題解決の能力」を基に，学年ごとに重視したい「考え方」として整理されている（表

7-2)。

「考え方」は，科学的に探究する方法であり，「〜する力」や「〜する態度」のように資質・能力としての思考力や態度とは異なる。例えば，導入時に事物・現象を比較することによって問題を見いだしやすくするというように，「考え方」を働かせることによって「問題解決の力」の育成を助けることができる。

表7-2　学年ごとの問題解決の考え方

学年	問題解決の力を育成するために大切にする「考え方」
第3学年	「比較する」 比較しながら調べる活動を通して
第4学年	「関係付ける」 関係付けて調べる活動を通して
第5学年	「条件を制御する」 条件を制御しながら調べる活動を通して
第6学年	「多面的に考える」 多面的に調べる活動を通して

「考え方」は，主に働かせることが有効な学年に置かれているが，内容によっては，必ずしも働かせる学年が限定されるということではない。学習内容や教材，子どもの実態に配慮しながら授業計画を立てるようにする。

(1)「比較する」

問題解決の力の一つである「差異点や共通点を基に，問題を見いだす力」を育成するには，「比較する」ことが大切である。「比較する」とは，同時に複数の自然の事物・現象を比べたり，ある自然の事物・現象を時間的な前後の関係で比べたりすることである。導入時に自然の事物・現象を比較することによって問題を見いだしやすくしたり，考察する際に結果を比較することによって考えを整理したりすることができる。

第3学年「物と重さ」では，身の回りの物の体積を同じにして，手ごたえで重さの違いを比較する。さらに自動上皿ばかり等で重さの違いを数値化して比較する。同じ体積でも手ごたえで比較することで重さに違いがあるのではないかという問題を見いだしていく。

　第3学年「太陽と地面の様子」では，建物によってできる日陰や，物によってできる影の位置に着目して，継続的に観察し，時間ごとの影の位置を比較することによって太陽と影の関係について問題を見いだしていく。

(2)「関係付ける」

　問題解決の力の一つである「既習の内容や生活経験を基に，根拠のある予想や仮説を発想する力」を育成するには，「関係付ける」ことが大切である。「関係づける」とは，自然の事物・現象について，変化とそれに関わる要因を結び付けたり，既習の内容や生活経験と結び付けたりして考えることである。予想や仮説を立てるときには，既習の内容や生活経験を基にすることで，根拠のある予想や仮説を発想することができる。

　第4学年「金属，水，空気と温度」では，水の状態変化に着目して，温度と関係付けて調べる。ここでは，日常生活の中でやかんでお湯を沸かすと蒸発してなくなったり，冬の寒い日に池やバケツの水が凍ったりするという生活経験と結び付けて考えることが，根拠のある予想や仮説を発想することにつながる。

　第4学年「天気の様子」では，天気と気温の変化に着目して，それらを関係付けて一日の気温の変化を調べる。晴れて穏やかな日，一日中曇っている日，雨の日など，天気の違いと一日の気温の変化を関係付けて考えることで，気温の変化について根拠のある予想や仮説を発想することができる。

(3)「条件を制御する」

　問題解決の力の一つである「予想や仮説を基に，解決の方法を発想する力」を育成するには，「条件を制御する」ことが大切である。「条件を制御する」とは，自然の事物・現象の変化について，変化させる要因と変化させない要因を区別するということである。解決したい問題について解決の方法を発想するとき，制御すべき要因と制御しない要因を区別することで，目的が明確になり計画的に観察や実験を行うことができる。

　第5学年「振り子の運動」では，振り子が1往復する時間に着目して，おもりの重さ，振り子の長さ，振れ幅などの条件を制御しながら，振り子が1往復する時間を変化させる条件は何かを見つけていく。変化させる要因と変化させない要因を区別しながら実験方法を発想していく。

　第5学年「植物の発芽，成長，結実」では，身近な植物の種子の発芽に着目して，

水，空気，温度といった条件を制御しながら種子が発芽するのに必要な環境条件を見いだしていく。

（4）「多面的に考える」

　問題解決の力の一つである「より妥当な考えをつくりだす力」を育成するには，「多面的に考える」ことが大切である。「多面的に考える」とは，自然の事物，現象を複数の方向から考えることである。問題解決を行うとき，解決したい問題について互いの予想や仮説を尊重しながら追及したり，観察や実験の結果を基に，予想や仮説，観察や実験などの方法を振り返り，再検討したり，複数の結果を基に考察したりすることによって，より妥当な考えをつくりだすことができる。

　第6学年「燃焼の仕組み」では，植物体が燃えるときの空気の変化に着目して，植物体が燃える前と燃えた後で空気の性質や植物体の変化を多面的にしらべる。目に見えない空気の性質の変化について，これまでの学習や生活経験を基に考え，互いの予想や仮説を尊重したり，石灰水や気体検知管などを用いて複数の方向から考えたりしていくことで，より妥当な考えをつくりだしていく。

　第6学年「生物と環境」では，人の生活について，環境との関わり方の工夫に着目して，持続可能な環境との関わりを多面的に調べていく。これまで学習して得られた知識を十分に働かせ，互いの考えを尊重しながら，複数の方向から考えることで人と環境がよりよい関係を創り出す工夫を考えていきたい。

4.「深い学び」を実現するための「見方・考え方」

　「見方・考え方」は，子どもが働かせるものであり，教師が押し付けるものではない。しかし，それは，子どもが働かせるのを辛抱強く待ち続けるものではない。教師の役割として，子どもが比較したり，関係付けたりしたくなるような場の設定を行ったり，子どもの発言や表現の中で「見方・考え方」を働かせている場面を積極的に見いだし価値づけたりすることが授業作りの中でより大切になるのである。

　子どもにとって理科の見方・考え方を働かせることができるということは，どのような視点で自然の事物・現象を捉え，どのような考え方で思考すればよいかを自覚しながら，自然の事物・現象に関わることができるということである。そのような子どもは，自然の事物・現象から問題を見いだし，予想や仮説

をもち，その解決方法を考えたり，知識を関連づけてより深く理解したりすることに向かう「深い学び」を実現することになる。

　「理科の見方・考え方」は，子どもが意識的に働かせ，繰り返し自然の事物・現象に関わることで，さらに鍛えられる。それに伴って，理科において育成を目指す資質・能力が伸ばされて行くことになる。

課　題

1. 問題解決の過程について，具体的な事例を挙げながら説明しなさい。
2. 理科の「見方・考え方」を働かせることについて，具体例を挙げながら解説しなさい。

参考文献

塚田昭一・八嶋真理子・田村正弘編著『小学校　新学習指導要領の展開』明治図書，2017年
文部科学省『小学校学習指導要領（平成29年告示）解説　理科編』東洋館出版社，2018年

学習指導計画の作成

　本章では，教育活動の設計図ともいえる学習指導計画について解説する。第1節では，カリキュラム・マネジメントと指導計画作成の配慮事項，単元指導計画作成の配慮事項等について述べる。第2節では各学年の年間指導計画作成の配慮事項と年間指導計画案について例示する。

キーワード　カリキュラム・マネジメント　年間指導計画　単元指導計画　資質・能力の育成

第1節　カリキュラム・マネジメントと学習指導計画

1. カリキュラム・マネジメントと理科の学習指導計画

　今回の学習指導要領（平成29年告示）では，社会に開かれた教育課程の実現とその先にあるよりよい社会の創造を目指し，各学校で行うものとしてカリキュラム・マネジメントが示された。

　カリキュラム・マネジメントの目的は，子どもの資質・能力の育成である。一つは，学習の基盤となる資質・能力として，言語能力，情報活用能力，問題解決能力等が挙げられる。もう一つは，現代的な諸課題に対応して求められる資質・能力である。カリキュラム・マネジメントを行うことでこれらの資質・能力が育成されることを求めている。

　カリキュラム・マネジメントの実現のためには，学校全体で，子どもや学校，地域の実態を適切に把握することが必要性である。その上で，教育内容，時間配分，人的・物的体制の確保，教育課程の実施状況を踏まえて，学習指導計画を立案していく。

　理科授業におけるカリキュラム・マネジメントの実現は，様々な場面で考えることができる。例えば，次のような場面があるだろう。

①教科横断的な学習の場面で，第3学年算数「重さ」と第3学年理科「物と重さ」を関連的に行う授業計画がある。

②単元や内容のまとまりを意識した学習の場面で，第4学年の空気の圧縮による体積変化と空気の温度変化による体積変化，空気の温まり方などを関連的に行う授業計画がある。

③授業内で時間を効率的に活用する場面で，第4学年「天気と気温の変化」の気温調べ，第5学年「インゲンマメ」や「メダカ」の継続観察は，授業の初めの10分を充てるなどの，柔軟な時間の運用が考えられる。

　指導計画は，作っておしまいではない。子どもにとってよりよい方法を常に省みながら改善を行うことこそが，カリキュラム・マネジメントの大切なところである。

2. 指導計画作成の必要性

　指導計画は，目標を達成するための教育活動の設計図といえる。したがって，指導計画の作成に当たっては，理科の目標，内容をよく理解し，子どもや地域の実態を把握し，理科の学習活動を通して身に付けてほしい力を明確にする。そして，どのような順序でどの内容をどのように学習していくことが子どもの主体的な学びや深い学びにつながるのか考えて作成していくことがカリキュラム・マネジメントとして求められる。

　指導計画には，主に年間指導計画と単元指導計画がある。

　年間指導計画は，各学年にある単元をどのような順序でどのように学んでいくことが，理科の資質・能力の育成につながるのかという視点で作成する。

　単元指導計画は，単元の目標を達成するための学習の設計図でもあり，数時間から十数時間の流れを示した行程表でもある。作成に当たっては，子どもが主体的な学びを通して，実感を伴った深い学びが実現できるという視点が大切である。

3. 指導計画作成上の配慮事項

（1）年間指導計画作成上の配慮事項

①地域や学校の実態に応じた適切な計画を立てる

　理科教育は，地域の自然を対象として学習を展開していくものであるから，地域の自然環境や学校の実態に応じて計画を立てる。

　栽培，飼育，観察，実験及び制作活動等の学習活動は，学校にどのような施設や設備，教材，教具があるのか，また，地域の自然環境の何を教材化できるかなど，学校や地域の実態によって左右されるものである。

　したがって，学校や地域の実情を十分理解した上で，指導計画を立てる必要がある。

②季節に関係がある学習内容を優先して計画を立てる

　理科の学習は，生物や天体，気象など，季節に関係した内容が多くあるので，扱う季節を考慮して計画を立てる必要がある。

　例えば，植物の発芽，成長についての学習は，成長のよい春から夏にかけて計画し，成長による変化の様子を子どもが捉えられるようにする。また，星の学習では，どの星座を扱うかによって夏か冬かその季節が決まってくる。夏の星の動きと冬の星の動きを比較するのであれば，夏と冬の両方を指導計画に位置付けることになる。

③子どもの実態に応じた計画をたてる

　子どもの資質・能力の伸長や自然認識の深まりを考慮して，単元配列を工夫することが大切である。

　例えば，第4学年A区分（2）「金属，水，空気と温度」の(ウ)には「水は，温度によって水蒸気や氷に変わること」の内容がある。また，B区分（4）「天気の様子」の(イ)には「水は，水面や地面などから蒸発し，水蒸気になって空気中に含まれて行くこと……」の内容がある。自然認識の深まりを考えるとA区分の水の状態変化を先に学習し，その後，自然界の水の蒸発を学習すると理解しやすいと考えられる。

④学校行事，他教科等との関連を図って計画を立てる。

　理科の内容は，他教科及び領域の内容と関連するものが多く見られる。他教科等との関連を意識しながら年間指導計画を立てることが大切である。道徳科との関連については，道徳教育全体計画との関連や指導の内容や時期等を配慮

し，理科の特質に応じた適切な指導ができるようにすることが大切である。学校行事についても同様に，理科の学習との関わりを配慮して計画を立てていく。

　このように，教育活動全体を考えながら学校全体の教育課程や学年の指導計画を立案していくことになる。ただし，立てたらおしまいではなく，年間を通して絶えず見直しながら，その時の実態に合わせて検討し，修正していくことがカリキュラム・マネジメントとして求められている。

(2) 単元指導計画作成の配慮事項

　理科学習では，子どもが自然とのかかわりの中で問題を見出し，見通しをもった観察，実験などを通して，自然の事物・現象と科学的にかかわり，結果や結論を生活とのかかわりの中で見直し，子ども自らが知の更新を図ることを大切にしている。単元指導計画の作成に当たっては，子どもの問題解決の過程を大切にし，子ども自身が必然性をもって問題解決を行えるように計画することが大切である。

　『小学校学習指導要領　理科』では，指導計画作成上の配慮事項として次の4点を挙げている。

①主体的・対話的で深い学びの実現に向けた授業改善

> (1)　単元など内容や時間のまとまりを見通して，その中で育む資質・能力の育成に向けて，児童の主体的・対話的で深い学びの実現を図るようにすること。その際，理科の学習過程の特質を踏まえ，理科の見方・考え方を働かせ，見通しをもって観察，実験を行うことなどの，問題を科学的に解決しようとする学習活動の充実を図ること。

　「主体的・対話的で深い学び」は，必ずしも1単位時間の授業の中で全てが実現されるものではない。単元など内容のまとまりの中で主体的に学習に取り組めるよう学習の見通しを立てたり学習したことを振り返ったりして，自分の学びや変容を自覚できる場面をどこに設定するか，対話によって自分の考えを広げたり深めたりする場面をどこに設定するか，学びの深まりをつくりだすために，子どもが考える場面と教師が教える場面をどのように組み立てるかといった視点をもって指導計画を立てていく必要がある。

② 問題解決の力の育成

> (2) 各学年で育成を目指す思考力，判断力，表現力等については，該当学年において育成することを目指す力のうち，主なものを示したものであり，実際の指導に当たっては，他の学年で掲げている力の育成についても十分に配慮すること。

理科では，思考力，判断力，表現力等について，学年を通して育成を目指す問題解決の力として示している。

第3学年では，主に差異点や共通点を基に，問題を見出す力が，第4学年では，主に既習の内容や生活経験を基に，根拠のある予想や仮説を発想する力が，第5学年では，主に予想や仮説を基に，解決の方法を発想する力が，第6学年では主により妥当な考えをつくりだす力が問題解決の力として示されている。

問題解決の力は，その学年で中心的に育成するものであるが，4年間を通して意図的・計画的に育成することを目指すものである。実際の指導を計画するに当たっては，他学年で掲げている問題解決の力の育成についても配慮する必要がある。

③障害のある児童への指導

> (3) 障害のある児童などについては，学習活動を行う場合に生じる困難さに応じた指導内容や指導方法の工夫を計画的，組織的に行うこと。

インクルーシブ教育システムの構築を目指し，子どもの自立と社会参加を推進していくためには，一人ひとりの子どもの障害の実態や発達の段階に応じた指導や支援を充実させていく必要がある。

例えば，理科においては，実験を行う活動において，学習の見通しがもてるように，実験の目的を明示し，実験の手順や方法を視覚的に表したプリントを用意したりすることが考えらえる。危険を伴う実験では，教師が確実に様子を把握できる場所で活動するようにしたり，時間をかけて観察することが難しい場合には，観察するポイントを示したり，ICT教材を活用したりすることが考えられる。学校では，個別の指導計画を作成する。

④ 道徳科などとの関連

> (4) 第1章総則の第1の2の(2)に示す道徳教育の目標に基づき，道徳科などとの関連を考慮
> しながら，第3章特別の教科道徳の第2に示す内容について，理科の特質に応じて適切な
> 指導をすること。

　栽培や飼育などの体験活動を通して自然を愛する心情を育てることは，生命を尊重し，自然環境の保全に寄与する態度の育成にもつながるものである。また，見通しをもって観察，実験を行うことや，問題解決の力を育てることは，道徳的判断力や真理を大切にしようとする態度の育成にもつながるものである。道徳科との関連を考慮し，理科の年間指導計画の作成，単元の指導計画の作成に際して，道徳の全体計画との関連，指導内容や時期等に配慮し，両者が相互に効果を高め合うように計画することが大切である。

(3) 内容の取扱いについての配慮事項

　学習指導要領では，各学年の目標や内容のねらいが十分達成できるように次の6点について配慮事項を示している。指導計画作成に当たって十分配慮する必要がある。

①言語活動の充実

　問題を見出し，予想や仮説，観察，実験の方法について考えたり説明したりする学習活動，科学的な言葉や概念を使用して考えたり説明したりする学習活動などを重視することによって，言語活動が充実するように努める。

②コンピュータや情報通信ネットワークなどの活用

　観察，実験などの指導に当たっては，指導内容に応じてコンピュータや情報通信ネットワークなどを適切に活用する。プログラミングを体験しながら論理的思考力を身に付けるための学習活動では，第6学年の電気の性質や働きを利用した道具があることを捉える学習などで与えた条件によって動作したり，条件を変えることによって動作が変化することについて考える場面で取り扱う。

③体験的な学習活動の充実

　生物，天気，川，土地などの指導に当たっては，野外に出掛け地域の自然に親しむ活動や体験的な活動を多く取り入れるとともに，生命を尊重し，自然環境の保全に寄与する態度を養うようにする。

④自然災害との関連

　天気，川，土地などの指導に当たっては，災害に関する基礎的な理解が図られるようにする。

⑤主体的な問題解決の活動の充実，日常生活や他教科等との関連など

　一人ひとりの子どもが主体的に問題解決の活動を進めるとともに，日常生活や他教科との関連を図った学習活動，目的を設定し，計測して制御するという考え方に基づいた学習活動を充実する。

⑥博物館や科学学習センターなどとの連携

　博物館や科学学習センターなどとの連携，協力を図りながら，それらを積極的に活用する。

第2節　各学年の年間指導計画

1．年間指導計画作成のポイント

（1）第3学年

　第3学年の内容では，「身の回りの生物」の「生物の観察」「昆虫の育ち方」「植物の育ち方」など，季節を考慮して学習時期を選択しなければならないものがある。「光と音の性質」の「日光の直進と反射」「日光を当てたときの明るさや暖かさ」については，太陽の光や熱の関係から天候が安定している時期を選択する必要がある。「風やゴムの力の働き」は生活科との関連を考えて時期を選択する必要がある。

（2）第4学年

　第4学年の内容では，「季節と生物」「雨水の行方と地面の様子」「天気の様子」「月と星」など，季節との関係から学習時期を選択する必要がある。また，「人の体のつくりと運動」や「月と星」の学習においては，科学学習センターや博物館，プラネタリウムとの連携も考えられる。

（3）第5学年

　第5学年の内容としては，「植物の発芽，成長，結実」「動物の誕生」「天気の変化」

など，季節との関係から学習時期を選択する必要がある。また，「振り子の運動」は，「平均」を扱うことから算数科との連携を考慮に入れて，学習時期を選択する必要がある。

(4) 第6学年

　第6学年の内容としては，「植物の養分と水の通り道」の学習においては，季節との関係から学習時期を選択する必要がある。「月と太陽」の学習は，移動教室や宿泊を伴う学習の機会を生かすことや，プラネタリウムなどの活用が考えられる。「てこの規則性」の学習は，算数科の「反比例」の学習との関連を図ることが考えられる。「電気の利用」「生物と環境」などは，小学校4年間の学習のまとめとして扱うことを考慮しながら学習時期を選択することが大切となる。

2. 各学年の年間指導計画例

〈第3学年　主に働かせる考え方…「比較する」　総授業時数90　〉

表8-1 学年ごとの月別年間指導計画

月	単元名・時数（　）	主な学習活動　「主に働かせる見方」
4	身の回りの生物① （4）	「共通性と多様性の視点」 ○校庭や野原に出て，生物の様子を観察する。 ○見つけた植物や昆虫を比較し，それぞれの特徴を捉える。 ○植物に集まる昆虫の様子を観察し生物とその周辺の環境との関わりについて考える。
5	身の回りの生物② （10）	「共通性と多様性の視点」 ○植物の育ち方を観察するために栽培する植物の種を蒔く。 ○世話の仕方を考え世話をする。 ○子葉が育っていく様子を観察し，記録する。 ○茎が伸び，葉が茂る様子を継続観察し，植物の育つ様子を調べる。 ○野原や花壇，畑に集まる昆虫の様子を観察する。 ○モンシロチョウ等の卵や幼虫の飼育方法を考えて飼育する。
6	風やゴムの力の働き （8）	「量的・関係的な視点」 ○風で物を動かし，動く様子を観察する。 ○風で動く物を作り，風の力を働かせたときの動きの違いを比較し，風の強さと物の動きの関係について調べる。

6		○ゴムで物を動かし，動く様子を観察する。 ○ゴムで動く物を作り，ゴムの力を働かせたときの動きの違いを比較し，ゴムの伸びや強さと物の動きの関係について調べる。
7	身の回りの生物③ 　　　　　　（10）	「共通性と多様性の視点」 ○モンシロチョウ等の卵が幼虫，蛹，成虫に育つ様子を観察し，記録する。 ○春に蒔いた植物の夏のころの様子を観察し，記録する。 ○それぞれの植物の体のつくりを比較し，共通点や差異点をまとめる。
9	身の回りの生物④ 　　　　　　（6）	「共通性と多様性の視点」 ○昆虫の体のつくりを比較しながら調べる。 ○花が咲き，種子ができる様子を観察記録する。
10	太陽と地面の様子 　　　　　　（10）	「時間的・空間的な視点」 ○日陰の位置の変化を太陽の動きと関係付けて調べる。 ○遮光板や方位磁針などを用いて太陽の動きを調べる。 ○日なたと日陰の地面の様子の違いを，体感や温度計などを用いて比較し，調べる。
11	光と音の性質①（8）	「量的・関係的な視点」 ○鏡に日光を当てたときの様子を観察し，光の進み方を調べる。 ○鏡を使って，日光の当て方と物の明るさや暖かさとのかかわりについて調べる。 ○光の性質を活用したものづくりをする。
	光と音の性質②（6）	「量的・関係的な視点」 ○音を出した時の物の震える様子を観察する。 ○音の大きさを変えたときの，震え方を比較し音の大きさと震え方の関係を調べる。 ○音の性質を活用したものづくりをする。
12	電気の通り道　　（8）	「量的・関係的な視点」 ○乾電池と豆電球を導線でつないで豆電球が点灯するつなぎ方を調べる。 ○身の回りにある物を回路に入れて，電気を通すものと通さないものがあることを調べる。
1	磁石の性質　　（12）	「量的・関係的な視点」 ○磁石に付くものと付かないものがあることを調べる。 ○磁石に付くものと付かないものを比較し，付くものの共通点をまとめる。

1		○磁石に引き付けられるものが磁化されることを調べる。
		○磁石のN極，S極の性質を調べる。
2		○磁石を使ったものづくりをする。
	物の重さ　　　(8)	「質的・実体的な視点」
		○物の形を変えても重さが変わらないことを，体感，天秤，自動上皿はかりなどを用いて調べる。
3		○体積が同じでも物によって重さが違うことを，体感で比べたり，重さを数値化したりしながら調べる。

〈第4学年　主に働かせる考え方…「関係付ける」　総授業時数105　〉

月	単元名・時数（　）	主な学習活動　　「主に働かせる見方」
4	季節と生物①　　(4)	「共通性と多様性の視点」
		○身近に見られる植物や動物の様子を観察記録し，1年間観察する植物や動物,フィールドを決め,これからの変化について予想する。
		○植物の成長を調べるため，種子を蒔き世話をする。
		○植物や動物の様子を継続観察し記録する。
	天気の様子①　　(5)	「時間的・空間的な視点」
		○晴れた日，曇りの日，雨の日の一日の気温の変化を調べて記録し，グラフに表す。
		○グラフ化した記録から，一日の気温の変化と天気との関係について考える。
5	電流の働き　　　(8)	「量的・関係的な視点」
		○乾電池2個を使い，豆電球が明るく，モーターが速く回るつなぎ方を調べる。
		○乾電池に豆電球やモーターをつなぎ，電流の強さと明るさや回り方の関係を調べる。
		○乾電池の向きを変えるとモーターの回り方が逆になることから，乾電池の向きと電流の向きの関係を調べる。
		○電流の働きを活用したものづくりをする。
6	雨水の行方と地面の様子　　　(6)	「時間的・空間的な視点」
		○雨水が地面を流れていく様子を観察し，雨水の流れる方向と地面の傾きとの関係を調べる。
		○雨が上がった後の地面を観察し，水のしみ込み方と土の粒の大きさとの関係を調べる。

6	空気と水の性質 (8)	「質的・実体的な視点」 ○空気を閉じ込め，圧した力と体積の変化を関係付けて空気の性質を調べる。 ○水を閉じ込め，圧した力と体積の変化を関係付けて水の性質を調べる。
7	季節と生物② (4)	「共通性と多様性の視点」 ○植物の成長や昆虫，動物の活動の変化を，春の頃と比べ，気温の変化と関係付けて調べる。 ○春から育てている植物の成長の様子を継続観察し，記録する。
9	月と星 (8)	「時間的・空間的な視点」 ○月を観察し，日による月の形の変化と一日の時刻による月の位置の変化を調べる。 ○星によって色や明るさが違うことを観察する。 ○木や建物など地上の物を目印にして，時間の経過と星の並び方や位置の変化を調べる。
10	金属，水，空気と温度① (9)	「質的・実体的な視点」 ○水を熱したり，冷やしたりして水の状態と温度との関係を調べる。 ○水が氷になるときの体積の変化について調べる。
	季節と生物③ (4)	「共通性と多様性の視点」 ○植物の成長や昆虫，動物の活動の変化を夏の頃と比べ，気温の変化と関係付けて調べる。 ○春から育てている植物の様子を継続観察し，記録する。
11	天気の様子② (7)	「時間的・空間的な視点」 ○水たまりの水などが自然に蒸発することから，空気中の水蒸気の存在を調べる。 ○水の蒸発や結露について調べる。
12	金属，水，空気と温度② (13)	「質的・実体的な視点」 ○金属，水，空気を温めたり，冷やしたりしたときの体積の変化を調べる。 ○記録した結果から，金属，水，空気の温度による体積変化の様子を比較する。
1	季節と生物④ (4)	「共通性と多様性の視点」 ○植物の成長，昆虫や動物の活動の変化を，秋の頃と比べ気温の変化と関係付けて調べる。 ○春から育てている植物の様子を継続観察し，記録する。

1	金属，水，空気と温度③ (11)	「質的・実体的な視点」 ○金属，水，空気を熱したときの熱の伝わり方を調べる。 ○記録した結果から，金属，水，空気の温まり方を比較する。
2	人の体のつくりと運動 (10)	「共通性と多様性の視点」 ○自分の体に触ったりしながら，曲げられる部分がどのようなつくりになっているか予想する。 ○関節や筋肉がどのような仕組みで動くのか，模型を作ったり資料を使って調べたりする。 ○人体模型や資料を用いて骨や筋肉のつくりを調べる。
3	季節と生物⑤ (4)	「共通性と多様性の視点」 ○冬の頃と比べ，植物の成長や昆虫，動物の活動の変化を気温の変化と関係付けて調べる。 ○1年間の生物の様子と気温の関係について記録を整理し，まとめる。

〈第5学年　主に働かせる考え方…「条件を制御する」総授業時数105〉

月	単元名・時数（　）	主な学習活動　「主に働かせる見方」
4 5	振り子の運動 (10)	「量的・関係的な視点」 ○振り子が1往復する時間に関係する要因を予想し，実験の方法を考える。 ○振り子の1往復する時間が糸の長さによって変わることを，重さや振れ幅などの条件を制御しながら調べる。
6	種子の発芽，成長，結実① (14)	「共通性と多様性の視点」 ○種子の発芽に必要な条件を予想し，条件を制御しながら実験をする。 ○植物の成長に必要な環境条件を予想し，条件を制御しながら実験をする。
7	動物の誕生① (11)	「共通性と多様性の視点」 ○メダカを育てながら，雌雄の違いや卵を産む様子などを観察する。 ○産んだ卵が子メダカになるまでの卵の中の変化や養分に目を向けながら観察し記録する。

9	種子の発芽，成長，結実② (9)	「共通性と多様性の視点」 ○植物の花のつくりを観察し，めしべとおしべの働きについて考える。 ○受粉による実のでき方を実験を通して調べる。
10	天気の変化 (13)	「時間的・空間的な視点」 ○雲の量や動きを天気の変化と関係付けながら調べる。 ○映像や気象情報を活用して，天気の変化を予想し，天気の変化の規則性を捉える。 ○台風の進路や台風による天気の変化を調べ，通常の天気の変化の規則性と比較する。
11	流れる水の働きと土地の変化 (12)	「時間的・空間的な視点」 ○川を流れる水の様子や，川岸や川原の様子を観察し，流れる水の働きには，浸食，運搬，堆積の働きがあることを調べる。 ○川を流れる水の速さや量と，川原の石の大きさや形を関係付けて考え，上流や下流の石の特徴を調べる。 ○雨の降り方で流れる水の速さや量が変わることと，増水によって土地の様子が変化することを関係付けて考える。
12	電流がつくる磁力 (12)	「量的・関係的な視点」 ○コイルに鉄心を入れて電磁石を作り，電流による鉄心の磁化や電磁石の極の向きについて調べる。 ○コイルの巻数や電流の大きさと電磁石の強さとの関係について調べる。 ○電磁石を利用したものづくりをする。
1	物の溶け方 (15)	「質的・実体的な視点」 ○食塩が水に溶ける量には限界があることや，物が溶けても全体の重さは変わらないことを調べる。 ○溶ける物，水の量や温度によって溶ける量の限界が異なることを条件制御しながら調べる。 ○溶かした物を水溶液から取り出せるか調べる。
2 3	動物の誕生② (9)	「共通性と多様性の視点」 ○人の母体内での成長について，予想や仮説を立て調べ方を考える。 ○映像や模型，その他の資料を活用して，胎児の母体内での様子や成長の様子を調べる。 ○生命の神秘や素晴らしさについて考える。

〈第6学年　主に働かせる考え方…「多面的に考える」総授業時数105〉

月	単元名・時数（　）	主な学習活動　　「主に働かせる見方」
4	燃焼の仕組み　　（12）	「量的・関係的な視点」 ○ろうそくが燃えるためには空気が必要であることを調べる。 ○植物体が燃えると空気中の酸素が使われて二酸化炭素ができることを調べる。
5	植物の養分と水の通り道　　　　　　（9）	「共通性と多様性の視点」 ○植物の葉に日光が当たるとでんぷんができることを調べる。 ○植物の根，茎，葉には水の通り道があり，根から吸い上げられた水を葉から蒸散していることを調べる。
6		
7	人の体のつくりと働き　　　　　　（10）	「共通性と多様性の視点」 ○呼吸の仕組みについて調べる。 ○食べ物が体内で消化，吸収されること，吸収されなかった物は排出されることを調べる。 ○血液の循環と働きを呼吸，消化，吸収と関係付けて調べる。 ○体内の生命活動を維持するための臓器について名称や位置，働きを調べる。
	生物と環境①　　（8）	「共通性と多様性の視点」 ○食べ物を通した生物同士の関わりについて多面的に調べる。 ○水や空気を通した生物と環境との関わりを多面的に調べる。
9	てこの規則性　　（9）	「量的・関係的な視点」 ○重い物を小さな力で持ち上げる活動を通して，てこを傾ける働きについて調べる。 ○てこ実験器を使い，てこが水平につり合うときの規則性について調べる。 ○身の回りのてこの規則性を利用した道具を調べ，ものづくりをする。
10	月と太陽　　　　（9）	「時間的・空間的な視点」 ○月の見え方は，太陽と月の位置関係によって変わることをモデル実験を通して調べる。 ○月の表面の様子について調べる。
11	土地のつくりと変化　　　　　　（12）	「時間的・空間的な視点」 ○地層の様子を観察し，地層には化石が含まれることや，層を作る礫，砂，泥の粒の大きさの違いなどから地層の広がりや重なりを多面的に調べる。

11		○水の働きによる地層のでき方を調べる。 ○火山の噴火や地震による土地の変化について調べる。
12	水溶液の性質　（10）	「質的・実体的な視点」 ○リトマス紙などを使って，水溶液には酸性，中性，アルカリ性のものがあることを調べる。 ○水溶液には，気体が溶けているものがあることを調べる。 ○水溶液には金属が溶けるものがあることを多面的に調べる。
1	電気の利用　（16）	「量的・関係的な視点」 ○手回し発電機や光電池などを使って，電気を発電したり，蓄えたりすることができることを多面的に調べる。 ○電気は，光，音，熱，運動などに変換できることを調べる。 ○身の回りには電気の性質や働きを利用した道具があることを調べる。 ○目的に応じたセンサーを使い，モーターの動きや発光ダイオードの点灯を制御するなどのプログラミングを体験する。
2 3	生物と環境②　（10）	「共通性と多様性の視点」 ○人の生活の仕方について振り返り，持続可能な環境との関わり方を多面的に調べる。 ○人と環境との持続可能な関わり方の工夫を考える。

課　題

1. 単元指導計画作成上の留意点を具体例を挙げながら説明しなさい。

参考文献

梅木信一編著『教科指導法シリーズ　小学校指導法　理科』玉川大学出版部，2011年
文部科学省『小学校学習指導要領（平成29年告示）解説　理科編』東洋館出版社，2018年

第 **9** 章

学習指導案の作成

　本章では，学習指導案の意義及び作成の方法について解説する。第1節では，授業設計としての学習指導案の意義と役割，学習指導案の形式について述べる。第2節では，学習指導案の構成要素について解説し，問題解決の活動を保証する学習指導案の作成方法について述べる。

キーワード　授業設計　授業改善　単元観・児童観・指導観　評価基準

第1節　学習指導案作成の意義とその役割

1. 授業設計案である学習指導案

　学習指導案は，子どもの主体的・対話的で深い学びを実現するための授業設計案といえる。

　作成に当たっては，子ども自らが見出した問題，自らが根拠をもって設定した予想や仮説，自らが考えた観察，実験の方法，導き出した結果を皆で話し合い，考察し，吟味した上で新たな知を構築したり，新たな問題を見出したりというように，子どもが問題解決の過程で「自分が」という意識や自己調整力をもって学習できるように作成することが大切である。

　そのためには，教師は子どもや地域の実態を把握し，子どもが身近な自然から問題を意識し明確にする場の工夫，追究・探求の過程で子ども自らが問題解決の過程を振り返りながら軌道を修正し問題を解決する場の工夫，問題解決の過程で行う学習状況の評価と適切な支援等について想定し，立案することが求められる。

　学習指導案の基本的な構成要素として，「単元目標」「単元の評価規準……3観点」「単元について……単元観，児童観，指導観」「単元の指導計画（評価計画を含む）」「本時の指導……本時目標，本時展開」等が考えられる。

2. 学習指導案の役割

　先に述べたように学習指導案は，授業設計案である。つまりそれは，授業を行う者の授業構想を言語化し表現したものといえる。授業者が対象となる自然の事物・現象をどのように捉え，子どもをどのように把握し，どのような工夫をして授業を行うのかを具体的にイメージしなければ指導案は書けないのである。逆にいうと授業構想を具体的にイメージし表現することによって，次のような効果と役割が生まれてくる。

(1) 授業構想を深める

　イメージを言語化し表現することは，授業構想をより具体的に形作ることになる。科学観を含めて単元観や教材観を言語化することで，教材の面白さが明確になる。児童観や指導観を言語化することで，教材と子どもをどのように出会わせ，どのように問題意識をもたせるかはっきりしてくる。指導計画や本時展開を言語化することで，子どもの具体的な活動が見えてくる。それぞれを言語化することで，それらを意識化し，整理し，修正を行うことができる。

(2) 授業改善を行う

　学習指導案を作成することで，自分の授業を振り返り，授業分析を行う手立てとなる。計画の中で子どもにとって，より効果があったことや，課題がはっきりと見える。事象提示は効果的であったのか，観察，実験の方法や配慮は適切であったのか等，立案時の考えに戻って自分の授業構想を振り返ることで，指導の改善を図ることができる。自らの授業力を向上させるための一番効果的な方法になり得る。

(3) 授業を他者と共有する

　授業構想を言語化することで，他者から授業についての指導や意見をいただくことができる。指導案によってある程度の授業イメージを他者と共有することが可能になるのである。意見や指導をいただくことによって構想を見直した

り，修正したりする機会を得ることができる。

　また，言語化された良い指導案は，授業実践が社会的に共有され，他の授業者による再検証が可能になる。再検討，再検証されるごとに指導案は磨かれたものになる。

　指導案を作成し授業を公開し，指導案を基に授業を振り返り，自身の指導を改善することの繰り返しの中で授業力は向上していく。

3. 学習指導案の形式例

　学習指導案の形式は，学校によって様々であるが，前述した構成要素をもとに，一般的な学習指導案の形式を例示すると次のようになる。

第○学年○組　理科学習指導案

単元名　動物の誕生「メダカを育てよう」

令和○年○月○日第○校時

場所　理科室

指導者　　○○○○

1　単元目標

2　単元の評価規準

　（1）知識及び技能

　（2）思考力・判断力・表現力等

　（3）主体的に学習に取り組む態度

3　単元について

　（1）単元観（系統性　見方・考え方　教材観）

　（2）子どもの実態（児童観）

　（3）指導観（指導の工夫等）

4　単元の指導計画（全○○時間）

時	子どもの学習活動	教師の支援（○）　評価（☆）
一次メダカの誕	メダカを育て増やそう。 ○水槽の中のメダカをよく観察する。 ・オスとメスがいれば卵を産むよ。 ・オスとメスはどこが違うのかな。	○飼育した経験を話したり，水槽の中のメダカを観察したりして，卵を産ませて増やしたいという意欲を高める。校庭や野原に出て，生物の様子を観察する。 ○教科書や資料を参考に，雌雄の体の特徴を調べ

| 生○時間 | ○メダカの体のつくりを調べる。
・背びれや尾びれの形が違う
○…………… | るようにする。
☆メダカの雌雄の体の特徴について興味・関心をもち，その違いを調べようとしている。 |

5　本時について

　(1)　本時の目標

　　　　（本時で働かせる見方・考え方）

　(3)　本時の展開（○／○○時間）

子どもの学習活動	教師の支援（○）　評価（☆）
メダカの体のつくりを調べよう 1　前時の学習を想起し，学習への意欲をもつ。	○「メダカを増やすために，雌雄の見分けが必要だ」という前時の子どもの願いを想起させる。

第2節　学習指導案作成のポイント

1. 単元目標の設定

　単元目標は，学習を通して子どもが実現すべきねらいを教師が想定したものである。具体的には，学習指導要領に示された目標及び内容を踏まえて，子どもの実態を考慮しながら単元全体を見通した単元目標を設定する。

　第4学年「空気と水の性質」の単元を例に挙げて作成してみる。まず，『学習指導要領解説　理科編』を用いて内容を確認する。学習指導要領で取り上げる「空気と水の性質」の内容は次のとおりである。この中には,「働かせる見方・考え方」と育成を目指す資質・能力の中で「知識及び技能」「思考力，判断力，表現力」が示されている。

　空気と水の性質について，体積や圧し返す力の変化に着目して，それらと圧す力とを関係付けて調べる活動を通して，次の事項を身に付けることができるよう指導する。
　ア　次のことを理解するとともに，観察，実験などに関する技能を身に付けること。
　　(ｱ)閉じ込めた空気を圧すと，体積は小さくなるが，圧し返す力は大きくなること。
　　(ｲ)閉じ込めた空気は圧し縮められるが，水は圧し縮められないこと。

> イ　空気と水の性質について追究する中で，既習の内容や生活経験に基づいて，空気と水の体積や圧し返す力の変化と圧す力との関係について，根拠のある予想や仮説を発想し，表現すること。

この内容を，『解説』では次のようにまとめている。

> ここでは，児童が，体積や圧し返す力の変化に着目して，それらと圧す力とを関係付けて，空気と水の性質を調べる活動を通して，それらについての理解を図り，観察，実験などに関する技能を身に付けるとともに，主に既習の内容や生活経験を基に，根拠のある予想や仮説を発想する力や主体的に問題を解決しようとする態度を育成することがねらいである。

　上記の内容と解説から「空気と水の性質」の単元目標を設定してみると，例えば，次のように設定することができる。

> 単元目標
> 　体積と圧し返す力の変化に着目して，それらと圧し返す力とを関係付けて，空気と水の性質を調べる活動を通して，それらについての理解を図り，観察，実験などに関する技能を身に付けるとともに，主に既習の内容や生活経験を基に，根拠のある予想や仮説を発想する力や主体的に問題を解決しようとする態度を育てる。

2. 単元の評価規準

　単元の評価基準は，子どもの学習状況を分析的に捉え，指導に生かすため「知識及び技能」「思考力，判断力，表現力等」「主体的に学習に取り組む態度」の3観点から設定する。設定に当たっては，学習指導要領の内容と単元目標を分析し，対象となる学習活動の評価目標を観点ごとに具体化することが必要である。

　評価規準は，評価対象の学習状況が「おおむね満足できると判断されるもの（B）」を記載するようにする。それを基に，「十分満足できると判断されるもの（A）」，「努力を要すると判断されるもの（C）」と判断して，評価していくことになる。

　指導案に記載された評価規準は，単元の指導計画の中で，子どもの学習活動に対応させた具体的な評価内容を位置付け，評価することになる。

第4学年「空気と水の性質」の単元では，観点別評価規準の例として，次のように作成することができる。

知識及び技能	思考力，判断力，表現力等	主体的に学習に取り組む態度
●閉じ込めた空気を圧すと，体積は小さくなるが，圧し返す力は大きくなることを理解している。 ●閉じ込めた空気は圧し縮められるが，水は圧し縮められないことを理解している。 ●観察・実験などに関する技能を身に付けている。	●空気と水の性質について追究する中で，既習の内容や生活経験を基に，空気と水の体積や圧し返す力の変化と圧す力との関係について，根拠のある予想や仮説を発想し，表現している。	●空気と水の性質についての事物・現象に進んで関わり，他者と関わりながら問題解決しようとしているとともに，学んだことを学習や生活に生かそうとしている。

3. 単元について

　ここでは単元で扱う内容を授業者がどのように理解し，単元の活動をどのように進めることで，問題を科学的に解決するための資質・能力をどのように育成しようとしているのかという授業構想を，大きく3つの要素（単元観，児童観，指導観）から記述する。

　これらの要素は，指導案によって「子どもの実態」「単元について」「指導の工夫」等，様々な名称で記述されるが，3点とも授業設計上，大切な要素である。

（1）単元観

　単元観を記述するための準備として，『学習指導要領解説　理科編』を活用して，内容の理解を図ることが大切である。各学年の内容の解説には，①内容の系統性　②学習のねらい　③子どもの活動　④学習対象　⑤指導上の留意点　⑥日常生活との関連　⑦事故防止のための留意点が記載されている。それぞれの内容で働かせる「理科の見方・考え方」もこの解説からおさえることができる。

　内容の理解を図った上で，単元をどのように捉え，どのように指導していくかを構想し明記する。併せて単元で主に働かせる「見方・考え方」も明らかにする。

(2) 児童観（子どもの実態）

　子どもの興味・関心の傾向，本単元の学習内容について，すでにもっている知識や技能，学習経験や生活経験などのレディネスを調べ，子どもや学習集団の特性を捉える。この実態を踏まえて単元の指導計画を作成することになる。

(3) 指導観

　子どもの実態を踏まえて，どのような教材を用いるか，どのような単元構成を行い学習を展開するとねらいに迫れるか，指導の過程に沿って具体的に手立てを考え記述する。「主体的・対話的で深い学び」を実現するための具体的な手立てを記述する。

4. 単元の指導計画

　単元の指導計画は，単元をどのように展開していくかを，子どもの問題解決の過程をイメージして作成する。作成に当たっては，学校のカリキュラム，学習指導要領，教科書等を参考にしながら，子どもが主体的に問題解決の活動ができるように学習内容を決めていく。指導計画の形式は，学校によって異なるが，学習の計画に沿って観点別の評価規準を位置付けて，どのような方法で評価し，指導に生かすかを具体的に記述するものが多い。（具体例は本書「Ⅱ　実践編」を参照）

　単元構成に当たっては，次のような点を留意する。
①単元の学習のまとまりを考える
　単元の展開を考え，いくつの学習のまとまりにするか考える。学習のまとまりを「第1次」「第2次」という形でまとめる。
②単元の学習時間を決める
　各次の活動を具体的にイメージしながら何時間必要なのか，総時数を何時間にするのか考える。
③学習のまとまりの順序を決める
　目標の達成に向けて，どの順序に学習すると最も効果が上がるのか，子どもが無理なく問題解決ができるのか等を考えて，学習のまとまりの配列の順序を決定する。

④教材・教具の吟味

　学習のどこにどのような教材を用いることが適切か，安全や効果を考え，子どもの実態に即して決定する。

⑤評価計画を位置付ける

　子どもの学習計画に沿って，観点別評価規準を位置付け，適切に評価し指導に生かすようにする。学習の流れのどこで（評価時期），どの観点（評価の観点）の，何を（評価内容），どのような方法（評価方法）で評価するのかを，指導計画に位置付ける。

　評価の観点の「思考力，判断力，表現力」については，「見方・考え方」を働かせることによって育成を図ることから，指導計画上，子どもの具体的活動と併せて考える必要がある。

　また，指導と評価の一体化を考え，評価を生かした個の活動への具体的な支援について記載する。これにより，子どもの活動を見る視点と具体的な支援が明確になり，よりよい指導が可能になる。

　実際に授業を行うに当たっては，この指導計画を基に準備を行うことになる。立案した指導計画を授業前に確認し，教材・教具を整えたり，観察，実験の準備をしたりすることになるので，丁寧に作成したい。

5. 本時目標

　指導計画に沿って，授業を行う本時の目標を示す。本時は，単独で成立するのではなく，前時からの一連の流れの中での本時であることをしっかりと捉え，本時目標を決定する。本時目標は1つに絞り，本時の活動によって達成できるものにする。活動目標と評価は表裏一体であるので，本時目標と評価内容が対応するものとなる必要がある。

　「本時で働かせる見方・考え方」については，必要に応じて記載する。

本時目標（例）
　閉じ込めた空気に力を加えたときに起きる現象について，根拠のある予想や仮説を発想し，自分なりに表現することができる。
（本時で働かせる見方・考え方）
　「質的・実体的な視点」閉じ込めた空気
　「関係付け」閉じ込めた空気の体積と圧し返す力

---

6. 本時の展開

　指導計画の1単位時間分を切り取り，細案を作成したものが本時展開である。

　自分が授業するとき，または他の人が本時の展開を見たときに，授業のイメージが具体的に分かるように作成する。どの教材を用いるのか，どのような学習形態で，どのような活動を行うのか，その時の子どもは，どのように考えるのか，教師はどこでどのように評価し支援するのか等々，具体的に計画し作成することが大切となる。

第4学年「空気と水の性質」の本時展開例

子どもの学習活動	教師の支援（○）　評価（☆）
○前時の活動を想起する。 ・つつの中の空気が伸びたり縮んだりするのかな。 とじこめた空気を圧すと，中の　空気はどうなるのだろうか	○空気でっぽうの玉が飛ぶ仕組みについて前時の学習で考えたことを確認させる。
○空気をつつに閉じ込めて圧した時の中の空気の様子を予想し，イメージ図に表す。 ・ボールの中の空気と同じように空気は圧すと縮むと思う。 ・ビニルボールを圧すとクッションみたいに圧し返すから，つつの中の空気も縮んだら圧し返すと思う。 ・閉じ込められた部屋から出られないように，つつは硬いから空気は動けないと思うよ。 ○描いたイメージ図を基に予想や仮説を話し合う。 ・空気は縮む説 ・空気は縮んで伸びる説 ・空気は動かない説　等 ○実験計画を立てる。 ………………………… ………………………… （以下省略）	○つつの中の空気の様子を描けるようにワークシートを用意する。 ○根拠となる知識や経験を基にイメージ図を描くように支援する。 ○それぞれのイメージ図をOHC（書画カメラ）で映し，学級で共有できるようにする。 ☆閉じ込めた空気に力を加えたときに起きる現象について，根拠のある予想や仮説を発想し，自分なりに表現している。 （思考力,判断力,表現力…イメージ図,発言）

　本時の展開の形式は，様々であるが，基本的な形を例示した。今回の記載に当たっては，次のように整理している。

〈学習活動の欄〉

　　学習過程は，子どもの思考の流れに沿って展開する。

　「□」内は本時の課題

　「○」…子どもの活動　一単位時間に3〜5を目安に設定

　「・」…子どもの反応　子どものつぶやきや発言等

〈教師の支援（○）評価（☆）〉

　「○」…何をどのように支援するのか具体的に記述

　「☆」…どの学習で評価するのか，学習活動と対応させて記述

　　　　評価項目，評価内容，評価方法

課　題

1. 学習指導案を作成するうえで必要な構成要素を挙げ，具体的に説明しなさい。

参考文献

梅木信一編著『教科指導法シリーズ　小学校指導法　理科』玉川大学出版部，2011年

文部科学省『小学校学習指導要領（平成29年告示）解説　理科編』東洋館出版社，2018年

文部科学省国立教育政策研究所教育課程研究センター『「指導と評価の一体化」のための学習評価に関する参考資料　小学校理科』東洋館出版社，2020年

ICTの活用とプログラミング教育

ICTを適切に活用することは，子どもの問題解決への支援になる。しかし，注意をしなければ，ICT機器を使用しただけになってしまいかねない。学習への支援になるように，ICTの活用の効果と留意点に基づいた指導が必要である。また，新たに導入されたプログラミング教育においても，教科同様に，資質・能力の育成を目指している。プログラミングを体験させ，資質・能力の一つであるプログラミング的思考を育成することが必要である。

キーワード　学習者中心アプローチ　主体的・対話的で深い学び　効果と留意点　プログラミング的思考　電気の利用

第1節　ICTの活用

1. ICTの活用の意義

ICTとは，Information and Communication Technologyの頭文字をとったもので，日本語では「情報通信技術」のことである。

学校の教室でも，ICT環境の整備が急速に進んでおり，ICT機器である大型テレビ（大型液晶ディスプレイ），書画カメラ（教材提示装置），タブレット端末，パソコン（PC），電子黒板，プロジェクター等の設置が進んでいる。

2019（令和元）年6月に「学校教育の情報化の推進に関する法律」が施行された。その目的は，ICTの活用を推進することで，次代の社会を担う子どもを育成することである。ICTの特性を生かし，子どもの能力や特性に応じた双方向性のある教育を実施すること，デジタル教材による学習とその他の学習を組み合わせること等を推進することが，今まで以上に目指されるようになった。

注意が必要なのは，ICTの授業への導入において，ICT機器を用いること自

体が目的になってしまうことである。教室に最新の機器が設置されていたとしても，子どもの理科の学びにつながるものでなければ本末転倒である。そうならないように，ICTの活用においては，「テクノロジー中心のアプローチ」と「学習者中心のアプローチ」の2つのアプローチについて考えることが必要である（OECD教育研究革新センター，2013）。

テクノロジー中心のアプローチとは，ICTでできることに目を向けて，使用方法を構想することである。「ICT機器のどの機能を活用して指導をしようか」という視点である。ICT機器の使用が第一優先となっているため，子どもの学習が考慮されておらず，子どもと教師のニーズに合っていない授業になり得る。

一方，学習者中心のアプローチとは，教師がICTで子どもの学習をどのように支援することができるのかに目を向けて，使用方法を構想することである。「子どもの学習を支援するためには，ICT機器のどの機能を活用することが有効か」という視点である。子どもの学習が第一優先となっているため，子どもと教師のニーズに合致した授業になる。このアプローチに基づいて，教師は，子どもの学習を促進させる道具としてICT機器を見ていかなければならない。

子どもの学習を促進させる道具としてICTを考えたときに，理科の授業にお

表10-1　授業においてICTが活用される場面

活用場面	ICT活用の具体例と効果
①情報の収集	直接体験ができないことや実物を見ることができないとき，インターネットでの情報収集は大きな助けとなる。また，専門的な情報やリアルタイムの映像を取り寄せたいときも心強い手立てとなる。
②データの保存	観察記録や実験データ，写真だけではなく，実験の様子のビデオなどもデジタル化して保存しておくことによって，後で繰り返し比較したり検証したりできる。また，学級内の情報の共有化に生かすことができる。
③データの加工	実験のデータをまとめるとき，グラフ化するとき，モデル化するときICTの活用は大きな力を発揮する。
④観察，実験の検証（情報の再現）	実験を撮影して，検討の場で再検証したり予想を証明するときにビデオやインターネットを活用する。新たな視点で実験の再検証をすることができる。また，リアルタイムの映像を取り寄せて予想の検証ができる。
⑤情報の発信	学習のまとめとしてのプレゼンテーションツールとしてだけではなく，予想や検証の中で情報や考えを共有するための意図的なプレゼンテーションに用いる。

いてICTが活用される場面は，表10-1に示す場面が考えられる（八嶋，2007）。

黒板と教科書，ノートのみ使用する授業に，ICTの活用（活用場面①〜⑤）を取り入れることは，教師の指導と子どもの学習を促進することにつながる。実物を観察できない自然事象の提示や子ども同士のコミュニケーションの促進，実験結果の記録と整理，学習履歴の保存と振り返り等は，ICTの活用によって実現することである。注意点としては，ICTの活用の目的は，教師の指導を減らすことではない。時間や場所等の多くの制限のあった従来の授業をより良いものになるようにすること，子どもの学習の質を高めることである。

2．問題解決を促進するICTの活用

資質・能力を育成する学びの過程として，小学校理科では，問題解決を通した学習活動が重視されている。それに伴い，「主体的・対話的で深い学び」の視点から授業改善が図られている。

資質・能力の育成と，それを実現する学習の過程に対して，ICT機器が機能していかなければならない。具体的には図10-1に示すように，問題解決の過程にICTの活用が関連することが大切である。どの過程においても，ICTの活用が関連している。ICTの活用が，資質・能力の育成につながる主体的・対話的で深い学びの実現に機能しなければならない。

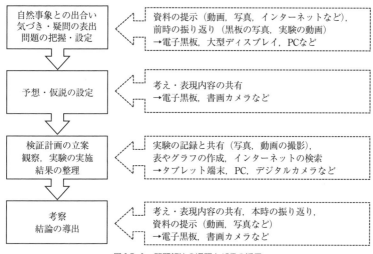

図10-1　問題解決の過程とICTの活用

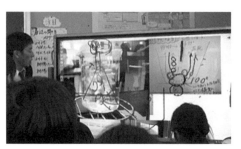

大型ディスプレイに前時に行った実験の写真や学習記録を映して振り返る

　「自然事象との出合い」「気づき・疑問の表出」「問題の把握・設定」の場面では，資料の提示と前時の振り返りをICTの活用によって行うことが考えられる。資料の提示では，大型ディスプレイに動画や写真，インターネット上の資料を映すことで，教室や理科室では実験を行うことのできない自然事象を提示することができる。例えば，流れる水の働きの学習において，川の流れを映像で提示したり，インターネット上の地図で川の流れる道筋を確認することである。子どもは，川の動画や地図を観ることで，流れる水の働きである浸食，運搬，堆積について気付き，それについて理科室で調べるための問題の設定をしていくことができる。提示する資料は，例えば，インターネットを用いてNHK for SchoolやYouTube等を活用することが考えられる。また，前時の振り返りでは，上の写真のように，電子黒板に前の時間に行った実験の写真や，学習の記録である子どもの表現を映し，それを基にして，どのように問題解決が進んでいたのかを振り返ることができる。それにより，これから解決する問題が明確になり，問題意識の醸成につながる。問題意識の醸成は，主体的な学びの素地になる。

　「予想・仮説の設定」の場面では，考え・表現内容の共有をICTの活用によって行うことが考えられる。書画カメラを用いて大型ディスプレイに，子どものノートを映すことで，考えの共有が容易になる。次ページの写真のように，ノートに書いた図を映して，それを基にして，ことばで説明することができる。ことばのみの発表ではなく，図も用いて説明することで，複雑な考えやイメージであってもクラス全体に伝わりやすくなる。このようなクラス全体での考えの共有は，対話的な学びの実現につながる。

　「検証計画の立案」「観察，実験の実施」「結果の整理」の場面では，実験の

書画カメラを用いて大型ディスプレイに，子どもの書いた
ノートを映して発表を行う

記録と共有，表やグラフの作成による結果の整理，インターネットの検索による調べ学習をICTの活用によって行うことができる。実験の記録では，実験の様子をタブレット端末やデジタルカメラで撮影や録画することによって，何度も実験の写真や映像を振り返ることができる。撮影や録画した記録は，他の班と共有して比較することもできる。例えば，地層のでき方の学習で，砂と泥が水の中で沈降する様子を撮影することが考えられる。また，表やグラフの作成による結果の整理では，PCの表作成ソフトを活用し，作成したグラフを大型ディスプレイに映すことで，すべての班の結果を共有して比較することができる。さらに，インターネットの検索による調べ学習では，インターネットの検索機能を用いることで，人の体のつくりと働き等の学習のように理科室では実験できない内容について，情報を得ることができる。ICTの活用によって，適切に実験の結果を得て，それを整理することは，考察の場面での議論の活性化につながり，主体的な学びや対話的な学びの促進につながる。

　「考察」「結論の導出」の場面では，考え・表現内容の共有，本時の振り返り，資料の提示をICTの活用によって行うことが考えられる。考え・表現内容の共有は，前述した予想・仮説の設定と同じである。それだけではなく，次ページの写真のように，電子黒板を用いて，撮影した実験の写真に対して，どうしてそのような結果になったのかという解釈を書き加えながら説明することで，考えの共有が容易になる。また，本時の振り返りでは，撮影した実験の写真であったり，考察で発表された子どもの表現を大型ディスプレイに映すことで，ここまでどのように問題解決を進めてきたのかを振り返ることができる。さらに，資料の提示としては，問題解決によって得られた結論が，日常生活でどのよう

電子黒板を使って，撮影した実験の写真に解釈を書き加えながら説明する

な場面で見られるのか等を示すことができる。例えば，空気の温まり方の学習であれば，冷房器具や暖房器具の設置場所を写真で提示することで，温かい空気は上昇し，冷たい空気は下降するということが日常生活で活用されていることを実感することができる。

ここまで説明したように，ICT機器を用いることは，主体的・対話的で深い学びの実現につながる。その条件は，ICT機器を適切に用いることである。子どもの問題解決の支援になるように，問題解決のそれぞれの場面で，ICTの活用について適切な使用方法を考える必要がある。

3. ICTの活用の効果と留意点

ICT機器を活用することで，子どもの学力が向上することが分析されている（国立教育政策研究所，2018）。質問紙調査において，「教師が大型提示装置（プロジェクターや電子黒板）等のICTを活用した授業をほぼ毎日行った」「子どもがコンピュータ等のICTを活用する学習活動を週2回以上行った」と回答した学校では，理科の調査問題の平均正答率が高い傾向が見られた。しかし，使用している学校と使用していない学校に，大きな差は見られない。この質問紙調査は，ICT機器の使用頻度についての質問である。使用回数を増加させることではなく，子どもの学習の支援になるようにICTの活用を適切に行い，活用方法の質を高めることが大切である。そうすることによって，調査で明らかになった効果以上に，子どもの学力の向上につながる可能性がある。

　ICTを活用することは，子どもの学力向上にとって有効であるが，効果だけではなく，指導上の留意点も考えなければ，活用方法の質を高めることはできない。ICTを活用した授業を実施して分析をした結果，その効果と留意点は，表10-2に示すように分析されている（文部科学省，2014）。

表10-2　　ICTを活用した授業の効果と留意点

効　果	・画像や動画など，視覚的で分かりやすい教材を活用しながら説明することで，子どもの学習に対する興味・関心を喚起し，意欲的に学習に取り組むことができた。 ・子どもが作成した資料を電子黒板やタブレットPCに提示して発表することで，より工夫して表現しようとする態度を身に付け，発表への意欲を高めることができた。 ・電子黒板に子どもの考えを一覧表示することで，他者の考えとの比較が容易になることから，自分と異なる考え方への気づきを促し，話合いが活性化するとともに，子どもが考えを深めることができた。
留意点	・授業の際，デジタル教材等の提示などのICT活用だけではなく，観察や実験など体験的な活動も組み合わせて行う必要がある。 ・インターネットを用いて情報を収集する際には，インターネット上にある情報の信憑性を吟味した上で選ばせるよう指導する必要がある。 ・ICTを活用することで，直観的に理解できたような感覚に陥ることもあるため，学習内容の定着を図る活動も併せて行う必要がある。

　留意点を基にして，理科の授業での注意点を説明する。

　まず，実験の映像資料を提示するだけではなく，実際に観察，実験を行う必要がある。問題解決の過程の中心的な活動は，観察，実験である。その観察，実験をデジタル教科書の資料を示すことで済ませてはいけない。ICTの資料は，観察，実験の実施に対して補助的に用いることが重要である。

　また，インターネットを用いた調べ学習では，得た情報が科学的に正しいかどうかを吟味させ，用いる情報を取捨選択するように指導することが必要である。その情報が正しいと判断した理由も，子どもが説明できるようにすることで，適切な情報の活用につながる。

　さらに，ICTを活用することで，子どもが「分かったつもり」の状態になる可能性がある。ICTによる動画や資料は，実験の結果等のデータが分かりやすいように明確になっている。そのため思考することなしに，そのデータを受け入れてしまう恐れがある。それでは，深い理解にはつながらない。そのデータ

の意味を考え，それを用いて，自然事象について自分なりに表現することによって，深い理解につながる。

第2節　プログラミング教育

1. プログラミング教育の導入の背景と目的

　プログラミング教育は，平成29年告示の学習指導要領から導入されることになった。導入された背景は，現在の子どもは将来，あらゆる仕事で科学技術を活用していかなければならないからである。そのため，コンピュータがどのような仕組みで動いているのか，何ができて，何ができないのか，どのように活用すればいいのかということを学校教育で学ぶ必要がある。

　このような背景を踏まえ，『小学校学習指導要領解説　総則編』では，プログラミング教育のねらいを以下の3つであるとしている（文部科学省，2018a）。

・論理的思考力（プログラミング的思考）を育むこと
・プログラムの働きやよさ，情報社会がコンピュータをはじめとする情報技術によって支えられていることなどに気付き，身近な問題の解決に主体的に取り組む態度やコンピュータ等を上手に活用してよりよい社会を築いていこうとする態度などを育むこと
・教科等で学ぶ知識及び技能等をより確実に身に付けさせること

　3つのねらいの実現のためには，まずは，子どもがプログラミングに取り組む体験をすることで，コンピュータを活用することの面白さや，何かを成し遂げたという達成感を味わうことが必要である。ただし，楽しいだけでは終わらせないことが大切である。プログラミングを十分に体験させ，プログラムのよさへの気付きを促し，コンピュータをもっと活用したいといった意欲を喚起することが大切である。そのような意欲をもって取り組ませることで，プログラミング的思考を育成させることがねらいになっている。また，理科の指導の中にプログラミングを学習活動として取り入れることで，理科の学びの充実が図られる。理科の学びの充実のためには，子どもがプログラミングを十分に体験し，自分が意図する動きを実現するために試行錯誤をすることが重要である。

2. プログラミング教育で育成を目指す資質・能力と学習活動

学校教育としてのプログラミング教育で育成を目指す資質・能力は，3つの柱に沿って，次に示すように整理されている（文部科学省，2020）。なお，次に示すものは小学校段階における資質・能力である。

【知識及び技能】身近な生活でコンピュータが活用されていることや，問題の解決には必要な手順があることに気付くこと。

【思考力，判断力，表現力等】発達の段階に即して，「プログラミング的思考」を育成すること。

【学びに向かう力，人間性等】発達の段階に即して，コンピュータの働きを，よりよい人生や社会づくりに生かそうとする態度を涵養すること。

このように資質・能力が整理されたが，プログラミング教育の目的は，コンピュータに意図した処理を行うよう指示する体験を通して，将来どのような職業に就くとしても時代を超えて普遍的に求められる力として，プログラミング的思考を育成することである。注意が必要なのは，プログラミングに用いるコーディングを覚えさせることが目的ではないことを念頭に置かなければならない。プログラミング教育の目的は，プログラミング的思考の育成である。

プログラミング的思考は「思考力，判断力，表現力等」として整理されている。プログラミング的思考は，以下のように定義されている（文部科学省，2020）。

自分が意図する一連の活動を実現するために，どのような動きの組合せが必要であり，一つ一つの動きに対応した記号を，どのように組み合わせたらいいのか，記号の組合せをどのように改善していけば，より意図した活動に近づくのか，といったことを論理的に考えていく力

プログラミング的思考の育成を促す活動を，実際にコンピュータを用いた活動に即して考えると，以下に示す順序の活動である（文部科学省，2020）。

---

①コンピュータにどのような動きをさせたいのかという自らの意図を明確にする

②コンピュータにどのような動きをどのような順序でさせればよいのかを考える

③一つ一つの動きを対応する命令（記号）に置き換える

④これらの命令（記号）をどのように組み合わせれば自分が考える動作を実現できるかを考える

⑤その命令（記号）の組合せをどのように改善すれば自分が考える動作により近づいていくのかを試行錯誤しながら考える

---

①の自らの意図を明確にすることがプログラミングでは大切になる。子ども
が自らの意図をもたない状態で，コンピュータを用いてプログラミングをすれ
ば，何をプログラミングするのかが分からず，コンピュータを用いた楽しさで
終わってしまう危険がある。意図を明確にし，学習課題を明確にすることによっ
て，②以降に示されているプログラミングの試行錯誤につながるのである。

　プログラミング的思考は，プログラミングの取り組みだけで育成されるもの
ではなく，また，短時間の授業で身に付けることができるものでもない。各教
科で「思考力，判断力，表現力等」を育成する中に，プログラミング的思考の
育成につながるプログラミングの体験を位置付けていくことが必要である。

3. 理科におけるプログラミング教育

　『小学校学習指導要領解説　理科編』には，プログラミング活動を行う学習
内容として，第6学年の「電気の利用」が挙げられている。そこでは，以下の
ようにプログラミングについて示されている（文部科学省，2018b）。

> 　身の回りには，温度センサーなどを使って，エネルギーを効率よく利用している道具がある
> ことに気付き，実際に目的に合わせてセンサーを使い，モーターの動きや発光ダイオードの点
> 灯を制御するなどといったプログラミングを体験することを通して，その仕組みを体験的に学
> 習するといったことが考えられる。

　前ページで説明したプログラミング的思考の育成を促す活動①〜⑤を行うこ
とで，上述の内容を子どもが達成することが必要である。この活動について，
具体的な事例とともに説明をする。センサー（人感，動き，明るさ，温度湿度）
とタブレット端末を接続して，プログラミングすることによってセンサーを働
かせて，自分の意図したようにLED（発光ダイオード）を点灯させる活動である。
　まずは，電気を無駄なく使用するためには，どのようにLEDを点灯させた
いのかという自分の意図を明確にする（活動①）。「人が来た時に点灯するよう
にして，人がいなくなったら10秒後に消灯するようにしたい」と具体的な意
図を考えることである。次に，コンピュータにどのような動きをどのような順
序でさせればよいのかを考える（活動②）。「人を感知させて，LEDを点灯さ
せて，人を感知している間はそのままで，10秒そのままにして，LEDを消灯さ
せる」と一連の動きを一つ一つの動きに分けて考えることである。それを，タ
ブレットのプログラミングソフトで用いる記号に置き換える（活動③）。人の
感知は「人感センサー・ON」，LEDの点灯は「LED・ON」等である。その後，

その記号をどのように組み合わせれば良いのかを考える（活動④）。「人感セン サー・ON→LED・ON→人感センサー・OFF→10秒タイマー→LED・OFF」 のように組み合わせることである。これを，タブレット端末でプログラミング して，実際にLEDを点灯させた結果，修正が必要である場合は，試行錯誤を 行う（活動⑤）。

　プログラミング活動においても，主体的・対話的で深い学びの実現が必要で ある。主体的な学びについては，明確な意図をもってプログラミング活動を行 うことで，試行錯誤しながら，プログラムを振り返り，より妥当なものにして いくことである。自分の意図の達成により，新たな意図が生起し，主体的な学 びが進んでいく。対話的な学びについては，下の写真のように，班で自分たち の意図を共有した上で，ホワイトボードを用いる等して，記号を組み合わせる 順序について話し合い，それをタブレット端末でプログラミングすることであ る。表現したプログラミングは，次ページの写真のように大型ディスプレイに 映し，クラス全体で共有して議論をする。ホワイトボード⇔タブレット⇔大型 ディスプレイ・黒板の往還によって，対話的にプログラミングの試行錯誤が可 能になる。その結果として，プログラミング的思考が育成され，深い学びの実 現につながっていく。

　プログラミングの体験の後には，身の回りにはこのようなセンサーやプログ ラムを活用したものが，たくさんあることを実感することが必要である。例え ば，自動ドアは人が来たときに開く，トイレのLED電球は人がいるときにだ

タブレット端末を見ながら子ども同士話し合ってプログラミ ングする

ホワイトボード，タブレット，大型ディスプレイ，黒板の往還により対話的なプログラミングの試行錯誤が可能になる

け点灯する，エアコンは温度センサーによって必要なときに運転する等である。センサーとプログラムの制御によって，自分たちの生活が快適になっていることを実感することが，小学校理科のプログラミング教育のゴールである。

課　題

1.　問題解決の過程とICTの活用の関連について説明しなさい。
2.　ICTを活用する効果と留意点を説明しなさい。
3.　プログラミング的思考とは何か，育成を促す活動について説明しなさい。

参考文献

OECD教育研究革新センター編著（立田慶裕・平沢安政監訳）『学習の本質―研究の活用から実践へ』明石書店，2013年

国立教育政策研究所「平成30年度 全国学力・学習状況調査報告書 質問紙調査」2018年

文部科学省「学びのイノベーション事業実証研究報告書」2014年

文部科学省『小学校学習指導要領（平成29年告示）解説 総則編』東洋館出版社，2018a年

文部科学省『小学校学習指導要領（平成29年告示）解説 理科編』東洋館出版社，2018b年

文部科学省『小学校プログラミング教育の手引き（第三版）』2020年

八嶋真理子著「理科ではICTをどのように活用するのか―子どもの科学概念の構成に位置づけて―」『理科の教育』東洋館出版社，2007年

II 実践編

　理科の学習内容は，直接に対象に働きかけて実験を行い，それらの性質や規則性などについて考えを構築していくもの（物理や化学）と，多様な環境の中で観察したり（生物），長い時間や大きな空間の中での現象を考える学習（地学）がある。学習指導要領では，それらの特性に応じて，小学校から中学校，高等学校までを通じて「エネルギー」「粒子」「生命」「地球」という4つの領域に整理されており，高等学校における物理，化学，生物，地学に対応している。それぞれの領域の特性に応じて，物事を捉える視点や考え方が示されており，エネルギー（物理）では「量的・関係的」な視点，粒子（化学）では「質的・実体的」な視点，生命（生物）では「共通性・多様性」の視点，地球（地学）では「時間的・空間的」な視点で自然を捉えることが目指されている。

　実践編では，これらの視点を考えながらそれぞれの領域の特性や教材の特徴を知り，具体的な授業をイメージしながら授業作りについて学んでいく。それぞれの章末に，各領域の「資質・能力と見方・考え方の表」を掲載しているので参照されたい。

「エネルギー」を柱とする領域の授業づくり

　学習の内容区分が「エネルギー」の領域は，身近な自然の事物・現象の中，時間や空間の尺度の小さい範囲内で直接実験を行うことにより，対象の特徴や変化に伴う現象や働きを，何度も人為的に再現させて調べることができやすいという特性をもっている。

　児童は，このような特性をもった事物・現象に主体的，計画的に操作や制御を通して働きかけ，追究することにより，対象の性質や働き，規則性などについての考えを構築することができるようになる。

キーワード　量的・関係的　変換　保存　資源の有効利用　規則性

第1節　学習のねらいと内容

1. 学習のねらい

　本領域では，「エネルギー」について児童が理解し，「エネルギー」の見方や概念の活用を図ることが求められている。このため理科学習においては，「エネルギー」を自然現象の一つと捉え，事物・現象についての問題に対して理科の見方・考え方を働かせ科学的に解決する資質・能力を育成することとなる。

　「エネルギー」についての見方や概念を形成するうえで重視したいことは，「エネルギー」は必ず「変換」「保存」されることである。従って，ある系で「エネルギー」が減少したように見えても，別の系の形態に変わる「変換」という概念の認識が大切となる。このように「エネルギー」は「変換」可能であり，全体として「保存」されるという「エネルギー」の見方や概念を基礎として，実験等を通して指導することとなる。

2. 学習内容

　「エネルギー」という科学の基本的な概念等は，更に「エネルギーの捉え方」「エネルギーの変換と保存」「エネルギー資源の有効利用」に分けられる。

　なお，「エネルギー」は，知識及び技能の確実な定着と児童の発達段階から理科の内容の構造化を図るために設けられた柱の一つである。

(1) 第3学年

　「エネルギー」についての基本的な概念等を柱とした内容のうちの「エネルギーの捉え方」に関わる単元として「風とゴムの力の働き」「光と音の性質」があり，「エネルギーの捉え方」と「エネルギーの変換と保存」の両方に関わる単元には「磁石の性質」がある。また，「エネルギーの変換と保存」に関わる単元には「電気の通り道」がある。

　児童は，「風とゴムの力の働き」では風とゴムの力と物の動く様子に着目して，それらを比較しながら風とゴムの力の働きを調べたり，「光と音の性質」では光を当てたときの明るさや暖かさ，音を出したときの震え方に着目して，光の強さや音の大きさを変えたときの現象の違いを比較しながら，光と音の性質について調べたりする。また，「磁石の性質」では磁石を身の回りの物に近付けたときの様子に着目して，それらを比較しながら磁石の性質について調べることや，「電気の通り道」では乾電池と豆電球などのつなぎ方と乾電池につないだ物の様子に着目して，電気を通すときと通さないときのつなぎ方を比較しながら，電気の回路について調べる活動に取り組む。

　これらの活動の中で各単元内容についての理解を図り，観察，実験などに関する技能を身に付けるとともに，主に差異点や共通点を基に，問題を見いだす力や主体的に問題解決しようとする態度を育成する。

(2) 第4学年

　「エネルギー」についての基本的な概念等を柱とした内容のうち「エネルギーの変換と保存」に関わる単元として「電流の働き」がある。

　児童は，電流の大きさや向き，乾電池につないだ物の様子に着目して，それらを関係付けて，電流の働きを調べる活動を通して理解を図り，観察，実験などに関する技能を身に付けるとともに，主に既習の内容等を基に，根拠のある

予想や仮説を発想する力や主体的に問題解決しようとする態度を身に付けるよう育成する。

(3) 第5学年

「エネルギー」についての基本的な概念等を柱とした内容のうち「エネルギーの捉え方」に関わる単元として「振り子の運動」があり，「エネルギーの変換と保存」に関わる単元として「電流がつくる磁力」がある。

児童は，「振り子の運動」では振り子が1往復する時間に着目して，おもりの重さや振り子の長さなどの条件を制御しながら，振り子の運動の規則性を調べたり，「電流がつくる磁力」では電流の大きさや向き，コイルの巻数などに着目して，これらの条件を制御しながら，電流がつくる磁力を調べる活動に取り組んだりする。

これらの活動の中で各単元内容についての理解を図り，観察，実験などに関する技能を身に付けるとともに，主に予想や仮説を基に，解決の方法を発想する力や主体的に問題解決しようとする態度を育成する。

(4) 第6学年

「エネルギー」についての基本的な概念等を柱とした内容のうち「エネルギーの捉え方」に関わる単元として「てこの規則性」があり，「エネルギーの変換と保存」「エネルギー資源の有効利用」の両方に関わる単元には「磁石の性質」がある。

児童は，加える力の位置や大きさに着目して，これらの条件とてこの働きとの関係を調べたり，電気の量や働きに着目したりして，それらを多面的に探究する活動に取り組む。

これらの活動の中で各単元内容についての理解を図り，観察，実験などに関する技能を身に付けるとともに，主により妥当な考えをつくりだす力や主体的に問題解決しようとする態度を育成する。

第2節 「エネルギー」の学習教材の研究と開発

「エネルギー」領域では，主として「量的・関係的」な視点で捉えることが

示されている。この「量的・関係的」な視点とは，例えば一方の量が変化することに伴い，もう一方の量も変化するのか，どのように変化するのかという視点で見ることを指している。

　このことは，乾電池と豆電球を導線で接続し閉回路とした場合，乾電池を直列に接続し，その場合の豆電球の明るさを乾電池1個の場合と比較すると児童は「電池が1個の時より豆電球が明るいのは，電流の大きさと関係しているのではないか」という見方をすることを指している。

　「エネルギー」の学習教材の研究と開発にあたっては，この「量的・関係的」な視点と学年ごとに重視したい考え方，第3学年「比較する」，第4学年「関係付ける」，第5学年「条件を制御する」，第6学年「多面的に考える」などを働かせながら問題解決の過程を通して学習することとなる。以下に，問題解決の過程を構成するための実験機器等の実際について述べる。

1. 第3学年

(1) 光と音の性質

○光を使ってまと当てをしたり，光をリレーしたりするなどの活動を通して，平面鏡に日光を当てたときの，平面鏡の向きと光の様子に着目して，差異点や共通点を基に，光の性質について問題を見いだし，表現するとともに，日光は直進すること，反射させることができること，反射した日光を重ねられることを捉えるようにする。

鏡を使って光の直進性，反射性を確かめる

○虫眼鏡を使い，日光を集めることができることを捉えるようにする。光の性質の学習活動では，直接目で太陽を見たり，虫眼鏡で集めた光を衣服や生物

虫眼鏡を使った光を集める実験

に当てたりしないようにするなど，安全に配慮する。
○身の回りにある物を使って音を出したときの物の震え方に着目して，音の大
きさを変えたときの現象を比較しながら，音の大きさと物の震え方との関係
を調べる。また，糸電話等を作り，音が伝わる様子を調べる。

糸電話を作り音の伝わることを確かめる

(2) 磁石の性質

○磁石を身の回りの物に近付けたときの，物の様子や特徴に着目して，それら
を比較しながら，磁石に引き付けられる物や引き付けられない物，磁石に近
付けると磁石になる物があることを捉える。また，磁石に物が引き付けられ
る力を手ごたえで感じとったり，磁石を方位磁針に近付けて，その働き方を
調べたりして，磁針と物との間を開けても引き付ける力が働いていることを
捉える。

磁石に付くものと付かないものがある

○方位磁針を使ったり，二つの磁石を近付け，磁石が相互に引き合ったり，退け合ったりする様子に着目したりして，それらを比較しながら，磁石の極を調べる。

○磁石を自由に動くようにしたときの，磁石が動いたり止まったりする様子から，磁石には形や大きさが違ってもいつも南北の向きに止まるという性質があることを捉える。その際に，北の方向を指している端を「N」極，南の方向を指している端を「S」極と名付けられていることに触れるようにする。

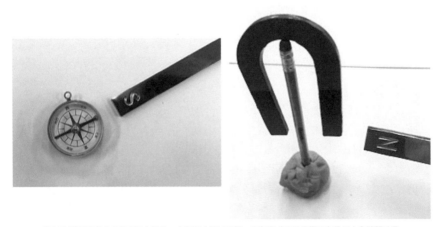

動いた磁石は南北の向きに止まる。北を向くのはN極。南を向くのはS極であることを確認する

(3) 電気の通り道

○1個の乾電池と1個の豆電球などを導線でつないだときの，つなぎ方と豆電球などの様子に着目して，それらを比較しながら，豆電球などが動作するつなぎ方と動作しないつなぎ方を調べる。また，導線を乾電池の2つの極以外につないだり，導線と乾電池がつながっていなかったり，回路の一部が切れていたりすると豆電球などは動作しないことや回路の一部に，身の回りにあるいろいろな物を入れたときの豆電球などの様子に着目して，電気を通す物や通さない物があることも捉える。

　豆電球には1.5V（ボルト），0.3A（アンペア）や2.5V，0.3Aのような規格があり口金に表示されている。

　3年生では乾電池1個（1.5V）を用いた回路で豆電球を点灯させるが，4年生では乾電池2個を直列や並列で接続するので規格2.5Vの豆電球を使って明るさを比較する。

○豆電球などが動作したり，動作しなかったりする現象を「回路」という言葉を使用して考察し，適切に説明できるようにすることや乾電池の2つの極を直接導線でつながないなど，安全に配慮する。

電線のつなぎ方で電球がつく場合とつかない場合があることを実験する

2. 第4学年

(1) 電流の働き

○乾電池の数を1個から2個に増やしたり，つなぎ方を変えたりしたときの豆電球やモーターの動作に着目して，これらの変化と電流の大きさや向きとを関係付けて電流の働きを調べる。

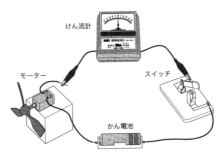

検流計を使って電気の流れを見る

○電流の大きさや向きと乾電池につないだ物の様子について考えたことを，図を用いて表現したり，「電流」，「直列つなぎ」，「並列つなぎ」という言葉を使用して説明したりするなど，電流の働きについて考えたり，説明したりする活動を充実するとともに，実験の結果を整理する際に，乾電池，豆電球，モーター，スイッチについて，電気用図記号（回路図記号）を扱うことが考えられる。

○電流の大きさや向きを電流計ではなく簡易電流計を用いて調べることが多い。簡易電流計は電流の向きと大きさを測定する器具なので，電流計と同様に回路中に直列に接続する。電流計のように端子のつなぎ方や極性を注意する必要はない。写真のように測定スケールの切り替えスイッチがある場合は，スイッチの向きに注意する。

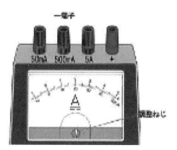

簡易電流計 　　　　　　　　　電流計は使用方法に注意する

5Aの−端子に繋いだ場合

5の目盛り
は5Aを
あらわす

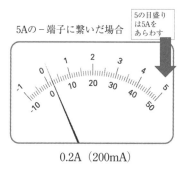

0.2A（200mA）

500mAの−端子に繋いだ場合

5の目盛り
は500mAを
あらわす

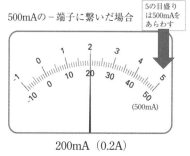

200mA（0.2A）

電流計の読み方

○ 発光ダイオード（LED）を使用する場合は，端子に極性があり，端子が長い
　方が＋極である。乾電池や電源装置の極性と電流の向きが合っていないと発
　光しない。発光ダイオードのこの性質を活用すると電流の向きに関する児童
　の理解を深めることができる。

○ 電流計を使う場合は，調整ねじを回してゼロ点に合わせてから次の通り使用
　する。

　①電流計の＋の端子に，乾電池や電源装置の＋極側につながっている導線を
　　つなぐ。

　②電流計の−の端子に，乾電池や電源装置の−側につながっている導線をつ
　　なぐ。最初は，最も大きい電流を測ることができる5Aの−端子につなぐ。

　③針の振れが小さい時には，−端子を500mA（0.5A），50 mA（0.05A）の順
　　につなぎ変える。

3. 第6学年

(1) 電気の利用

○ 手回し発電機は，ハンドルを回す速さが速いほど，高い電圧が得られる。また，逆方向に回せば極性が入れ替わる。早く回し一時的に高い電圧になると接続した器具が破損する。1秒間に3回より多く回さず一定の速さで回す。

　手回し発電機には，高出力タイプ（12V）と低出力タイプ（3V）などがある。3V用の豆電球を12V用の発電機を繋いで高速で回転すると，豆電球が切れてしまうこともある。接続する器具の規格によって適した道具を選ぶ必要がある。

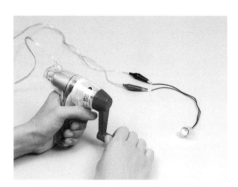

手回し発電機を使って電球が光ることを実験

○ 手回し発電機によって得られた電気エネルギーは，「コンデンサー」に蓄えることができる。コンデンサーには，2.3V-4.7F，5.5V-1.0Fなどの規格がある。F（ファラッド：電気容量）が大き過ぎると，電気がなかなか蓄えられない。手回し発電機からコンデンサーに電気が蓄えられるにつれて，ハンドルを回す手ごたえは軽くなる。

　コンデンサーには極性がある。接続する器具に極性がある場合はその極性を合わせる。また，コンデンサーに表示されている定格電圧以上の電圧をかけないことや電気を蓄えた後，手回し発電機を接続したままにすると，電気が逆流してしまう。

手回し発電機を利用して蓄電実験ができる

第3節　学習指導法と実践

　エネルギーの学習では，「エネルギー」についての基本的な概念を柱とした単元内容を量的・関係的な視点で捉えながら，理解を図る必要がある。そこで，指導では，①現象を引き起こす要因を見いだすこと，②条件を同じにしたり，変えたりして調べ，要因や規則性を見いだすことが大切である。

1．第3学年の指導事例・略案

　　　単元名　「風とゴムの力の働き」

（1）本時の展開　（第二次　5・6／7　時）
①目標

　風の力を働かせたときの車の動く現象を，風の強さと車の動きとの関係で調べることができる。

②展開

○学習活動	教師の支援○　見方☆　評価
〔問題〕風の強さを変えて，動く距離を調べよう。 ○風の強さを変えると，車の動きはどのように変わるか予想する。 ・風が弱いと車の動いた距離は短くなる。 ○実験計画をたてる。 ・スタートの位置を統一する。 ・同じ車を使って調べる。 ・風の強さが同じになるように送風機のような風を起こすものを使う。 ○風の強さを変えて，調べる。 ○実験した結果を記録する。	○風の力がどのように変わったのか，車の動きがどのように変わるのか予想するよう助言する。 ☆風の力の働きについて，物に風を当てたときの力の大きさと車の動く様子を，量的・関係的な視点で捉える。 ○送風機や扇風機の使い方を説明し，風が車に適切に当たるように調整することを指示する。  送風機 ○3回くらい実験して，表に記録するように助言する。 ○実験がどのようなことであるか明確にし，記録の仕方，風の強弱と車の動いた距離をグラフ化することなどについて助言する。
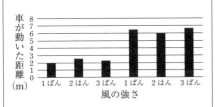 風の強さと車が動いた距離 ○実験結果から，風の強さ（上記グラフでは左側：風弱，右側：風強）と車の動いた距離の関係について話し合う。 ・風の力の強弱によって，車の動く距離が変わる。 ○分かったことをまとめる。 ・風には，ものを動かす働きがある。ものを動かす働きは，風が強くなるほど大きくなる。	

③評価の実際

評価の観点		評 価 例
主体的に学習に取り組む態度	十分満足できる	ゴムや風の力を働かせたときの現象に関心をもち，進んでゴムの働きを調べようとしている。 ゴムや風の力の働きを活用したものづくりをしたり，その働きを利用した物を積極的に見つけたりしようとしている。
	概ね満足できる	ゴムや風の力を働かせたときの現象に関心をもち，ゴムの働きを調べようとしている。 ゴムや風の力の働きを活用したものづくりをしたり，その働きを利用した物を見つけたりしようとしている。
	努力を要する 〈指導上の手立て〉	ゴムや風の力を働かせたときの現象に関心がもてず，ゴムの働きを調べようとしない。 ゴムや風の力の働きを活用したものづくりやその働きを利用した物を見つけようとしない。 〈ゴムや風の力を活用した物を提示し関心をもつことができるように，個別に指導・助言する〉

(2) 指導に当たって

①内容

　風やゴムの力で物の動く様子に着目して，相互に比較しながら，風とゴムの力の働きを調べる活動を通して，それらについて理解を図り，観察，実験などに関する技能を身に付けるとともに，主に差異点や共通点を基に，問題を見いだす力や主体的に問題解決しようとする態度を育成する。

②指導のポイント

　本単元『風とゴムの力の働き』は，「エネルギー」についての基本的な概念等を柱とした内容のうちの「エネルギーの捉え方」に関わるものであり，第5学年「A(2)振り子の運動」の学習につながるものである。

　ここでは，児童が風とゴムの力の働きについて，量的，関係的な視点に着目し，それらを比較しながら調べる活動を通して，理解を図り，観察，実験などに関する技能を身に付ける学習を行うこととなる。

　本単元では，風とゴムの力の働きについて量的・関係的な視点をもって追究する中で，風の力の大きさと物の動く様子との関係，ゴムの元に戻ろうとする

力の大きさと物の動く様子との関係について，主に差異点や共通点を基に問題を見いだし，表現することを重視する。

③配慮事項

　児童は，生活科の学習で学んだ経験を生かしたものづくりが好きである。材料を集め，飾り物や動く物をつくったり，役立つものを組み立てたりする活動に関心を示す。このような主体的に学習に取り組もうとする態度を生かし，風やゴムの力の働きにより車などを動かし，風やゴムの力の大きさと車の動く距離などとの関係に興味や関心をもち学習意欲を高め問題を解決する活動を構成することが大切である。

　実験や観察，ものづくりに当たっては，ゴムや器具の扱いや工作時の安全に配慮するように指導する。

(3) 本単元で働かせる理科の見方・考え方
①見方

　本単元では，風やゴムの力の働きについて，目に見えない風やゴムの力の大きさを，風の強さやゴムを伸ばした長さという量的な視点で捉える見方を働かせたり，風やゴムの力の大きさを変えると車の動く距離も変わるという関係的な視点で捉える見方を働かせたりする。そして，風やゴムの力の働きについて比較しながら実験を行う基本的な実験の技能を身に付けるとともに，主に差異点や共通点を基に，問題を見出す力や主体的に問題解決しようとする態度を養っていく。

②考え方

　本単元では，風やゴムの力の働きについて，自然の事物・現象を比較して考え，より妥当な考えを作りだし，表現する学習活動を充実させるため，問題を解決する必然性を大切にした展開を行う。

　具体的には，次のような場面が挙げられる。ゴムの力で動く物を作り，ゴムを伸ばしたときの元に戻ろうとする力の大きさと動く様子に着目して，それらを比較しながら，ゴムの元に戻ろうとする力の大きさと物の動く様子との関係を調べる。これらの活動を通して，差異点や共通点を基に，ゴムの力の働きについての問題を見いだし，表現するとともに，ゴムの力は，物を動かすことができることや，ゴムの力の大きさを変えると，物が動く様子も変わることを捉えるようにする。

　また，風の力で動く物を作り，物に風を当てたときの風の力の大きさと物の動く様子に着目して，それらを比較しながら，風の力の大きさと物の動く様子との関係を調べる。これらの活動を通して，差異点や共通点を基に，風の力の働きについての問題を見いだし，表現するとともに，風の力は，物を動かすことができることや，風の力の大きさを変えると，物が動く様子も変わることを捉えるようにする。

2. 第5学年の指導事例

　　単元名「電流がつくる磁力」

(1) 目標
○電流がつくる磁力について，電流の大きさや向き，コイルの巻数などに着目して，それらの条件を制御しながら調べる活動を通して，電流と電流がつくる磁力との関係について理解する。
○電流の流れているコイルは，鉄心を磁化する働きがあり，電流の向きが変わると，電磁石の極も変わることや電磁石の強さは，電流の大きさや導線の巻数によって変わることを捉えるとともに，観察，実験などに関する技能を身に付ける。
○電流がつくる磁力について追究する中で，磁力の強さに関係する条件についての予想や仮説を基に，解決の方法を発想し，表現する力を育み，主体的に問題解決しようとする態度を養う。

(2) 内容
○電流の大きさや向きに着目して，電磁石と磁石とを比較しながら，電磁石の性質を調べる。
・電流がつくる磁力についての予想や仮説を基に，解決の方法を発想し，表現するとともに，電流には磁力を発生させ，鉄心を磁化する働きがあり，電流の向きが変わると，電磁石の極も変わることを捉える。
○電流の大きさやコイルの巻数などに着目して，電流の大きさや導線の長さ，コイルの巻き数などの条件を制御し電磁石の強さを変化させる要因を調べる。
・電磁石の性質についての予想や仮説を基に，解決の方法を発想し，表現するとともに，電磁石の強さは，電流の大きさや導線の巻数によって変わること

を捉える。

・電磁石の強さについて，導線の巻数を一定にして電流の大きさを変えるなど変える条件と変えない条件を制御しながら実験を行うことによって，実験の結果を適切に処理し，考察できるようにする。

・電流がつくる磁力を利用したものづくりとしては，物を動かすことを目的としたモーター，鉄を引き付けたり放したりして移動させることを目的としたクレーンなどが考えられる。

(3) 評価規準

知識・技能	思考・判断・表現	主体的に学習に取り組む態度
(1) 電流の流れているコイルは，鉄心を磁化する働きがあることを理解している。 (2) 電磁石には極があることを理解している。 (3) 電流の向きが変わると，電磁石の極が変わることを理解している。 (4) 電磁石の強さは，電流の大きさや導線の巻数によって変わることを理解している。 (5) 電磁石の強さの変化を調べ，その過程や結果を定量的に記録している。	(1) コイルと電流，磁石の働きとの関係に着目し，実験方法の大まかな構想とともに，学習問題について着想し，表現することができる。 (2) 電磁石に電流を流したときの電流の働きの変化と要因について予想や仮説をもち，条件に着目して実験を計画し，表現している。 (3) 電磁石の強さと電流の大きさや導線の巻数を関係付けて考察し，自分のより妥当な考えを表現している。 (4) 永久磁石と異なる電磁石の性質が生活で活用される理由を表現している。	(1) 電磁石の性質を調べる活動に興味・関心をもち，自ら進んで電磁石の力について調べようとしている。 (2) 電磁石の導線に電流を流したときに起こる現象に興味・関心をもち，自ら電流の働きを調べようとしている。 (3) 電磁石の性質や働きを使ってものづくりをしたり，その性質や働きを利用した物の工夫を見直したりしようとしている。

(4) 見方・考え方
①見方

　本単元では，児童が，電流の大きさや向き，コイルの巻数などに着目して，これらの条件を制御しながら，電流がつくる磁力を調べる活動を通して，それらの理解を図り，観察，実験などに関する技能を身に付けるとともに，主に予想や仮説を基に，解決の方法を発想する力や主体的に問題解決しようとする態

度を育成する。そのためには次のような見方を設定する。

・鉄心が磁化する働きについて，コイルを流れる電流との関係的な視点で捉える。

・電磁石の極について，電流の向きとの関係的な視点で捉える。

・電磁石の強さについて，電流の大きさやコイルの巻数との量的・関係的な視点で捉える。

・電磁石の性質や働きについて，身の回りの道具との関係的視点で捉える。

②考え方

　本単元では，電流がつくる磁力について，電流の大きさや向き，コイルの巻数などに着目して，それらの条件を制御しながら調べることで，電流と磁力との関係についての規則性を見いだす学習活動の充実を図る。そのために働かせる考え方には，次のものがある。

・比較し，差異点や共通点に着目する。

　　磁石と電磁石とを比較する活動において，複数の磁石の磁力に着目し，それらを比較して差異点や共通点を基に問題を見いだす。

・変化とその要因とを関係付ける。

　　電流がつくる磁力の変化について，電流の大きさやコイルの巻数の変化と関係付けて磁力の変化を捉えたり，電磁石の極の変化について電流の向きと関係付けて捉えたりする。

・条件を制御しながら実験を構想し実施する。

　　電流がつくる磁力について，電流の大きさやコイルの巻数など変える条件と変えない条件を制御しながら実験を構想し，実施する。

(5) 単元について

①児童の実態

　児童は，第3学年の磁石の性質の学習内容，第4学年の電流の働きの学習内容を生かしながら磁石と電流との関係に着目して学習を進める。磁石の性質については，児童は強い興味を示す。特に「鉄を引き付ける」「N極，S極がある」ことなどを十分に想起させることが大切である。このことが基盤となり，「電流の大きさやコイルの巻数によって磁力を変化させることができる」ことや「電流の向きによって極を変えることができる」こと電磁石に特有の性質について，学習意欲を高め問題を解決しようとする。

②単元観

　本単元『電流がつくる磁力』は，第4学年「A（3）電流の働き」の学習を踏まえて,「エネルギー」についての基本的な概念等を柱とした内容のうちの「エネルギーの変換と保存」に関わるものであり，第6学年「A（4）電気の利用」の学習につながるものである。

　ここでは，児童が，電流の大きさや向き，コイルの巻数などに着目して，これらの条件を制御しながら，電流がつくる磁力を調べる活動を通して理解を図り，観察，実験などに関する技能を身に付けるとともに，主に予想や仮説を基に，解決の方法を発想する力や主体的に問題解決する態度を育成する。

③指導観

　電流がつくる磁力について，電流の大きさや向き，コイルの巻数などに着目して，それらの条件を制御しながら調べる活動を通して，電流と電流がつくる磁力との関係についての理解を図るとともに，観察・実験に関する基本的な技能を身に付け，主に予想・仮説を基に，解決の方法を発想し表現する力を育み，主体的に問題解決しようとする態度を養う。

(6) 指導計画（全11時間）

	児童の学習活動	教師の支援○　見方☆　評価
第一次1時 2・3・4時	○電磁石のはたらきについて調べる。 ・鉄を引き付ける。 ・電流が流れている時は磁石になる。 ・電磁石にもN極，S極がある。 ○電磁石の性質について永久磁石と比較して違う点や同じ点をまとめる ・電磁石にはどのような性質があるだろうか。 ○電磁石と永久磁石を比較して仮説を立てる。 ・電磁石にもN極とS極があり，電流の向きで変わるのではないか。 ・電磁石の強さは，電流の大きさによって変わるのではないか。	○永久磁石の性質を想起できるように永久磁石を準備する。 ○エナメル線を巻いたものをコイルということを確認する。 ○電磁石の強さを変える条件に着目できるように，乾電池，100回巻きと200回巻きの2種類の電磁石を各実験グループに配布する。 ○永久磁石の性質との比較を基に電磁石の働きについて調べる学習を進めることができるように支援する。 ☆鉄心が磁化する働きについて，コイルを流れる電流との関係的な視点で捉える。 【知識・技能】(1・2)

2・3・4時	・電磁石の強さは，コイルの巻数によって変わるのではないか。 ・電磁石の強さは，電流の大きさとコイルの巻数によって変わるのではないか。 □電磁石にもN極とS極があるのではないか。	【思考・判断・表現】(1) 【主体的に学習に取り組む態度】(1)
5・6時 本時	○実験方法を考える。 ・方位磁針や永久磁石を使って調べる。 ○電磁石にN極とS極があるか調べる。 ○結果を整理する。 ・N極とS極がある。 ・電池の向きが関係しているのではないか。	○実験方法について構想を立てられない児童には，永久磁石での学習をもとに実験方法を考えられるように助言する。
7・8・9時	□電磁石のN極とS極は電流の向きによって変えることができるのではないか。 ○実験方法について話し合う。 ○実験に取り組む。 ○考察する。 ・電磁石の働きには電流が関わっている。 ・電流の大きさで強さも変えられるのではないか。 □電磁石の強さは電流の大きさによって変わるのではないか。 電磁石の強さはコイルの巻数によって変わるのではないか。 電磁石の強さは電流の大きさとコイルの巻き数によって変わるのではないか。 ○実験方法について考える。	○簡易電流計（検流計）の使い方を確認する。 ☆電磁石の極について，電流の向きとの関係的な視点で捉える。 【主体的に学習に取り組む態度】(2) 【知識・技能】(3) ○児童が自分で立てた仮説について実験方法を考えさせる。 ○電流計の使い方を確認する。 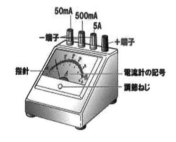

7・8・9時	○実験の準備を行う。 ○実験に取り組む。 ○結果を整理する。 ○考察する。 ○結論をまとめる。 ・電磁石には永久磁石と同じように極があり，電流の向きを変えると極を入れ換えることができる。また，電流の大きさやコイルの巻数で強さを変えることができる。	○電磁石の強さは電流の大きさとコイルの巻き数によって変わるのではないかと仮説を立てた児童には，どちらを先に実験するか選択させ確かめる実験方法を考えさせる。 ☆電磁石の強さについて，電流の大きさやコイルの巻数との量的・関係的な視点で捉える。 【思考・判断・表現】(2・3) 【知識・技能】(4・5)
第二次10・11時	○学習を振り返る。 ・身の回りで電磁石がどんなものに使われているか知りたい。 ○電磁石を利用しておもちゃを作る。 ○身の回りで利用されている電磁石について知る。 ○永久磁石や電磁石はそれぞれの性質に合わせ，身の回りで様々な道具として利用されていることを知る。	☆電磁石の性質や働きについて，身の回りの道具との関係的な視点で捉える。 【主体的に学習に取り組む態度】(3) 【思考・判断・表現】(4)

(7) 本時の指導 （第一次 5・6／11 時）

①本時の目標

・電流の向きが変わると，電磁石の極が変わることを理解する。
・電磁石に電流を流したときの電流の働きの変化とその要因について予想や仮説をもち，条件に着目して実験を計画し，表現する。
・電磁石の導線に電流を流したときに起こる現象に興味・関心をもち，自ら電流の働きを調べようとする。

②展開

時	児童の学習活動	教師の支援○　見方☆　評価
第一次 電磁石の極を変えてみよう5・6時	電磁石のN極とS極は電流の向きによって変えることができるのではないか。 ○実験の方法について話し合う。 ・乾電池，電磁石を接続し方位磁針の針の向きを調べよう。 ○実験に取り組む。	○児童が自分で立てた仮説について実験方法を考えさせる。 ○検流計の使い方を確認する。 ☆・電磁石の極について，電流の向きとの関係的な視点で捉える。
第一次 電磁石の極を変えてみよう5・6時	○結果をまとめる。 ・電流の向きを変えると，方位磁針の針の向きが変わった。 ・電磁石は，棒磁石（永久磁石）と違って，電流の向きを逆にすると極が入れ変わる。 ○結果の考察を行う。 ・電流の向きが変わると電磁石の極も変わる。 ・電流の向きが変わっても電磁石の強さは大きく変わらない。 ・電磁石の働きには電流が関係している。	【主体的に学習に取り組む態度】(2) 【知識・技能】(3)

課　題

1. エネルギーに関わる内容が各学年に配当されている。各学年の内容について，どのように系統付けられているか考察しなさい。
2. エネルギーに関わる各学年の内容について求められる見方や考え方についてまとめ，具体的にどのような学習活動が設定できるか考察しなさい。
3. 本章に指導計画例が無いエネルギーに関わる内容について，その単元指導計画と想定した本時の指導計画を作成しなさい。

参考文献

石浦章一・鎌田正裕・大隅良典・小澤良一　他著『わくわく理科3〜6』新興出版社啓林館，2020年

鳴川哲也・山本健司・寺本貴啓・辻　健著『イラスト図解ですっきりわかる理科』東洋館出版社，2019年

『全国小学校理科研究協議会東京研究大会研究紀要・指導案集』2019年

塚田昭一・八嶋真理子・田村正弘著『新学習指導要領の展開』明治図書，2017年

文部科学省『小学校学習指導要領（平成29年告示）解説　理科編』東洋館出版社，2018年

協力

(株) アーテック

「問題解決で目指す力」「考え方」と「見方」（エネルギー）

思考力・判断力・表現力 考え方		エネルギーの捉え方		エネルギーの変換と保存		エネルギー資源の有効利用
		見方・視点：量的関係的				

小学校3年生

同時に複数の事象を　時間的前後の関係で

比較しながら

差異点や共通点を基に、問題を見出す

風とゴムの力の働き（視点　力と物の動く様子）
- 風の力の働き（ア）風の力の大きさを変えると、物が動く様子も変わる
- ゴムの力の働き（イ）ゴムの力の大きさを変えると、物が動く様子も変わる

光と音の性質（視点　光を当てた時の明るさや暖かさ、音を出した時の震え方）
- 光の反射・集光（ア）日光は直進し、集めたり反射させたりできる
- 光の当て方と明るさや暖かさ（イ）物に日光を当てると、物の明るさや暖かさが変わる
- 音の伝わり方と大小（ウ）物から音が出たり伝わったりするとき、物は震えている音の大きさが変わるとき物の震え方が変わる

磁石の性質（視点　磁石を身の回りのものに近づけた時の様子）
- 磁石に引き付けられる物（ア）磁石に引き付けられる物と引き付けられない物がある　磁石に近付けると磁石になる物がある
- 異極と同極（イ）磁石の異極は引き合い、同極は退け合う

電気の通り道（視点　乾電池と豆電球などのつなぎ方と乾電池の繋いだものの様子）
- 電気を通すつなぎ方（ア）電気を通すつなぎ方と通さないつなぎ方がある
- 電気を通す物（イ）電気を通す物と通さない物がある

小学校4年生

既習の内容や生活経験と　変化とそれに関わる要因を

関係づけて

根拠のある予想や仮説を発想する

電流の働き（視点　電流の大きさや向きと乾電池に繋いだものの様子）
- 乾電池の数とつなぎ方（ア）乾電池の数やつなぎ方を変えると、電流の大きさや向きが変わり、豆電球の明るさやモーターの回り方が変わる

小学校5年生

変化させる要因と変化させない要因を区別し

条件を制御しながら

予想や仮説を基に、解決の方法を発想する

振り子の運動（視点　振り子が1往復する時間）
- 振り子の運動（ア）振り子が1往復する時間は、おもりの重さなどによっては変わらないが、振り子の長さによって変わる

電流がつくる磁力（視点　電流の大きさや向き、コイルの巻き数）
- 鉄心の磁化、極の変化（ア）電流の流れているコイルは、鉄心を磁化する働きがあり、電流の向きが変わると、電磁石の極も変わる
- 電磁石の強さ（イ）電磁石の強さは、電流の大きさや導線の巻数によって変わる

小学校6年生

互いの予想や仮説を尊重し　方法を振り返り、再検討し

多面的に

複数の結果を基に考察し

より妥当な考えを作り出す

てこの規則性
- てこのつり合いの規則性（ア）力を加える位置や力の大きさを変えると、てこを傾ける働きが変わり、てこがつり合うときにはそれらの間に規則性がある
- てこの利用（イ）身の回りには、てこの規則性を利用した道具がある

電気の利用（視点　電気の量や働き）
- 発電（光電池を含む）、蓄電（ア）電気は、つくりだしたり蓄えたりすることができる
- 電気の変換（イ）電気は、光、音、熱、運動などに変換することができる
- 電気の利用（ウ）身の回りには、電気の性質や働きを利用した道具がある

中学校

規則性、関係性、共通点や相違点、分類するための観点や基準を見出す

力の働き　光と音　運動の規則性　電流　電流と磁界　自然環境の保全との科学技術の利用
力のつり合いと合成・分解　力学的エネルギー　エネルギーと物質

学びに向かう力・人間性など

主体的に問題解決しようとする態度を養う ・ 生物を愛護する（生命を尊重する）態度を養う
意欲的に事象に関わる　粘り強く問題解決　他者と関わりながら、学んだことを事象や生活に当てはめる

第12章

「粒子」を柱とする領域の授業づくり

　「粒子」の学習では，児童が物質の性質や働き，状態の変化について観察・実験を通して探究したり，物質の性質などを活用してものづくりをしたりして，物質とは何かについて，科学の基礎的な概念等の知識及び技能の確実な定着を図るとともに，学習の過程を通して「思考力，判断力，表現力等」「主体的に学びに取り組む態度」を育成することがねらいである。（三つの柱で整理された資質・能力）ここでは，「見方・考え方」を働かせ，見通しをもって観察，実験を行うことなどを通して，「粒子」の事物・現象についての問題を科学的に解決することを通して「粒子」という概念をはじめとする資質・能力をどのように児童に育成していくか，そのために学習目標，内容，具体的な学習活動をどのように計画し，実践を図っていくか明らかにする。

キーワード　質的・実体的　状態変化　質的変化

第1節　「粒子」の学習教材の研究と開発

　理科の目標を踏まえ，教材選択，導入時の工夫，教材研究やその開発，観察・実験方法の工夫などは「粒子」の分野でも大切な事柄である。特に「粒子」の学習では，安全指導の徹底を図ることは重要である。ここでは3単元を取り上げ，教材と指導法について述べる。

1. 第4学年「金属，水，空気と温度」

　この単元では，空気の体積変化や水の体積変化，金属の温まり方，水の状態変化について学ぶ。児童は日常のお湯を沸かす経験，料理を作ったりするときの経験など生活経験や既習の内容を基に，根拠のある予想や仮説を発想し，表現することを通して，水は温度によって水蒸気や氷に変わる（液体，気体，固

体に状態が変化する）ということを捉えるようにする。

　水の温度の変化を捉える際に，実験の結果をグラフで表現し読み取ったり，状態が変化すると体積も変化することを図や絵を用いて表現したりするなど，説明したりする活動の充実を図るようにする。

　水は温度によって状態が変化することを捉えたり，水が氷になると体積が増えることを捉えたりする。しかし，水を熱していき，100℃近くになると沸騰した水の中から盛んに泡が出てくるが，この泡を水の中から出てきた空気であると考えている児童がいる。この泡を集めて冷やすと水になることから，この泡は空気ではなく水が変化したものであることに気付くようにする。水が凍って氷になることを捉える際には，寒剤を使って水の温度を0℃以下に下げて調べることが考えられる。

　さらに，水は100℃より低い温度でも蒸発していることを捉えるようにするために，第4学年「B（4）天気の様子」における自然界での水の状態変化の学習との関連を図るようにする。

　水の温まり方の確かめについては熱源の工夫をしながらサーモインク，空気では線香を使うと視覚的に分かりやすい。また，金属の温まり方については，サーモテープやサーモインク，膨張については金属膨張器を使うこともできる。

　日常生活との関連として，鉄道のレールの継ぎ目，道路橋の伸縮装置，冷暖房時の空気循環の効果などを取り上げることが考えられる。

　なお，アルコールランプ等加熱器具等の取り扱いについては，時間を設定し，基本的操作を確実にできるようにする。

①線香の煙で見る
　空気の温まり方

②水と金ぞくのあ
　たたまり方は

③金属の球を温め
　ると

④アルコールラン
　プの使い方

⑤マッチの使い方　⑥ふっとうで出て　⑦水滴が凍る時の　⑧ビールびんでシャ
　　　　　　　　　　くるあわ　　　　　体積増加―中学　　ボン玉の実験

各QRコードはNHK for schoolの動画

─ コラム ─

水の三態（氷・水・水蒸気）

　私たちは，日常の中で，水を冷やせば氷になり，氷に熱を加えると水に戻り，さらに熱を加えれば水蒸気になることを当たり前のように体験している。自然条件の中でも固体，液体，気体と変えることができる。私たちにとって，水は当た

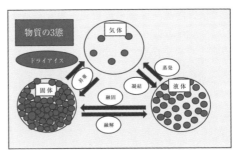

図12-1　物質の3態

り前の物質であるが，実は，水は不思議な物質である。水のもつ能力や謎には，いまだに解明できない部分がある。

○水の特異な性質

・沸点が異常に高い。

・水素結合は，方向性を持つため，固体の氷は隙間が多く，液体より密度が小さくなるので，氷が水に浮く。

・約4℃が密度最大となるので，池に氷が張っても，池の底の水は約4℃となる。生き物は，

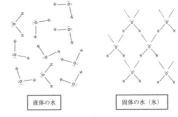

図12-2　氷は水より密度が小さいことを表わしたイメージ図

池の底にいれば凍らずに生息することができる。

・水は，熱しにくく冷めにくい（4.13J）。（一般的には液体2J　固体0.5J）
・水は蒸発熱が非常に大きいため，たくさんの熱量を吸収することができる。そのため，どんなに太陽が照っていても温度がそれほど上がらない。これを利用したのが打ち水で，水を撒くと，水が熱を吸収して水蒸気になるため，温度が下がる。
・霧は昼間の温度が高くて夜の温度が低いと発生しやすいし，露も夏の朝に生じることが多い。これは，昼間に水蒸気がたくさん発生して，夜や朝方になるとそれが冷却されて水に戻る。
・「物を溶かす天才」液体の中で水ほど様々な物を溶かすものはない。水は分極している物質やイオンとは親和性がある。疎水性で分極していない油とはなじまない。
・表面張力が大きい（毛細管現象）。
・規準物質　1cm³　1g

2. 第5学年「物の溶け方」

　この単元では，物の溶け方について，溶ける量や様子を質的・実体的な視点で捉える見方や量や温度などの条件を制御する考え方を働かせて，水の温度や量によって溶け方の違いや，物の溶け方の規則性について多面的に調べ，質量の保存概念を育てる。また，観察，実験などに関する基本的な技能を身に付けるようにするとともに，水溶液の性質の規則性及び働きについて，より妥当な考えをつくりだす力を養い，主体的に問題を解決しようとする態度を養うことがねらいである。

　児童は，塩や砂糖が水に溶けることは，日常経験として当たり前と捉えている。しかし，「物が水に溶けるとはどういうことか」と問われると曖昧になったり，溶かしたものが見えなくなると，重さは溶けたことによって軽くなったと考えたりする。そこで，溶解のイメージを児童にしっかり捉えさせ，「溶ける」とは，「透明・均一に広がっている・水と物を合わせた量は変わらない・水に溶ける量には限度がある」などを理解させるために，「溶かす」にはどのようにしたらよいか，溶けているものの判別についても，実験を通して学ばせたい。（図12-3）

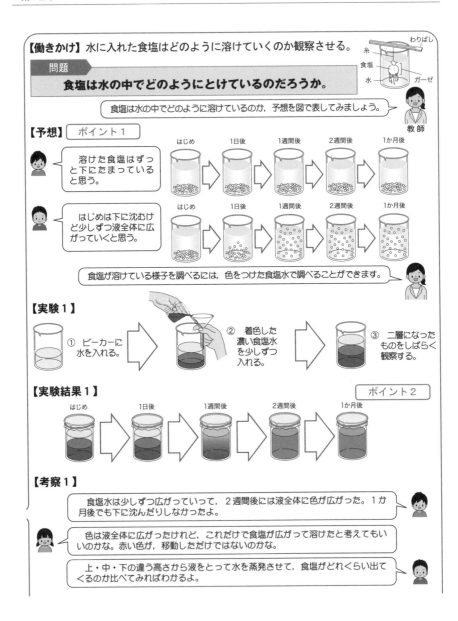

【働きかけ】水に入れた食塩はどのように溶けていくのか観察させる。

わりばし
糸
食塩
水
ガーゼ

問題
食塩は水の中でどのようにとけているのだろうか。

食塩は水の中でどのように溶けているのか，予想を図で表してみましょう。

教師

【予想】 ポイント1

溶けた食塩はずっと下にたまっていると思う。

はじめ　1日後　1週間後　2週間後　1か月後

はじめは下に沈むけど少しずつ液全体に広がっていくと思う。

はじめ　1日後　1週間後　2週間後　1か月後

食塩が溶けている様子を調べるには，色をつけた食塩水で調べることができます。

【実験1】

① ビーカーに水を入れる。

② 着色した濃い食塩水を少しずつ入れる。

③ 二層になったものをしばらく観察する。

【実験結果1】

ポイント2

はじめ　1日後　1週間後　2週間後　1か月後

【考察1】

食塩水は少しずつ広がっていって，2週間後には液全体に色が広がった。1か月後でも下に沈んだりしなかったよ。

色は液全体に広がったけれど，これだけで食塩が広がって溶けたと考えてもいいのかな。赤い色が，移動しただけではないのかな。

上・中・下の違う高さから液をとって水を蒸発させて，食塩がどれくらい出てくるのか比べてみればわかるよ。

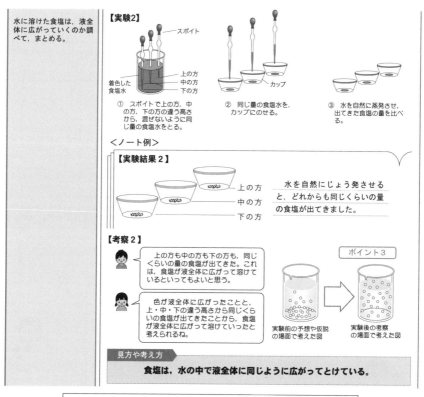

図12-3 物は水に溶けると液全体に広がること（均一性）についての実験例
平成24年度全国学力・学習状況調査授業アイディア例より

水の量と水の温度など，変える条件を制御して定量的な実験（168〜169ページの図12-4）を通して，データを取り，規則性を見出すことも大切である。溶かすものの対象を何にするかは様々あるが，溶ける量の変化の大小などから差異が出るもの，加熱により分解しにくいもの，安全性の高いものとして，食塩，ミョウバンなどが考えられる。

【働きかけ】　温度を上げて溶かしたミョウバンの水溶液が，加熱をやめてしばらくすると底の方にミョウバンが再結晶したことを想起する。

問題　温めて溶かしたミョウバンは，冷やすとどのくらい出てくるのだろうか。

予想

かつや
冷やすことで，とけていたミョウバンはもとにもどるから，とかした分のミョウバンが全部出てくると思うよ。

ゆかり
一度とけたものは簡単には出てこないと思うから，ミョウバンは出てくるけど，少ししか出てこないと思うな。

としお
あたためてとかしたときに増えた分のミョウバンだけが出てくると思うよ。

教師
60℃でとかしきったミョウバンの水よう液を20℃に冷やしたときで考えてみましょう。

ポイント
前時の実験結果をまとめたグラフを提示して，定量的に考えられるようにしましょう。

教師
水の温度によるミョウバンのとける量のちがいを調べたときにまとめたグラフで考えてみましょう。

としお
このグラフを使って考えると，28g－5g＝23gでミョウバンは23gくらい出てくると思います。

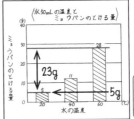

ゆかり
グラフを見ると5gだと思います。

ポイント
予想した量がどのくらいなのか，実際のミョウバンの量を示して結果の見通しをもたせるようにしましょう。

教師
5gや23gのミョウバンが出てくるとすればその量は，これくらいの量になります。
（5gや23gのミョウバンを提示する）

5gの
ミョウバン

23gの
ミョウバン

としお
実際にどのくらい出てくるのか調べてみよう。

実験
・水を60℃まで温めてミョウバンを溶かす。
・温める前の温度まで冷やし，出てくるミョウバンの量に着目する。
・析出したミョウバンは水の中にあるので，同じビーカーに入れたミョウバンの量と比較する。

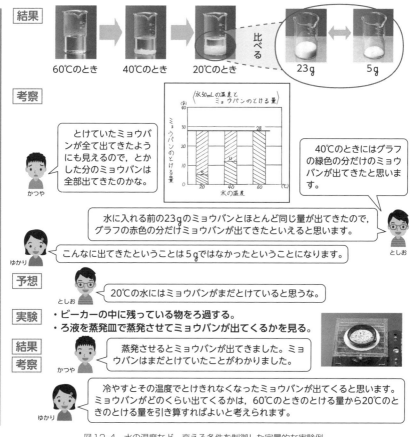

図12-4 水の温度など，変える条件を制御した定量的な実験例

平成27年度全国学力・学習状況調査授業アイディア例より

⑨食塩が水にとける様子

⑩水溶液を蒸発させる時の注意

⑪食塩が水にとけていくようす

⑫塩を水にとかすと重さは？

各QRコードはNHK for schoolの動画

3. 第6学年「水溶液の性質」

この単元では，児童が，水に溶けている物に着目して，それらによる水溶液の性質や働きの違いを多面的に調べる活動を通して，水溶液の性質や働きについての理解を図り，観察，実験などに関する技能を身に付けるとともに，より妥当な考えをつくりだす力や主体的に問題解決しようとする態度を育成することがねらいである。

身の回りには，食品や洗剤などの水溶液の性質を利用した物が沢山あるが，それらの液性や溶けている物についてあまり関心がない。

（※注意　洗剤や漂白剤などの中には，「混ぜるな危険」と表示されたものがある。「塩素系」と「酸性タイプ」の液体を混ぜ合わせると，有害な気体（塩素）が発生して，とても危険である。）

この単元では，5年「物の溶け方」6年「燃焼の仕組み」を受けて，溶けている物を質的・実体的な視点で捉え，多面的に考えるという見方・考え方を働かせ，水溶液の性質や働きの違いを調べる活動を通して，「水溶液には，酸性，アルカリ性及び中性があること」（水溶液の仲間分けには，リトマス紙，ムラサキキャベツ液，BTB溶液などを用いる。⑬⑭⑮），「水溶液には，気体が溶けている物があること」「水溶液には，金属を変化させる物があること」⑯など，水溶液の性質や働きについての理解を図っていく。

⑬リトマス紙と水よう液の性質　⑭リトマス紙で水よう液調べ　⑮BTB溶液と水溶液の性質　⑯塩酸にアルミニウムをとかす

各QRコードはNHK for schoolの動画

第2節　「粒子」の学習の指導法と実践

「粒子」の学習は，日常生活との関連が多く，これらと授業を関連付けることで，

児童の興味・関心を高め，日常生活での現象と教室で再現する現象から，物質の規則性を探求させることが大切である。なお，特にこの分野は，指導上，安全指導や安全管理にかかわる内容が多くあるため，指導には十分留意することが重要である。以下「粒子」の第4学年「金属，水，空気と温度」，第6学年「水溶液の性質」の学習指導案をもとに学習する。

1．第4学年の指導例

「金属，水，空気と温度」
（1）学習内容
学習指導要領　物質・エネルギー　「金属，水，空気と温度」

　金属，水及び空気の性質について，体積や状態の変化，熱の伝わり方に着目して，それらと温度の変化とを関係付けて調べる活動を通して，次の事項を身に付けることができよう指導する。
ア　次のことを理解するとともに，観察，実験などに関する技能を身に付けること。
　(ア)金属，水及び空気は，温めたり冷やしたりすると，それらの体積が変わるが，その程度には違いがあること。
　(イ)金属は熱せられた部分から順に温まるが，水や空気は熱せられた部分が移動して全体が温まること。
　(ウ)水は，温度によって水蒸気や氷に変わること。また，水が氷になると体積が増えること。
イ　金属，水及び空気の性質について追究する中で，既習の内容や生活経験を基に，金属，水及び空気の温度を変化させたときの体積や状態の変化，熱の伝わり方について，根拠のある予想や仮説を発想し，表現すること。

文部科学省『学習指導要領（平成29年告示）解説　理科編』より

　本内容は，「粒子」についての基本的な概念等を柱とした内容のうちの「粒子のもつエネルギー」に関わるものであり，中学校第1分野「(2)ア(ウ)状態変化」の学習につながるものである。
(ア)金属，水及び空気の温度変化に伴う体積の変化を調べる。
・温めたり冷やしたりしたときの体積変化に着目して，それらと温度変化とを関係付けて，金属，水及び空気の温度変化に伴う体積の変化を調べる。
・金属，水及び空気の性質について，既習の内容や生活経験を基に，根拠のある予想や仮説を発想し，表現する。
・金属，水及び空気は，温めたり冷やしたりすると，それらの体積は変わるが，その程度には違いがある。

・空気の温度による体積変化が最も大きいことを捉える。

㋑金属，水及び空気を熱したときの熱の伝わり方を調べる。

・金属，水及び空気を熱したときの熱の伝わり方に着目して，既習の内容や
　生活経験を基に，根拠のある予想や仮説を発想し表現する。

・金属は熱せられた部分から順に温まっていく。

・水や空気は熱せられた部分が上方に移動して全体が温まっていく。

・物によってその温まり方には違いがある。

㋒水の状態に着目して，温度の変化と関係付けて，水の状態の変化を調べる。

・既習の内容や生活経験を基に，根拠のある予想や仮説を発想し表現する。

・水は，温度によって水蒸気や氷に変わることを捉える。

・水が氷になると体積が増える。

・水を熱していき，100℃近くになると沸騰した水の中から盛んに泡が出てくる。

・この泡を集めて冷やすと
　水になることから，この
　泡は空気ではなく水が変
　化したものである。

・水が凍って氷になること
　を捉える際には，寒剤（食
　塩）を使って水の温度を
　0℃以下に下げて調べる。

・水は温度によって液体，
　気体，または固体に状態
　変化する。

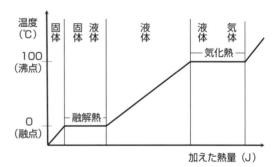

図12-5　氷が蒸発するまでの実験結果をグラフ化したもの

㋓金属，水及び空気の性質について考えたり，説明したりする活動の充実を図る。

・水の温度の変化を捉える際に，実験の結果をグラフで表現したり，状態が変
　化すると体積も変化することを図や絵を用いて表現したりする。

・第4学年B(4)天気の様子における自然界での水の状態変化の学習との関連
　を図り，水は100℃より低い温度でも蒸発していることを捉える。

┌─ コラム ────────────────────────────
「蒸発と沸騰の違い」
　「蒸発」液体の表面から気体
になる現象。
　「沸騰」大気圧と蒸気圧が等
しくなり，液体の内部からも
蒸発が起こる現象。

図12-6　蒸発のしくみ
└──────────────────────────────────

・日常生活との関連として，鉄道のレールの継ぎ目，道路橋の伸縮装置，冷暖
　房時の空気循環の効果などがある。

(オ)安全に配慮するように指導

・火を使用して実験したり，熱した湯の様子を観察したりする際には，火傷な
　どの危険を伴うので，保護眼鏡を着用する。

・使用前の器具の点検，加熱器具などの適切な操作の確認など，安全に配慮す
　るように指導する。

(2) 単元目標

　金属，水及び空気の性質について，「体積や状態の変化，熱の伝わり方に着
目して，それらと温度の変化とを関係付けて，金属，水及び空気の性質を調べ
る活動を通して，それらについての理解を図り，観察，実験などに関する技能
を身に付けるとともに，主に既習の内容や生活経験を基に，根拠のある予想や
仮説を発想する力や主体的に問題解決しようとする態度を育成する」。

(3) 本単元で育成する資質・能力に対応した評価規準

知識・技能	思考・判断・表現
(1) 金属，水及び空気は，温めたり冷やしたりすると，それらの体積が変わるが，その程度には違いがあることを理解している。 (2) 金属は熱せられた部分から順に温まるが，水や空気は熱せられた部分が移動して全	(1) 金属，水及び空気の性質について追究する中で，既習の内容や生活経験を基に，金属，水及び空気の温度を変化させたときの体積や状態の変化，熱の伝わり方について，根拠のある予想や仮説を発想し，表現するなどして解決している。

体が温まることを理解している。

(3) 水は，温度によって水蒸気や氷に変わること。また，水が氷になると体積が増えることを理解している。

(4) 金属，水及び空気の性質について，器具や機器などを正しく扱いながら調べ，それらの過程や得られた結果を分かりやすく記録している。

(2) 金属，水及び空気の性質について追究する中で，既習の内容や生活経験を基に，金属，水及び空気の温度を変化させたときの体積や状態の変化，熱の伝わり方について，観察，実験などを行い，得られた結果を基に考察し，表現するなどして問題解決している。

主体的に学習に取り組む態度

・金属，水及び空気の性質についての事物・現象に進んで関わり，他者と関わりながら問題解決しようとしている。

・金属，水及び空気の性質について学んだことを学習や生活に生かそうとしている。

(4) 本単元で働かせる理科の見方・考え方

「見方・考え方」を働かせている姿の例	学習活動の例				
	A 問題を見いだす	B 予想をもつ	C 検証の構想	D 観察，実験と整理	E 考察・結論

【見方】
金属・水・空気を量的・関係的な見方を働かせて温度をエネルギーとして捉えたり，それぞれの粒の様子が温度によって変わることを捉えたりしている姿。
【考え方】
1. 体積の変化と温度の変化を関係付けて考えている姿・
2. 金属・水・空気の温まり方の違いと温度の変化を関係付けて考えている姿。
3. 水の状態変化と温度の変化を関係付けて考えている姿。
	1. B へこんだボールにお湯をかけたり，石鹸の膜をつけた瓶や栓をしたフラスコを温めたりするなど，生活経験を基にして予想をもつ。
	  E 閉じ込めた空気を圧すと，体積は小さくなるが，圧し返す力は大きくなることや，閉じ込めた空気は圧し縮められるが，水は圧し縮められないことについて学習する中で，空気と水の粒の差異点に着目して表現する。
	  E 目に見えない空気にも実体があることや，水は粒がぎっしり詰まっているから圧し縮められないことを図や絵を用いて表現する。
	2. B 空気は圧せるが水は圧せないという既習内容から，「水の体積は変わらないのではないか」などの予想をもつ。
	  E 温めたり冷やしたりすると体積が変わるが，その程度には違いがあること，水は温度によって水蒸気や氷に変わること，水が氷になると体積が増えることについて，空気や水を粒で捉えて図や絵を用いて表現する。				

	3. B　液体である水の温まり方を最後に学習するようにカリキュラム・マネジメントを行うことで，水の温まり方が「固体である金属の温まり方に似ているのか」「気体である空気の温まり方に似ているのか」という視点で学習内容を根拠として予想をもつ。 C，D　水や空気の温まり方を，熱の移動と温まり方（温度）に分かれて調べる方法を考え，それぞれの方法で実験する。 E　空気・水・金属の温まり方を粒子の状態と関係付けて考察する。

(5) 単元について

　本単元は「粒子」についての基本的な概念等を柱とした内容のうちの「粒子のもつエネルギー」に関わるものであり，中学校第1分野「(2)ア(ウ)状態変化」の学習につながるものである。「金属，水及び空気の性質」は中学校では，第1学年「状態変化」の単元に関係している重要な概念となる。

　本単元について，教師が指導する上で大事な場面が3つある。

　1つ目は，各次の導入において，児童が「金属，水及び空気の性質」を学習する際の基礎条件となる一定の知識・経験・概念・動機をもたせる場面である。日常生活で物を温めたり，冷ましたりする経験があっても，その経験が体積変化について気付いている児童はほとんどいない。その際には意図的に視点をもった共通体験を行い，児童の気付きから問題を設定し，その体験を基に根拠のある予想や仮説を立てられるようにする。

　2つ目は，質的・量的な視点で捉える場面である。目の前で起こる体積変化や水の状態変化と温度変化を関係付けながら捉えるためには，実験の結果を図やグラフにして表現することで，視覚から質的・量的に捉えやすくする。

　3つ目は，加熱器具や実験器具を扱う場面である。保護眼鏡を着用することや使用前に器具の点検を行うこと，加熱器具などの適切な操作を確認することなど，安全に配慮する。また，水の体積変化を視覚的に捉えやすくするためにガラス管や漏斗に有色ゼリーを入れたり，水を凍らせる際に繰り返し使用可能なペットボトル寒剤（飽和食塩水の入ったペットボトルを冷凍庫に入れ−20℃付近の液にする。ビーカーに入れるだけで寒剤として使用できる）を使用したりするなど，より効果的・効率的に実験ができる教材の工夫をする。

(6) 児童の実態

　温められた空気やお湯は上に，冷やされた空気や冷やされた水は下にいくことについては，生活経験や知識として理解している児童は多い。空気や水の体積の変化については，生活場面で経験が不足していることから理解している児童はあまり見られない。また，水は身近な存在であり，体験することが多く，児童にとっては興味・関心が深まるところである。しかし，それらの現象と温度との関わり方については，十分な認識は育っていない。

(7) 予想や見通しを持つための工夫

①凹んだボールにお湯をかけて，膨らんだ理由を予想する。

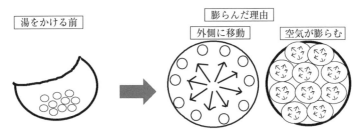

図12-7　凹んだボールにお湯をかけると，なぜ膨らむのか

②ペットボトルにビニル風船をかぶせ，
　お湯につけて膨らんだ理由を予想す
　る。
　「空気は温められると」
　　「むくむく説」→空気が膨らむ
　　「ふわふわ説」→空気が上に上がる

図12-8　空気が膨らむ「むくむく説」と空気が上に
　　　　上がる「ふわふわ節」

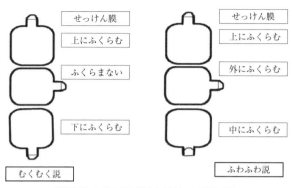

図12-9　いろいろな場合を想定して実験をする

③「ふわふわ説」「むくむく説」のそれぞれについて検証するために，見通しを持つ。風船が上下左右にある場合に膨らむかどうか予想し，実験を行う。

④水を温めるとどうなるか予想する。

「水も空気のように膨らんだり縮んだりするの？」

「空気と水の性質」で，閉じ込めた水は，圧し縮められないことを学習しているので，「水を温めても体積は変わらない」と予想する児童が多い。

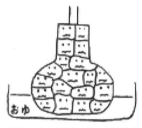

図12-10　水を温めると体積は増えるのかを予想

(8) 指導計画例（全20時間扱い）

	児童の学習活動	教師の支援○　　見方☆　評価
第一次　ものの温度と体積　6時間	1 へこんだボールに40〜50℃くらいのお湯をかけると膨らんだり，石鹸膜を付けたフラスコに温かい布をかけると膜が膨らんだりしたことから問題を設定する。【問題】空気を温めると，空気は膨らむのだろうか。 2 予想や仮説の設定，検証計画の立案，実験の実施 3 結果の処理，考察・結論	○空気を温めたり冷やしたりしたときの現象に興味をもたせ，現象が起こる理由について，既習の内容や生活経験を基に発想できるようにする。【思考力等】(1) ☆見方「体積と温度の関係について量的な視点で捉える。」

	【結論】空気の温度が変わると，空気の体積が変わる。温めると大きくなり，冷やすと小さくなる。 4 問題の設定，予想や仮説の設定，検証計画の立案 【問題】水の温度が変わると，水の体積は変わるだろうか。 5 実験の実施，結果の処理，考察 【結論】水も温めると体積は大きくなり，冷やすと小さくなる。（体積の変わり方は空気より小さい。） 6 問題の設定，予想や仮説の設定，検証計画の立案 【問題】金属の温度が変わると，金属の体積は変わるだろうか。 7 実験の実施，結果の処理，考察 【結論】金属も温めると大きくなり，冷やすと小さくなる。（体積の変わり方は空気より小さい。）	○空気の学習と同じ教材を用いることで，既習の内容や体積を基に根拠のある予想を立てられるようにする。 【思考力等】(1) ○金属球と輪を見せながら，問題を指示する。 【思考力等】(2) 【知識・技能】(1)
第二次　ものの温まり方　7時間	1 自然の事物・現象に対する気付き 写真や挿絵を基に，金属・空気・水を温めた経験を想起する。 「金属・空気・水は，どのように温まるのだろうか。」 2 問題の設定，予想や仮説の設定，検証計画の立案，実験の実施 【問題】金属はどのように温まっていくだろうか。 3 結果の処理，考察，結論 【結論】金属は，熱せられたところから順に温まっていく。 4 問題の設定，予想や仮説の設定，検証計画の立案，実験の実施 【問題】空気はどのように温まっていくだろう。 5 結果の処理，考察，結論 【結論】空気は，熱せられたところから温まり，温度の高くなった空気が上の方に	○ものが温まるしくみについて，既習の内容や生活経験を基に根拠のある予想を発想できるようにする。 【思考力等】(1) ○実際に加熱器具を扱う場合は，安全に配慮して，机上に可燃物がないようにする。 ○実験の結果を図や絵にして表現することで，視覚から質的に捉えやすくする。 ○導入で使用した教材を再度提示して，既習の内容や経験を基に根拠のある予想を発想できるようにする。 ○示温インクや示温テープを用いる際，その教材のしくみを児童に説明する。 【思考力等】(1)

	行き，上にあった温度の低い空気が下に下がってくる。こうして全体が温まっていく。 6 問題の設定，予想や仮説の設定，検証計画の立案 【問題】水はどのように温まっていくだろう。 7 結果の処理，考察。結論 【結論】水は，熱せられたところが温まり，温度の高くなった水が上の方に行き，上にあった温度の低い水が下に下がってくる。こうして全体が温まっていく。	○金属や水の温まり方，生活経験を基に根拠のある予想を考えられるよう，振り返りを十分にしてから問題を提示する。 【思考力等】(2) 【知識・技能】(2)
第三次 姿を変える水 7時間	1 自然の事物・現象に対する気付き生活の中で水を熱したり冷やしたりした経験を想起する。「水を温めたり，冷やしたりしたときの姿はどうなるだろうか」 　＊温度を変えて水の状態変化を体験することもできる。 2 問題の設定，予想や仮説の設定，検証計画の立案，実験の実施 【問題】水は冷やし続けると，どうなるだろうか。 3 結果の処理，考察，結論 【結論】水は，冷やし続けると0℃になり，氷になる。全部の水が氷になると，さらに温度が下がっていく。水が氷になると，体積が大きくなる。 4 問題の設定，予想や仮説の設定，検証計画の立案，実験の実施 【問題】水は，熱し続けると，どうなるだろうか。 5 結果の処理，考察，結論 【結論】水は，熱し続けると100℃くらいになり，水の中から泡が出てくる。この状態から熱し続けても，温度は100℃くらいのままで変わらない。泡が出る状態を沸騰という。 6 問題の設定，予想や仮説の設定，検証計	○水が状態変化する原因について，既習の内容や生活経験を基に発想し，温度と関連付けるようにする。 【思考力等】(1) ○水を冷やしたときの既習内容と生活経験を基に根拠のある予想を発想し，温度と関連付けながら考えるようにする。 ○時間と温度変化をグラフにしながら水の状態を確かめることで，水の状態変化や体積変化と温度について，質的・量的な視点で捉えることができるようにする。 【思考力等】(1) ○熱し続けると，水の体積が減っていくことと，泡が出ていることを捉えるようにする。 ○泡は空気か水蒸気かで意見が分かれることが多い。 【知識・技能】(4)

画の立案，実験の実施 【問題】沸騰する水から出ている泡の正体はなんだろうか。 7 結果の処理，考察，結論 【結論】水から出ている泡は，水が変化した水蒸気。	○水蒸気は目には見えないが高温であることを確認し，安全への配慮をする。 【思考力等】(2) 【知識・技能】(3)

(9) 単元でポイントとなる時間（10 ／ 21時間）

①本時の目標

　温度変化と水の温まり方を関係付けて考察し，自分の考えを表現している。

②展開

児童の学習活動	教師の支援○　評価☆
【前時の振り返り】 ・金属や空気の温まり方について学習したことを確認する。 【問題の設定】 　問題　水は熱せられたところからどのように温まるのだろうか。 【予想】 ・ビーカーに入った水を熱したときの温まり方や空気の温まり方について生活経験を基に予想や仮説を持つ。 ・水は，空気のように自由に動くことができるので，熱せられたところから上がっていき，上から順に温まっていく。 ・水は，金属のように目に見えるので，金属のように熱せられたところから順に熱が伝わりながら温まっていく。 【検証計画の立案】 ・予想を確かめるための方法を考え，発表する。 ・予想と一致した場合の結果の見通しを考え，発表する。 〈水の動き〉 　空気の動き方を線香の煙で調べたように，水に絵の具のよ	○前時までの実験結果や結論を基にしたり，生活経験を想起したりしながら，根拠のある予想や発想ができるようにする。 ・水の温まり方について，判断の根拠や理由を説明できるようにするために，熱せられた水の動きだけでなく，水の温度変化の実験結果から全体的な傾向を読み取ることができるような実験方法を考えるようする。 ・火の扱いや器具の使用につ

うな物を入れて，水の動きを調べる。（示温インク） 〈温度の変化〉 空気の温まり方を調べたように，示温インクで温度の変化を調べよう。 【実験】 ・必要な器具を用意して，考えた方法で実験する。 ・示温インクの色の変化や動きを観察する。 ・実験結果をワークシートに記入する。 【結果】 各グループの実験結果を確認し，全体的な傾向を読み取る。 ・示温インクは，熱せられたところがピンクになり，上に動き，横に広がって，徐々に下に動いた。 【考察】 実験結果を基に考えたことを言葉にまとめ，ノートに書く。 ・水は熱せられたところから上に動いて，上から下へ全体が温まると考えられる。 【結論】 水は，空気のように熱せられたところから上に動いて，上から下へ全体が温まる。	いて指導し，安全に配慮する。 ・実験がうまくいかなかったり，予想と異なる結果が得られたりした場合は，実験を再度行うように促す。 ・実験で得られた結果から全体的な傾向を読み取り，原因と結果を関係付けながら考察するようにする。 ・水が熱せられたところからどのように温まるのかを解釈し，言葉でまとめる。 【思考・判断・表現】 温度変化と水の温まり方を関係付けて考察し，自分の考えを表現している。

（10）単元でポイントとなる時間（4／21時間）

①本時の目標

　水の体積と温度について量的な視点で捉え，既習の内容や生活経験を基に，根拠のある予想や仮説を発想し表現するとともに，体積が増えることを理解している。

②展開

児童の学習活動	教師の支援○　評価☆
・問題の設定（水を半分くらい入れたペットボトルを，50℃くらいの水に入れて温める様子を見て，問題を想起させる。） 「空気のときは，体積が増えたけど，水は増えたのかはっきり分からない」 問題　水を温めると，水はふくらむのだろうか。 水の温度が変わると，水の体積は変わるかどうか，自分の考えを根拠とともに書き話し合う。	○空気の学習と同じ教材を用いることで，既習の内容や体積を基に根拠のある予想を立てられるようにする。 ○水の温度と体積変化を関連付けた絵や図を用いて考え，

「空気は温度が上がれば体積が増え
たので，水も同じように体積は増え
ると思う」
「水の入ったペットボトルを凍らせ
たら膨らんだから，温めたら体積が
減ると思う。」
「閉じ込めた水は，圧し縮められなかったから，増えないと思
う」

【検証計画の立案】
どうしたら水の体積が変わるのかを確かめられるかどうかを
考える。
・空気の実験で使った，丸底フラスコにガラス管を付けた器
　具だと，ゼリーの動きで体積の変化を調べることができそ
　うだ。
【実験】
・50 ～ 60℃のお湯で温める。
【結果】
ゼリーが上がった。
【考察】
ゼリーが上がったのは，水の温度が上がって体積が増えたと
考える。
【結果】
水を温めると，体積が増える。
・振り返り
ものごとをつなげて，根拠のある予想ができたかを考え，発
表する。

量的な視点で捉えるように
する。
☆【思考力等】(1)
　既習の内容や生活経験を基
に水の体積変化と温度変化を
関係付けて根拠のある予想を
考え，表現している。

○ガラス管のゼリーの位置に
　サインペンで印を付ける。

○フラスコの中の空気や水の
　様子を絵や図で表現させる
　ことで，具体的なイメージ
　がもてるようにする。

2. 第6学年の指導例

「水溶液の性質」
(1) 学習内容
学習指導要領　物質・エネルギー　「水溶液の性質」

> 　水溶液について，溶けている物に着目して，それらによる水溶液の性質や働きの違いを多面的に調べる活動を通して，次の事項を身に付けることができるよう指導する。
> ア　次のことを理解するとともに，観察，実験などに関する技能を身に付けること。
> 　(ｱ)水溶液には，酸性，アルカリ性及び中性のものがあること。
> 　(ｲ)水溶液には，気体が溶けているものがあること。
> 　(ｳ)水溶液には，金属を変化させるものがあること。
> イ　水溶液の性質や働きについて追究する中で，溶けているものによる性質や働きの違いについて，より妥当な考えをつくりだし，表現すること。

文部科学省『学習指導要領（平成29年告示）解説　理科編』より

(2) 単元目標
　水溶液について，水に溶けている物に着目し，それらによる水溶液の性質や働きの違いを多面的に調べる活動を通して，水溶液の性質や働きについての理解を図り，観察，実験などに関する技能を身に付けるとともに，主により妥当な考えをつくりだす力や主体的に問題解決しようとする態度を育成する。

(3) 単元について
　第5学年「A(1)物の溶け方」の学習を踏まえて，「粒子」についての基本的な概念等を柱とした内容のうちの「粒子の保存性」，「粒子の結合」に関わるものであり，中学校第1分野「(2)ア(イ)水溶液」，「(4)ア(イ)化学変化」の学習につながる。

①水溶液の性質や働きの違い
ア・水溶液には，色やにおいなどの異なるものがある。
　・無色透明な水溶液でも，溶けている物を取り出すと違った物が出てくる。
　・リトマス紙などを用いて調べることにより，水溶液は酸性，アルカリ性，中性の3つの性質にまとめられる。
イ・気体が溶けている水溶液の性質や働きを多面的に調べる。
　・水溶液を振り動かしたり温めたりすると，気体を発生するものがある。

・発生した気体を調べると，その気体特有の性質を示すものがある。

・発生した気体は再び水に溶ける。

・水溶液を加熱すると，固体が溶けている場合と違って，何も残らないものがあることから，溶けていた気体が空気中に出ていった。

ウ・水溶液には，金属を入れると金属が溶けて気体を発生させたり，金属の表面の様子を変化させたりするものがある。

・金属が溶けた水溶液から溶けている物を取り出して調べると，元の金属とは違う新しい物ができていることがあることを，実験を通して捉える。

エ・水溶液は，炭酸水，薄い塩酸，薄い水酸化ナトリウム水溶液などが考えられる。

オ・鉄やアルミニウムなど，生活の中でよく見かけるもので性質やその変化が捉えやすい金属を使用する。

②多面的に調べる活動

・水溶液の性質や金属の質的変化について，多面的に調べた結果を表に整理したり，そこから考えたことを図や絵，文を用いて表現したりするなど，水溶液の性質について考えたり，説明したりする活動。

・日常生活との関連として，身の回りで使用されている酸性やアルカリ性の水溶液を調べる。

(4) 安全に配慮するように指導

・実験に使用する薬品については，その危険性や扱い方について十分指導するとともに，保護眼鏡を使用するなど，安全に配慮するように指導する。

・使用した廃液などについても，環境に配慮し適切に処理する必要があることを指導する。

(5) 評価規準

知識及び技能	思考力・判断力・表現力等
(1) 水溶液には，酸性，アルカリ性及び中性のものがあることを理解している。 (2) 水溶液には，気体が溶けているものがあることを理解している。 (3) 水溶液には，金属を変化させるものがあることを理解している。 (4) 水溶液の性質や働きについて，観察，実験などの目的に応じて，器具や機器などを選択して，正しく扱いながら調べ，それらの過程や得られた結果を適切に記録している。	(1) 水溶液の性質や働きについて，問題を見いだし，予想や仮説を基に，解決の方法を発想し，表現するなどして解決している。 (2) 水溶液の性質や働きについて，観察，実験を行い，溶けているものによる性質や働きの違いについて，より妥当な考えを作り出し，表現するなどして問題解決している。

主体的の学習の取り組む態度
・水溶液の性質や働きについての事物・現象に進んで関わり，粘り強く，他者と関わりながら問題解決しようとしている。 ・水溶液の性質や働きについて学んだことを学習や生活に生かそうとしている。

(6) 本単元で働かせる理科の見方・考え方

【見方】
　水溶液の性質や質量に着目して，定性的・定量的に調べている。

【考え方】
　実験結果から，質的・実体的な見方を働かせて，金属の質的変化を捉えている。
　金属が質的変化したことから，水溶液の性質や働きを多面的に考えている。

（7）見方・考え方を働かせる場面

①金属などが，液体の影響を受けている様子を観察することを通して，水溶液の性質についての問題を見いだす。

「見方・考え方」を働かせている姿の例	学習活動の例				
	A 問題を見いだす	B 予想をもつ	C 検証の構想	D 観察，実験と整理	E 考察・結論
【見方】 水溶液の性質や質量に着目して，定性的・定量的に調べている姿。 【考え方】 実験結果から，質的・実体的な見方を働かせて，金属の質的変化を捉えている姿。 金属が質的変化したことから，水溶液の性質や働きを多面的に考えている姿。	A 金属などが，液体の影響を受けている様子を観察することを通して，水溶液の性質についての問題を見いだす。 C 通電，塩酸を溶かす，水に溶かす，重さを量る等の実験方法と結果の見通しをもつ。 D 元の金属の性質や重さと比べて観察，実験する。 E 予想や結果を比べて多面的に考えられることを分析し，言葉や図などを用いて表現する。 E 子どもの考察の表現を黒板に整理し，共通することから結論を出す。				

見方・考え方を働かせる手立て
「水筒に，スポーツ飲料や炭酸水を入れないのは，なぜか。」と問いかける。中毒例を紹介し，乳白色の液体が，青緑色に変化したことを考えさせることで，児童の見方のつぶやきを引き出し，問題の見出しにつなげる。

②E予想と結果を比べて多面的に考える。

「見方」質的・実体的な視点で捉える。 「考え方」 多面的に考える
・出てきた白い粉は，食塩水を蒸発させて食塩が出てきたのと同じように，もとのアルミニウムだと思う。→「アルミニウムかもしれない」 ・見た目がアルミニウムと違う。→「アルミニウムではないと思う」 ・白い粉に磁石を近付け，引き付けられるか調べる。→「引き付けない」 ・白い粉が塩酸にどのように溶けるか調べる。→「泡がでない」 ・白い粉に電気を通し，豆電球が光るか調べる。→「電気を通さない」 ・白い粉が水にとけるか調べる。→「溶けた」 ・溶かす前のアルミニウムと出てきた白い粉の重さを量る。→「重い」

(8) 指導計画例（全9時間扱い）

	児童の学習活動	教師の支援○見方☆評価
第一次 酸性・中性・アルカリ性	・1水筒の説明書に対する気付きから，問題を設定する。 ・炭酸水やスポーツドリンクは入れてはいけないと書いてある。水やお茶は入れてもよい。この違いを探るという意識をもち単元を貫く問題を「なぜ水筒にはスポーツ飲料や炭酸水を入れないのだろうか」とする。 【問題】水や麦茶と，炭酸水，スポーツドリンクの違いは何だろう。 2・3予想や仮説の設定，検証計画の立案，実験の実施，結果の処理，考察・結論 【結果】中性（水，食塩水）酸性（スポーツドリンク，塩酸）アルカリ性（アンモニア水，重曹） 【結論】水溶液には，酸性，中性，アルカリ性がある。	○4つの水溶液（炭酸水，塩酸，アンモニア水，食塩水）のにおいや見た目，蒸発させたときの様子を調べる。 【思考力等】(1)(2) 【知識・技能】(1)
第二次 気体が溶けている水溶液	【問題】水と違って炭酸水のシュワシュワの正体は何だろう？ ○炭酸水から出る泡の正体について予想や仮説の設定。 ○実験の計画を立て，実験する。 ○実験の実施，結果の処理，考察。 【結果】・石灰水を入れると白濁し，線香の火が消えた。 ・蒸発実験で，残留物がない。 ・蒸発実験で，残留物がないことから，気体が溶けていることを推論する。 【結論】水に二酸化炭素を溶かすと炭酸水ができるので，炭酸水は二酸化炭素が溶けている。	◇泡について，既習経験を活用して話し合わせる。 ◇石灰水を使用する際，保護眼鏡を着用する。 ◇安全に扱える炭酸水で実験する。 【思考力等】(1)(2) 【知識・技能】(2)
第三次 金属を変化させる水溶液	【問題】酸性（塩酸）の液体は金属（アルミ）を溶かすのだろうか。 ○予想や仮説の設定。 ・5年生で学習した食塩のように，アルミニウムが塩酸の中にある。 ・泡や熱が出たから，食塩のときと違った物になっている。 ○実験の計画を立て，実験する。 ・塩酸にアルミニウムをとかした液体を蒸発させてみる。 ・析出物を元のアルミニウムと比較する。 ・析出物に塩酸を注いで反応を調べる。 ・析出物を水に溶かしてみる。	◇塩酸やアンモニア水に溶けている気体については，教科書などを活用して指導する。 【思考力等】(1)

・析出物に電気を通してみる。 ○実験の実施，結果の処理，考察。 　複数の記録を表などに記録する。 【結果】 ・塩酸に入れても溶けなかった。 ・電気を通さない。 ・水に溶けた。 ・塩酸がアルミニウムを溶かす様子を観察し，水溶液の 　中には金属を溶かす働きをもつものがあることを知る。 【考察】 複数の実験の結果から，塩酸に溶けたアルミニウムは， 別の物に変化したといえる。 【結果】塩酸に溶けたアルミニウムは別の性質のものに なった。	【思考力等】(2) 【知識・技能】(4) 【知識・技能】(3)

(9) 単元でポイントとなる時間（8・9 / 9時間）

> 【前時まで】
> ・塩酸がアルミニウムや鉄を溶かすかどうか調べる。
> ・薄い塩酸にアルミニウムを溶かした液を蒸発させたときの様子について，これまでの既習の
> 　内容や生活経験を基に予想や仮説をもつ。
> ・実験方法を考え，実験する。
> ・実験結果を基に，溶けたアルミニウムが塩酸の中にあるかどうかを考え，発表する

①本時目標

　水溶液中に見えなくなった金属について複数の結果から，より妥当な考えをつくりだし，水溶液には，金属を変化させるものがあることを理解し表現している。

②展開

第2次　金属を変化させる水溶液	
「塩酸にアルミニウムを入れ，液を蒸発させて残った白い粉は，アルミニウムなのだろうか？」	
1. 予想 ○白い粉について予想したことをワークシートに記入し，発表し合う。	■白い粉の正体について予想したことを書き込む。 ■考えた実験方法を記述する。

・出てきた白い粉は，食塩水を蒸発させて食
　塩が出てきたのと同じように，もとのアル
　ミニウムだと思う。
・見た目がアルミニウムと違うので，アルミ
　ニウムではないと思う。
2．検証計画の立案
実験方法
・白い粉に電気を通し，豆電球が光るかどう
　か調べる。
・白い粉に磁石を近付け，引き付けられるか
　調べる。
・白い粉が水に溶けるか調べる。
・白い粉が塩酸にどのように溶けるか調べる。
・溶かす前のアルミニウムと出てきた白い粉
　の重さをはかる。
○予想が正しかった場合の実験結果について
　見通しをもつ。
・電気を通す→アルミニウムなら豆電球が光
　る。
・磁石を近付ける→アルミニウムなら引き付
　けられない。
・水に溶かす→アルミニウムなら溶けない。
・塩酸に溶かす→アルミニウムなら泡を出し
　て溶ける。
・重さをはかる→アルミニウムなら同じ重さ。
3．実験
4．結果
○実験結果を基にアルミニウムかどうかを判
　断し，ワークシートに記入する。
・豆電球は光らなかった。
・磁石に引きつけられなかった。
・水に溶けた。
・塩酸に溶けるとき泡が出なかった。
・元のアルミニウムより重くなっていた。
5．考察
・白い粉を回路の間にはさむと，豆電球は光
　らなかったので，白い粉は，電気を通さな
　いといえる。だからアルミニウムではない
　と考えられる。

○白い粉がアルミニウムかどうかを判別する
　ための実験方法を発想し，予想が確かめら
　れたときの実験・結果に見通しをもち，表
　現している。（思考・判断・表現）
◇実験方法別のグループをつくる。
○金属が溶けた水溶液を蒸発させて残った白
　い粉について，様々な実験結果から多面的
　に捉えてより妥当な考えをつくりだし，表
　現している。（思考・判断・表現）

・白い粉は，磁石に引きつけられなかったので，
　アルミニウムであるといえる。
・白い粉は，水に溶けたので，アルミニウム
　ではないと考えられる。
○実験や考察した内容の妥当性について話し
　合う。
・他の実験結果から白い粉はアルミニウムで
　はないと判断してもよさそう。
【結論】
実験結果を合わせて考えると，白い粉はアル
ミニウムではない別の性質の物に変わったと
考えられる。
○本時の活動を振り返る。
　鉄が溶けた液から出てきた固体も調べたい。

課　題

1. A区分「粒子」におけるねらい，内容，中学校までの系統についてまとめなさい。
2. A区分「粒子」の一つの学年を取り上げて，指導計画を参考に本時展開を作成しなさい。

参考文献

有馬武裕監修『つなげる！つながる‼理科の指導』啓林館，2019年

石井恭子編著『小学校理科』玉川大学出版部，2017年

梅木信一編著『小学校指導法　理科』玉川大学出版部，2011年

NHKふしぎエンドレス4年生「空気をあたためると？」

NHK for school 理科クリップ（各QRコード）

国立教育政策研究所『全国学力学習状況調査　授業アイディア例』

国立教育政策研究所『全国学力・学習状況調査の調査結果を踏まえた理科の学習指導の改善・
　充実に関する指導事例集』2017年

日置光久/田村正弘/川上真哉「小学校教育課程実践講座」ぎょうせい2018年

森本信也編著『理科授業をデザインする』東洋館出版社，2017年

文部科学省『小学校学習指導要領（平成29年告示）解説　理科編』東洋館出版社，2018年

文部科学省「中学校学習指導要領（平成29年告示）解説　理科編」東山書房，2017年

横浜市教育委員会『横浜市立学校カリキュラム・マネジメント要領理科編』2018年

横浜市立井土ヶ谷小学校H29年度授業研究会指導案集　2017年

「問題解決で目指す力」「考え方」と「見方」（粒子）

思考力・判断力・表現力　考え方		粒子の存在	粒子の結合	粒子の保存性	粒子の持つエネルギー
		見方・視点　　　　：　　　質的実体的			
小学校3年生	同時に複数の事象を　時間的前後の関係で　比較しながら　差異点や共通点を基に、問題を見出す		物と重さ（視点　形や体積） ・形と重さ (ア)物は、形が違っても重さは変わらない。 ・体積と重さ (イ)物は、体積が同じでも重さは違うことがある		
小学校4年生	既習の内容や生活経験と　変化とそれに関わる要因を　関係づけて　根拠のある予想や仮説を発想する	空気と水の性質 （視点　体積やおし返す力の変化） 空気の圧縮 (ア)閉じ込めた空気を圧すと、体積は小さくなるが、圧し返す力は大きくなる 水の圧縮 (イ)閉じ込めた空気は圧し縮められるが、水は圧し縮められない	金属、水、空気と温度 （視点　体積や状態の変化、熱の伝わり方） ・温度と体積の変化 (ア)金属、水及び空気は、温めたり冷やしたりすると、それらの体積が変わるが、その程度には違いがある。 ・温まり方の違い (イ)金属は熱せられた部分から順に温まるが、水や空気は熱せられた部分が移動して全体が温まる ・水の三態変化 (ウ)水は、温度によって水蒸気や氷に変わる　水が氷になると体積が増える		
小学校5年生	変化させる要因と変化させない要因を区別し　条件を制御しながら　予想や仮説を基に、解決の方法を発想する		物の溶け方（均一性を含む）（視点　溶ける量や様子） ・重さの保存 (ア)物が水に溶けても、水と物とを合わせた重さは変わらない ・物が水に溶ける量の限度 (イ)物が水に溶ける量には、限度がある ・物が水に溶ける量の変化 (ウ)物が水に溶ける量は水の温度や量、溶けるものによって違う　この性質を利用して溶けている物を取り出すことができる		
小学校6年生	互いの予想や仮説を尊重し　方法を振り返り、再検討し　多面的に　複数の結果を基に考察し　より妥当な考えを作り出す	燃焼の仕組み （視点　空気の変化） ・燃焼の仕組み (ア)植物体が燃えるときには、空気中の酸素が使われて二酸化炭素ができる。	水溶液の性質　（視点　溶けているもの） ・酸性、アルカリ性、中性 (ア)水溶液には、酸性、アルカリ性及び中性のものがある ・気体が溶けている水溶液 (イ)水溶液には、気体が溶けているものがある ・金属を変化させる水溶液 (ウ)水溶液には、金属を変化させるものがある		
中学校	規則性、関係性、共通点や相違点、分類するための観点や基準を見出す	物質のすがた　　水溶液とイオン　　化学変化　　水溶液 物質の成り立ち　化学変化と電池　化学変化と物質の質量　状態変化			自然環境の保全と の科学技術の利用
学びに向かう力・人間性など		主体的に問題解決しようとする態度を養う　・　生物を愛護する（生命を尊重する）態度を養う 意欲的に事象に関わる　粘り強く問題解決　他者と関わりながら、学んだことを事象や生活に当てはめる			

「生命」を柱とする領域の授業づくり

　本章の学習対象は，人間を含む全ての生物と環境とのつながりである。児童は，生活科の学習段階で動植物の飼育・栽培を通した身近な自然との触れ合いの中で，様々な気付きや学びを体験している。

　ここでは，これらの体験を基に，生態系レベルとして，主として多様性・共通性の見方で「生命」の仕組みや働きを学ぶことになる。未来をより豊かな社会にするために，児童自身が未来に夢をもち，前向きに取り組む姿勢，全ての生物や環境に敬意をもち，協調して生きていく態度を大切にしたい。

キーワード　多様性・共通性　環境　生態系　生命を尊重する態度

第1節　「生命」の学習のねらいと内容

1．学習のねらい

　本領域では，動植物の飼育・栽培などの体験活動を通して，自然を愛する心情や主体的に問題解決しようとする態度，また，生命の連続性や神秘性に思いをはせたり，自分自身を含む動植物は互いに繋がっていて，周囲の環境との関係の中で生きているのだと考えたりして，生命を尊重する態度を育む。

　児童は様々な自然の事物・現象を対象とした学習を通して，生物と環境との関わりの中で，生命現象を維持していることを学ぶ。このような特性をもった対象に主体的，計画的に諸感覚を活用して働きかけ追究し，対象の成長や働き，環境との関わりなどについての考えを構築する。

2. 学習内容

本領域では，主として「多様性・共通性」の見方で捉えることが，特徴的な視点として示されている。色・形・大きさ…など着眼点を変えることで，見方は変わる。色を基準にして見ると同じように見えていたものが，形を基準にすると全く違うものに見えることもある。何を基準にするか，何によって分類するかによって，一つの生物のもつ特徴に気付いたり，構造の巧みさや面白さに迫ったりする工夫を大切にしたい。

その際，地域性を生かし，地域の特徴的な動植物を取り上げることによって，身近な自然に愛着をもつようにする。また，生物の採取は必要最小限にとどめ，生態系の維持に配慮するようにし，環境保全の態度を意図的・計画的に育てる。

(1) 第3学年

生活科で慣れ親しんできた構内や近くの公園などのフィールドを中心に学習活動の場を設定し，その中で，理科としての新たな視点で自然を見つめ直し，自然に対する自分なりの見方・考え方をもたせる。その際は，諸感覚を活用した直接体感を重視する。

また，観察，実験の基礎として，①視点を決めて詳しく見る　②計画的に観察する　③変化の様子を予想する　④器具を目的に応じて有効に活用する，などを身に付けさせる。

(2) 第4学年

生物の様子の変化を1年間継続して，愛着をもって調べていくことを意識付けるとともに，その変化は連続しており，暖かさと関係があるらしいという見通しをもって学習に取り組ませる。

学習のポイントとして，①各季節の生物の様子を丁寧に観察させ，確実に捉える　②各季節の生物の様子の変化に気づく　③季節による変化の要因を考える　④自分なりの根拠をもって，次の変化を予想する　⑤予想を基に観察し，生物の様子の変化を捉える，などを身に付けさせる。

(3) 第5学年

植物の発芽，成長，結実，動物の誕生について，個別に学習した内容を関係

づけ，植物と動物に共通した生命をつないでいく仕組みや，生命の連続性，大切さを，総合的・統合的に捉えさせる。

　生命尊重の立場からは，実験に使用した動植物を枯死させないよう配慮する。

（4）第6学年

　個別に学習した内容を自らの生活に関係付け，総合的・統合的な視点から人の体のつくりや働きを理解したり，尊重したりしようとする心情や態度を育てる。また，持続可能な社会の構築という視点で，自らの問題として捉えさせる。

第2節　「生命」の学習教材の研究と開発

　児童は，同じ事物・現象を見ても，一人ひとりの見方・考え方の違いによって，全てが同じように感じるとは限らず，全く違っていることもある。また，当たり前に見えていたことにも，新たな発見があることもある。日常的な事物・現象に「あれ？」と思う目と心，「なぜだろう？」と不思議に向き合う姿勢が，理科としての学びに繋がる。

　安全は最優先であるが，子どもの思考を大切にした問題解決の学習過程を基に，主体的・対話的で深い学びを重視した学習展開を意図的・計画的そして継続的に考えることを重視したい。特に，本領域では，野外に出かけ，直接自然に親しむ体験的な活動を多く取り入れ，生命を尊重できる，美しいものへの感動や不思議な現象への驚きといった感性の動きも大切にしたい。

　以下に，授業実践に当たっての機器の有効活用等について述べる。

1．第3学年

（1）虫眼鏡（ルーペ）の使い方

　昆虫の小さな卵や花の詳しい観察などに，虫眼鏡が活用できる。

　虫眼鏡は，目に近づけた状態で利き手と反対の手で持ち，利き手には観察対象を持ちながら虫眼鏡に近づけたり遠ざけたりして，その観察対象の像がはっきり見える位置を探す。観察対象を動かせない時には，虫眼鏡を目に近づけて持った状態で，そのまま観察対象の像がはっきり見える位置を探す（図13-1）。

○対象物を動かせる時

　①虫眼鏡を目に近づけ，固定する。

　②対象物を動かして，はっきり見えるところで止める。

○対象物を動かせない時

　①虫眼鏡を目に近づけ，固定する。

　②目・虫眼鏡を動かして，はっきり見えるところで止める。

　虫眼鏡をなるべく目に近づけてもつ理由は，見える範囲（視野）を広く保つためである。また，虫眼鏡の倍率が高くなればなるほど，レンズの中心部の厚みが増し，焦点距離も短くなる。観察対象をより虫眼鏡に近づけて持つ必要が出てくるため，児童にとっては扱いにくくなる。見える範囲も小さくなり，児童の目の負担が大きくなるので，長時間の使用は避けるようにする。

図13-1　対象物を動かしたり，虫眼鏡を動かしたりして焦点を合わせる

（2）いろいろな昆虫の体のつくり

　昆虫の仲間でも，胸部の定義が難しかったり，一部が退化したりして，定義に当てはまらないものもいる。

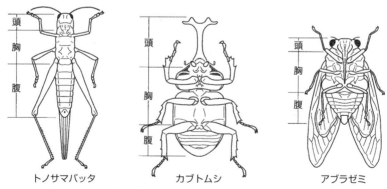

頭
胸
腹

トノサマバッタ

頭

胸

腹

カブトムシ

頭
胸
腹

アブラゼミ

図13-2　昆虫によって胸部の定義が難しかったり羽の一部が退化しているものもあり，定義に当てはまらないこともあるが，昆虫は足が6本というのは基本である

（3）モンシロチョウの幼虫の体のつくり

　幼虫の体も，成虫と同じように頭，胸，腹からできている。足は，胸に6本，腹に10本の合計16本である。腹にある足の先には，細い毛がたくさん生えており，葉の上を滑らずに歩くことができるようになっている。頭には，大きなあごがあり，これを左右に動かして葉を切り取り，食する。

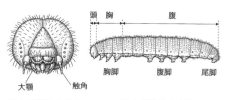

幼虫の頭のつくり　　　幼虫の体のつくり

図13-3　モンシロチョウ幼虫の頭のつくりと体のつくり

（4）チョウに蜜を吸わせる方法

　羽化したチョウは，産まれた日には食べ物を取らないのが一般的である。1〜2日間たってから餌を与えるようにする。餌は，蜂蜜，砂糖，ジュースなど，甘味のある液体なら何でも良い。糖分を5〜10%程度に薄めて，多量に与える。

　モンシロチョウは，前足で味を感じるので，胸部を軽くつまんで，餌を含ませた脱脂綿にとまらせると，口吻を伸ばすことが多い。自分から口吻を伸ばさない場合には，ぜんまい状の口吻の中心に，尖った爪楊枝などを入れ，口吻を引き伸ばして脱脂綿につけてあげると，吸うようになる。

口吻を伸ばして吸う。

薄い砂糖水を染み込ませた脱脂綿

口吻を伸ばさない場合

爪楊枝

図13-4　狭い飼育器で飼育すると自分からは吸わないこともあるから強制的に吸わせる

2．第4学年

（1）記録カードの書き方

　観察や実験をしたときは，思考等を深めるための記録のとり方が重要になる。デジタルカメラやコンピュータとの併用も考えられる。

①調べた月日と時刻，気温，天気などの必要な情報を記録する。

②調べたことを，絵や文で詳しく記録する。

　○絵は，実物をよく見て，大きく，はっきりと描く。

　○比較のために，色・大きさ・形など，記録するポイントを決めておく。

　○実物や写真を貼ってもよい。

③分かったことや感想，疑問などを記録する。

（2）暖かさと生き物の変化のまとめ・例

表13-1　季節による昆虫や植物の変化

	4月	5月	6月	7月	8月
アゲハの様子	成虫が羽化し卵を産む		幼虫が育って蛹や成虫になる		
オオカマキリの様子	卵で冬を越す	幼虫が生まれる		幼虫が成長する	
サクラの様子	花が咲く　　葉が出る	実になる	実が熟す　葉が茂り，新しい枝が伸びる		
ヘチマの様子		種を撒く　芽が出る	つるが伸び，つぼみができる　雄花・雌花が咲く		
季節変化と気温	13℃　　16℃　少しあたたかい	23℃　あたたかい	22℃　梅雨のころは少し寒い	28℃　暑くなる	

9月	10月	11月	12月	1月	2月	3月
成虫が卵を産む　幼虫が育って，蛹になる		成虫が死ぬ		蛹で冬を越す		
成虫が見られる　　成虫が卵を産む		成虫が死ぬ		卵で冬を越す		
枝の色が変化する　葉の色が変化する		葉が落ちる	枝に芽をつけて冬を越す		芽が膨らむ	
実ができる　実が熟す		枯れる・種ができる		種で冬を越す		
21℃　すずしくなってくる	18℃　寒くなってくる		12℃　朝と夕方は寒い	5℃　とても寒い		7℃　あたたかい日がある

3. 第5学年

(1) 顕微鏡の種類と使い方

　顕微鏡を使うと，目では見えにくい小さなものや細かいつくりを調べることができる。観察対象の大きさや目的に応じて，顕微鏡の種類を選ぶ。

○顕微鏡（倍率　50～1000倍）

①対物レンズを一番低い倍率にする。接眼レンズを覗きながら，反射鏡を動かして明るくする。

②ステージにプレパラートを置き，クリップで止める。

③真横から見ながら，調節ねじを回して，対物レンズにプレパラートをできるだけ近付ける。

④調節ねじを少しずつ回して，対物レンズからプレパラートを遠ざけていき，はっきり見えるところで止める。

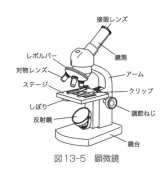

図13-5　顕微鏡

○解剖顕微鏡（倍率　5～20倍）

①反射鏡の向きを変えて，見やすい明るさにする。

②観察したい物（試料）をステージの中央に置く。

③真横からレンズと試料の距離を見ながら，調節ねじを回して，レンズが試料に当たらないぐらいまで下げる。

④レンズを覗きながら調節ねじを回して，レンズを上げていき，ピントを合わせる。

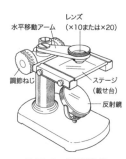

図13-6　解剖顕微鏡

○双眼実体顕微鏡（観察対象を立体的に見る）

①2つの接眼レンズを覗きながら，接眼鏡筒を広げたり狭めたりして動かし，左右の目の視野が1つになるように調節する。

②粗動ねじを緩めて大まかなピントを合わせてから，調節（微動）ねじを回して片方の目のピントを合わせる。

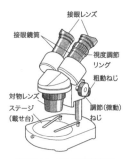

図13-7　双眼実体顕微鏡

③視度調節リングで，もう片方の目のピントを合わせて観察する。

（2）ヨウ素液の作り方と保存の仕方

　種子に含まれている養分や澱粉が唾液によって他の物質に変化することを調べるヨウ素澱粉反応に用いる。

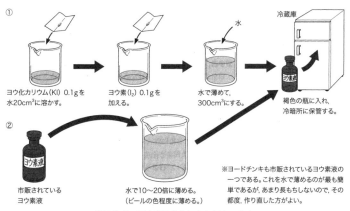

①
ヨウ化カリウム(KI) 0.1gを
水20cm³に溶かす。

ヨウ素(I₂) 0.1gを
加える。

水で薄めて，
300cm³にする。

水

冷蔵庫

褐色の瓶に入れ，
冷暗所に保管する。

②

市販されている
ヨウ素液

水で10〜20倍に薄める。
（ビールの色程度に薄める。）

※ヨードチンキも市販されているヨウ素液の
　一つである。これを水で薄めるのが最も簡
　単であるが，あまり長もちしないので，その
　都度，作り直した方がよい。

図13-8　ヨウ素液の作り方と保存の仕方

（3）メダカの飼育上の留意点
①飼育水槽の置き場所
　直射日光が当たらない明るい場所に置くようにする。メダカが繁殖するには，日光が不可欠であるが，直接当たると昼夜の水温差が激しくなるため，大きなストレスとなる。また，必要以上に藻が発生してしまう。
②水の管理
　汚れ具合に応じて，水は半分ずつ取り替えるようにすると，水槽内の環境変化を少なく抑えることができる。水の入れ替えは，水道水中に溶けている塩素を除去するために，1日以上汲み置きした水を用いる。
③メダカの管理
　購入したメダカは，病気にかかっていることもあるので，水槽に入れる前にメチレンブルー溶液等に，2日間程入れて消毒するとよい。また，急激な温度変化に弱いので，同じ水温にしてから水槽に入れるようにする。

○白点病…………直径1mm程の白点がつく。

○尾ぐされ病……ひれや尾に赤い点が出て，端からとけていく。

○カビ病…………皮膚やひれに，綿のようなかたまりがつく。

④産卵させる工夫

メダカは，水温18℃を超える4月の半ば頃から9月の初め頃まで産卵する。メダカの産卵は早朝に行われるので，授業中に観察させたい場合は，前の晩に黒い布やダンボール箱などで水槽を覆っておき，明るくなる時刻を遅らせるとよい。また，雌と雄を別の水槽に入れておき，授業時に一緒にする方法もある。

水温が18℃以下の場合には，サーモスタットとヒーターを使って，水温を上げるとよい。この時水温は，20～25℃になるように調整しておくと，よく産卵する。

（4）メダカがふ化するまでの日数と水温の関係

（恒温状態で育った場合のふ化までの目安）

15℃	約30日
18℃	約20日
20℃	約17日
25℃	約11日
30℃	約8日

図13-9　メダカがふ化するまでの日数と水温

（5）種子の蒔き方

①種子の蒔き時

種子には発芽に適した温度があり，蒔き時を外すと発芽しない。その種子の発芽適温や生育適温を確認してから蒔くようにする。

②種子を蒔いた時の土のかぶせ方

種子には，日光を好む好光性と嫌光性がある。好光性の種子は，光に反応して発芽するので，土をかけ過ぎると発芽しない。また，嫌光性の種子は，光が当たると上手く発芽しないので土を厚くかけるようにする。

③発芽率

種子によって多少の違いはあるが，蒔いた種子が全部発芽するとは限らない。必ず，確認してから蒔くようにする。また，発芽する有効期限もあり，古くなると発芽率が落ちる。

④土の選択条件

○清潔であること　　　○通気性がよいこと　　　○排水性がよいこと
○保水性がよいこと

4. 第6学年

(1) 気体検知管の使い方

空気中に含まれる種々の気体の存在を検知したり，濃度を測定したりすることのできる器具で，採取器と検知管からなる。教材として，空気中の酸素や二酸化炭素の割合を測ることができる。

①気体検知管の両端を折る。折り口でけがをしないように，「G」のマークがついている方の端にゴムのカバーをつける。

②気体採取器に気体検知管を矢印の向きに取り付ける。

③気体採取器本体の印とハンドルの数字を合わせる。

　ハンドルを引いて，気体を取り込む。決められた時間がたつまで待つ。

④決められた時間になったら，目盛りを読み取る。

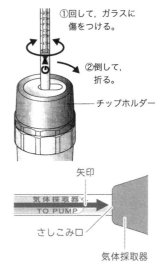

①回して，ガラスに傷をつける。

②倒して，折る。

チップホルダー

矢印

気体採取器

さしこみ口

気体採取器

図13-10　気体採取器と気体検知管の使い方

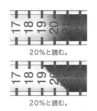

20%と読む。

20%と読む。

図13-11　気体検知管　採取後決められた時間をおいて目盛りを読み取る

(2) 植物の養分と水の通り道

　根，茎，葉には，根毛などから吸収した水や養分の通り道である道管の集まった部分（木部）と，葉の葉緑体で光合成によって作られ，水に溶ける状態になった養分の通り道である師管の集まった部分（師部）とがある。これらを合わせて維管束という。維管束は，茎では，双子葉類と単子葉類では配列が違い，これが両者を分類する目安の一つになっている。

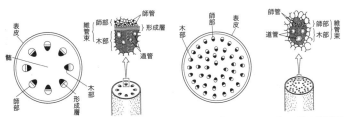

双子葉類（ホウセンカ）の茎の横断面　　単子葉類（トウモロコシ）の茎の横断面

図13-12　ホウセンカ（双子葉）とトウモロコシ（単子葉）の茎の横断面の違い

※植物体の道管を染める方法（吸水実験）
　①切り花着色剤　植物に対するダメージが少なく，色素の浸透が早い。
　　　　　　　　　確実に染色できる。
　②食紅　　　　　染まるまでに数時間かかるが，植物に対するダメージが少ない。
　③赤インク　　　吸い上げが早く，結果がすぐに出やすいが，数時間でしおれてしまう。

第3節　「生命」の学習の指導法と実践

　生命の学習では，飼育・栽培活動を通した動植物との直接体験を重視する。
　そのため，実践に当たっては，意図的・計画的で継続的な事前の準備を大切にする。しかし，生物の成長状態などによっては，計画通りに実施できない場合もあり，各教材の適期を捉えて臨機応変に指導を設定する。
　また，野外や長期にわたる観察，実験が多くなるため，正確な記録と情報の整理も大切にする。野外の学習に際しては，毒をもつ生物に注意したり，事故

に遭わないように配慮したり等，児童の安全を最優先する。

　以下，学習指導案を参考に提示する。

1．第3学年の指導事例

単元名　　「こん虫を調べよう」

(1) 目標

○野外にいる昆虫に興味をもち，先に学習したチョウと比較した差異点や共通
　点を見つける活動を通して，昆虫の育ち方や体のつくりについて理解する。

○昆虫等は，食べ物や隠れ場所などその周辺の環境と関わって生きていること
　を捉える。

○主に差異点や共通点を基に，問題を見いだす力を育み，主体的に問題解決し
　ようとする態度や生物を愛護する態度を養う。

○昆虫の扱い方や虫眼鏡の使い方，記録のとり方など，観察などに関する基本
　的な技能を身に付ける。

(2) 内容

　本単元で主体的に働かせたい考え方は「比較」，重視したい問題解決力は「問
題を見いだす力」である。問題解決力の一つとして「差異点や共通点を基に，
問題を見いだす力」を育成する際には「比較する」ことを大切にする。

　ここでは，先に学習したモンシロチョウとトンボやバッタ等を比較すること
によって，それぞれの特徴を捉えることを目的にする。差異点と共通点両方に
目を向けて比較することによって，対象のそれぞれの特徴が明確になり，解決
したい問題に的確に取り組むことができる。

　また，どんな所に昆虫等がいるか，などの調査を提案したり，自然の中に連
れて行ったりする際，昆虫等への関心や意欲を高めつつ，そこから問題意識を
醸成し，主体的に追究できるよう，意図的に活動の場を設定する。

(3) 評価規準

知識・技能	思考力・判断力・表現力等	主体的に学習に取り組む態度
○昆虫を飼育しながら，虫眼鏡などの器具を適切に使い，その成長や特徴を的確に記録している。 ○昆虫の育ち方には，一定の順序があることを理解している。 ○昆虫の体は，色・形・大きさに違いはあるが，頭・胸・腹の3つの部分からできていることなどを理解している。 ○昆虫等は，その周辺の環境と関わって生きていることを理解している。	○昆虫を飼育して観察する活動を通して，差異点や共通点を基に，昆虫の成長のきまりや体のつくりについての問題を見いだしている。 ○チョウやトンボ等の昆虫を比較し，差異点や共通点について予想をもち，表現している。 ○チョウやトンボ等の昆虫を比較し，差異点や共通点を考察し，自分の考えを表現している。 ○昆虫等のすみかを，食べ物や隠れ場所と関連付けて考えている。	○チョウ以外のトンボ等の昆虫の育ち方などに興味・関心をもち，進んで調べようとしている。 ○友だちの観察記録や考えを認め，自分の観察記録や考えを見直そうとしている。 ○昆虫等のすみかについて興味・関心をもち，進んで調べようとしている。 ○命のつながりに気付き，身の回りの生物を愛護しようとしている。

(4) 見方・考え方

①見方

　既習の学びなどを通して得られた素朴概念を生かし，共通性と多様性の視点で捉える見方を働かせて，昆虫を観察するための問題を発想したり，主体的に問題解決したりしようとする態度を養い，資質・能力を育成する。

- ●昆虫の姿の違いを色・形・大きさで比較し，共通性と多様性の視点で捉える。
- ●昆虫の体のつくりと成長について，飼育や観察を通して，共通性と多様性の視点で捉える。
- ●昆虫等と環境との関わりを，食性などとの関係的な視点で捉える。

②考え方

　数種類の昆虫の姿の違いについて，継続的に色・形・大きさや成長の過程を比較することにより，共通点や差異点に気付き，関係を見いだす力を育む。

(5) 単元について

①子どもの実態

　この時期の児童は，好奇心旺盛で生物への興味・関心が高く，進んで観察や飼育ができる。日常生活や先に学習した「チョウを育てよう」の単元で，モンシロチョウの特徴について調べたり，成長の過程を観察したりする経験を通して得られた素朴概念から，生物によって色や形，大きさが違うことや成長の過程で大きさや体のつくりが変化していることに気付いている児童もいる。

　本単元の飼育の過程において，児童は「元気に長生きさせたい」「もっと大きく育てたい」などの願いをもつ。そして，その願いを実現するため，生活環境に目を向け，それらの育つ場所，変化や成長の様子に関心をもつようになる。

　このような飼育という体験活動を通して，その成長を喜んだり，不思議さや面白さを感じたりもする。

②単元観

　身近な自然素材を生かした体験活動を重視する単元である。

　生活科「動植物の飼育・栽培」の学習を踏まえて，「生命」についての基本的な概念等を柱とした内容のうち，「生物の構造と機能」「生物と環境の関わり」に関わるものであり，第4学年「人のつくりと運動」「季節と生物」，中学校第2分野「いろいろな生物とその共通点」の学習につながるものである。

　理科の学習が第3学年から開始されていることを踏まえ，生活科の学習との関連を考慮し，体験的な活動を多く取り入れるとともに，問題解決の過程の中で，「理科の見方・考え方」を働かせ，問題を追究していくという理科の学習の仕方を身に付けることもできるようにする。

③指導観

　身の回りの昆虫等を探したり育てたりする中で，これらの様子や周辺の環境，成長の過程や体のつくりに着目して比較しながら調べ，身の回りの昆虫等と環境の関わり，昆虫の成長のきまりや体のつくりを捉えるようにする。

　また，昆虫の成長のきまりや体のつくりについて追究することを通して，昆虫の共通点や差異点を見つけることができるよう，複数の種類の昆虫を比較する活動を行う。

　昆虫を飼うことは，その昆虫のもつ特徴的な動きや生命に直接触れる体験にもなる。昆虫に親しみ，生命の尊さを実感するために，継続的な飼育を重視する。しかし，大切に育てたにもかかわらず，死んでしまう体験をすることもあ

る。昆虫の立場で考えさせることにより，昆虫を愛護しようとする態度を育む。

(6) 指導計画 （全8時間）

	○学習活動	●支援　　★評価
第一次　トンボやバッタの育ち方・三時間扱い	○トンボやバッタ等の幼虫を見つけ，問題づくりをする。 T：モンシロチョウの幼虫とトンボ・バッタの幼虫を比べると，何が同じで，何が違いますか。	●完全変態（チョウ等）以外の不完全変態（トンボ・バッタ等）の昆虫も飼育しておく。 ●モンシロチョウの幼虫とトンボ等の幼虫の比較を促す。 ★トンボ等の育ち方に興味・関心をもち，進んで成長のきまりを調べる。 〈主体的に学習に取り組む態度〉
	〔問題〕　トンボやバッタなどは，どのように育つのだろうか。	
	○観察のテーマを決める。 T：観察するテーマは何ですか。 ○観察カードに観察した事実を記録する。 ○観察した事実（観察結果）を整理する。 ●モンシロチョウの成長と同じように幼虫から成虫になる。 ●同じように育つが，さなぎにはならない。 T：テーマに沿って，考えたことが書けましたか。 ○結論を導き出す。	★トンボ等の幼虫を飼育しながら，虫眼鏡などの器具を適切に使って，その成長の変化を的確に記録することができる。 〈知識・技能〉 ●モンシロチョウとトンボ等の成長の仕方の差異点と共通点を話し合う基準をモンシロチョウとし，「モンシロチョウと比べて」という視点を明確にする。 ★モンシロチョウとトンボ等を比較することによって，差異点や共通点についての予想や仮説をもち，表現することができる。 〈思考・判断・表現等〉 ★モンシロチョウとトンボ等の比較を通して，差異点や共通点を考察し，自分の考えを表現することができる。 〈思考・判断・表現等〉
	〔結論〕　トンボやバッタなどは，たまごから幼虫になり，何度か脱皮を繰り返しながら成長する。その後，モンシロチョウのようにさなぎにはならず，羽化して成虫になる。	
		★昆虫の育ち方には一定の順序があることを理解することができる。 〈知識・技能〉

○これまで育てた昆虫の体のつくりを振り返る。	●既習のモンシロチョウ（成虫）の体のつくりの写真を提示する。
T：体のつくりで，似ているところはどこですか。	●モンシロチョウの体のつくりを記入した各自の観察カードでの確認を促す。

〔問題〕　トンボやバッタなどの体のつくりは，どのようになっているのだろうか。

第二次　昆虫のからだ・二時間扱い

○これまでに育てた昆虫の体のつくりを比較し，気付いたことを観察カードに記述し，話し合う。	★モンシロチョウとトンボやバッタ等の体のつくりを比較し，共通点を見いだす問題を把握することができる。〈思考・判断・表現等〉
T：観察するテーマは何ですか。	
○体のつくりを観察し，観察カードに記録する。	●これまで観察してきた昆虫の図等を掲示し，体のつくりの違いを振り返るよう促す。また，共通点はあるか，比較できるようにする。
○観察した事実（観察結果）を整理する。	
○結果から考えたことを表現する。	★昆虫同士を比較して，差異点や共通点を考察し，自分の考えを表現することができる。〈思考・判断・表現等〉
●トンボやバッタの体のつくりは，モンシロチョウと似ている。	
●頭・胸・腹の3つの部分に分かれている。	
●足が胸の両側に3本ずつ6本ある。	
T：テーマに沿って考えたことをまとめましょう。	●共通点を中心に話し合うことによって，昆虫（成虫）の体のつくりを一般化するよう促す。
○結論を導き出す。	

〔結論〕　モンシロチョウやトンボなど昆虫の体は，頭，胸，腹の3つの部分からできていて胸に足が6本ある。

○結論のような体のつくりをしているものを昆虫という。	★昆虫の体は，頭，胸，腹からできていることを理解することができる。〈知識・技能〉
○学校園などで昆虫探しをし，見つけた昆虫等を観察する。	●学校園などの「生き物マップ」を見て，どんな所にどんな昆虫がいたか，昆虫の特徴について振り返る。
●ダンゴムシやクモは昆虫ではない。	
●昆虫等がいる場所に違いがある。	★モンシロチョウ・トンボ等や見つけた昆虫等の体の特徴に興味・関心をもち，比較しながら調べる。
●昆虫の体の形，色，大きさなどに違いがある。	

第三次　昆虫などのすみか・三時間扱い	○それぞれの昆虫等の差異点に着目する。 T：昆虫等の体に，違うところはありましたか。 ○昆虫等の体の特徴に着目して，問題をつくる。 〔問題〕　それぞれの昆虫の体の違いは，何に関係しているのだろうか。 ○「生き物マップ」を見ながら，住んでいる場所と体の特徴を照らし合わせて考える。 ○考えたことを整理し，表現する。 ○結論を導き出す。 〔結論〕　それぞれの昆虫などの体の違いは，食べ物やすみか・かくれ場所に関係がある。	〈主体的に学習に取り組む態度〉 ●学校園などの「生き物マップ」を見ながら，住んでいる場所と体の特徴を関係付けて考えるよう促す。 ★これまでに観察した昆虫等の体の違いを環境や食べ物との関係に結び付けて考え，表現することができる。 〈思考・判断・表現等〉 ●何に関係しているかが明確になっていなくても，今後も継続して観察する意欲につながるようにする。

（7）本時の展開　（第二次　4／8時）

①目標

　モンシロチョウとトンボやバッタ等の調べたい昆虫の体のつくりを興味・関心をもって比較し，共通点を見いだす問題づくりをする。

②展開

○学習活動	●支援　★評価
○先に学習したモンシロチョウの体のつくりを振り返る。 　●体が3つの部分，頭，胸，腹からできている。 　●足が6本ある。	●モンシロチョウ（成虫）の写真を提示することにより，視点を明確にする。 ●児童一人ひとりが，先の学習で体のつくりを記入した観察カードを確認するよう促す。

●羽が4枚ある。

●足や羽は胸についている。

○トンボやバッタ等は，モンシロチョウ（成虫）と同じような体のつくりをしているか，という問題を把握する。

> T：モンシロチョウとトンボやバッタ等の体のつくりは似ていますか。

○比較する視点を明確にする。

●これまでに詳しく観察したモンシロチョウを提示し，体のつくりの違いを振り返る。また，共通点はあるのかという視点を明確にし，適切に比較できるようにする。

《観察する昆虫例》

スズムシ，コオロギ，カマキリ，カブトムシ，クワガタムシ，アリ，アゲハチョウ，ツマグロヒョウモン，カイコ　など

> 〔問題〕　トンボやバッタなどの体のつくりは，どのようになっているのだろうか。

○モンシロチョウとトンボ等の体のつくりを比較し，気付いたことを観察カードに記入し，それを基に話し合う。

●形は違うが，足は6本。

●体は，頭，胸，腹からできている。

●形は違うが，羽が4枚。

> T：観察テーマは何ですか。

●体の3つの部分（頭・胸・腹）を詳しく確認する。

●足の数や形などを詳しく観察する。

●足や羽のつき方などを詳しく調べる。

●モンシロチョウの観察カードを手元に置き，調べたい昆虫と比較できるようにする。

●気付いたことを発表する場を設け，板書していくことで，観察の視点を明確化する。

●発表された内容を整理しながら板書し，観察のテーマにつながるようにする。

●話し合いの内容を整理した板書と比較する昆虫を見て，調べたいことを明確にする。

★モンシロチョウと調べたい昆虫（成虫）の体のつくりを比較し，体のつくりの共通点を見いだす問題を把握することができる。

〈思考・判断・表現等〉

(8) 各地での昆虫出現時期

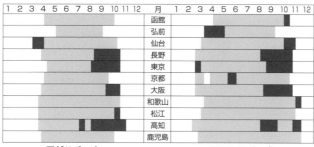

アゲハチョウ　　　　　　モンシロチョウ

月	4	5	6	7	8	9	10	11	月	4	5	6	7	8	9	10	11	月	4	5	6	7	8	9	10	11
函館									函館									函館								
弘前									弘前									弘前								
仙台									仙台									仙台								
長野									長野									長野								
東京									東京									東京								
京都									京都									京都								
大阪									大阪									大阪								
和歌山									和歌山									和歌山								
松江									松江									松江								
高知									高知									高知								
鹿児島									鹿児島									鹿児島								

トノサマバッタ　　　　　エンマコオロギ　　　　カマキリ

2. 第5学年の指導事例・略案

単元名　　「植物の発芽と成長」

(1) 本時の展開　(第一次　1／14時)

①目標

種子が発芽するために必要な条件に興味・関心をもち，それらの条件について考える。

②展開

○学習活動	●支援　　★評価
T：最近，校庭や公園など，身の回りでは，たくさんの植物が芽を出しています。なぜ，春になると，植物の芽が出てくるのでしょう。	●校庭の散策などを通して，生活経験や既習の知識を基に植物の世話をした経験を想起させたり，実際に植物が発芽している様子を観察させたりして，植物の発芽に興味をもたせる。
〔問題〕　種子が発芽するためには，何が必要なのだろうか。	
○これまでの経験を基に予想する。まずは，一人ひとりが考えをまとめ，次にグループで話し合う。 ●温度　　●水　　●空気 ●日光　　●土　　●肥料	●生活経験や既習の知識と結び付けた根拠のある予想を促す。 ●一人ひとりの予想を基に，話し合う時間を設定する。 ●春になると種子をまくことから，温度との関係に着目させる。 ●種子は，袋に入った状態では発芽しないことから，水との関係に着目させる。

T：今日予想した考えを基に，次時から調べていきます。どのような実験が必要か，考えておいてください。	●生物の呼吸との関連付けから，空気に着目させる。 ★種子の発芽に必要な条件に興味をもち，それらの条件について考えることができる。 〈主体的に学習に取り組む態度〉 ●出された要因と発芽との関連を推論させるとともに，それぞれの関係を調べる実験への意欲を高める。

③評価の実際

評価の観点	評 価 例	
主体的に学習に取り組む態度	十分満足できる	種子の発芽に興味をもち，これまでの経験などを想起しながら発芽に必要な条件について，積極的に考えている。
	概ね満足できる	種子の発芽に興味をもち，発芽に必要な条件について，考えている。
	努力を要する《指導上の手立て》	種子の発芽に興味がもてず，発芽条件についても，考えようとしていない。 《過去の栽培経験などを基に，この頃植物が発芽している理由を問いかけ，発芽の不思議さに気付かせ，興味をもつことができるように，個別に指導・助言する》

（2）指導に当たって
①内容

　植物の発芽と関係している自然の中の要因は何か，という問いを解決する方法を発想するために必要な考えが，「条件制御」である。問題解決力の一つとして「予想や仮説を基に，解決の方法を発想する力」を育成するための「条件制御」である。関係的な見方や条件制御の考え方を働かせることができる場を設定し，児童が主体的に問題解決できるようにする。

②指導のポイント－1 「条件制御」

　水や空気，温度などの必要性を確かめる実験計画を話し合う中で，調べたい条件以外を同じにするという「条件制御」の考え方に気付かせる。
　「条件制御」を行う時には，調べたい条件だけを変え，それ以外の条件は全て同じにすることが必須である。制御すべき要因と制御しない要因を区別し，

調べる条件を1つにするのは，複数の条件を変えると，どの条件が実験結果に影響を与えたのかが，判断できなくなるからである。

③指導のポイント－2 「発芽」

「発芽」とは，休眠中にあった種子が，適度な温度下で水を吸い，種皮を破って根と葉を出すことである。しかし，土にまいた場合，地中で発芽しても，地上に出てくるまでは見えないので，一般的には，子葉が地上に顔をのぞかせた時に，発芽したとみることになる。学習の中では，児童の考えを尊重し，どの時点で発芽したというのかをあらかじめ決めておく。

④配慮事項

結果が分かった時点で実験をやめ，鉢や花壇などに植え替えて育てるようにし，生命尊重の態度を育むようにする。

(3) 発芽させる種子・例

　　　　双子葉類の「インゲンマメ」と単子葉類の「トウモロコシ」

双子葉類のインゲンマメと単子葉類のトウモロコシを同時に育てると，種子のつくりの違いや子葉の出方の違いが明確になる。また，計画的に育てることで風媒花の例として，学習に活用することもできる。

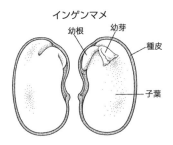
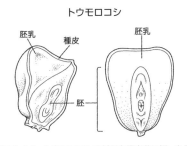

図13-13　インゲン豆の種子を縦半分に切った面
　双子葉類の一般的なタイプでは，大きな2枚の子葉のつなぎ目に幼芽と幼根がある。栄養を貯蔵している部分は子葉で，胚乳はない。子葉での貯蔵養分は，でんぷん，脂肪，タンパク質など水に溶けない状態で蓄えられている。

図13-14　トウモロコシの種子を縦半分に切った面
　種子の基部（元の植物に付いていた部分）に胚（幼芽と幼根）があり，胚にかぶさるように胚乳がある。栄養を貯蔵しているのは胚乳で，種子が発芽する時に使われる。胚乳を押し潰すと，乳状の白い汁が出てくる。

（4）発芽条件を調べる実験を進めるに当たって

　単元の展開に当たっては，児童のこれまでの経験や既習の知識と結び付けながら，導入で，いろいろな植物の芽生えに気付かせ，関心をもたせることによって，発芽に必要な条件やその検証の方法を考えさせるようにする。そのためには，実際に花壇に出かけたり，教科書の資料などを活用したりして，自由に思考させる場面を確保する。また，条件を制御する必要性を理解させるとともに，調べる条件は何か，同じにする条件は何かを適切に意識して，実験を計画させる。結果が出たところでは，自分の予想と比較し，実験を振り返ることで，実験によって明らかになったことを的確に捉えさせるとともに，実験の方法についてもう一度確認して，条件を制御する必要性を再確認させる。

　また，発芽しない条件で実験した種子については，生命愛護の観点から，改めて発芽に適した条件にして，発芽することを確認することも大切にしたい。

①水と発芽の関係

　ほとんどの児童が，種子をまいた後にじょうろなどで水を与えたことを経験している。なぜ水を与えたのかを考えさせることによって，水と発芽との関係に目を向けさせることができる。また，春の雨上がりに，植物が一斉に芽を出している様子を見たことのある児童もいる。教室内の話し合いで終わることなく，観察を通して，春の植物の生命感を感じ取らせることも大切にしたい。

②温度と発芽の関係

　春になると植物が一斉に芽吹くことを想起させたり，実際に花壇などに出かけたりするなど，生活の中から温度と発芽との関係に着目させる。また，種子の袋の裏側には，種まきの適期や発芽の適温が記入されているので，それらがなぜあるのかを考えさせるようにする。

③空気と発芽の関係

　発芽条件として，空気に目を向ける児童は比較的少ない。児童から出てこない場合は，生物の呼吸などと関係付けて教師から提示してもよい。

④日光や土，肥料と発芽の関係

　発芽の条件に，成長との関連から日光や土，肥料を挙げる児童も多い。その場合は，初めから否定するのではなく，それらの条件についても話し合わせた上で，必要に応じて実験を行い，結果を確かめさせることも大切にしたい。

課 題

1. 理科の学習では，明確な目的をもって対象を観察し，諸感覚の活用による発見や気付きを記録しておくことが重要です。記録すべき観点を具体的に示した観察カードを作成し，その記録の仕方や描き方に対する配慮事項をまとめなさい。

2. 植物の種子は，どのようになっているでしょうか。いろいろな種子を割って，それぞれのつくりを調べ，共通点や相違点をまとめなさい。（種子は，水に一晩つけておくと，切りやすくなる。）

3. 植物の成長には，肥料が必要です。その肥料は，どのような成分からできているのでしょうか。植物を1つ決め，その栽培をするに当たっての目的意識を明確にし，具体的な肥料の与え方を考えなさい。

参考文献

『新しい理科3』教師用指導書，東京書籍2019年

『新しい理科5』教師用指導書，東京書籍2019年

『新しい理科6』教師用指導書，東京書籍2019年

全国小学校理科研究協議会東京研究大会紀要・指導案集2019年

塚田昭一・八嶋真理子・田村正弘 「新学習指導要領の展開」明治図書，2017年

東書教育シリーズ『マンガで分かる！これからの理科授業』東京書籍，2017年

鳴川哲也・山中謙司・寺本貴啓・辻健著『イラスト図解ですっきりわかる理科』東洋館出版社，2019年

森本信也・森藤義孝著 『小学校 理科教育法』建帛社，2018年

文部科学省『小学校学習指導要領（平成29年告示）解説 理科編』東洋館出版社，2018年

文部科学省検定済教科書『新しい理科3』東京書籍，2019年

文部科学省検定済教科書『新しい理科6』東京書籍，2019年

協力

株式会社ガステック

「問題解決で目指す力」「考え方」と「見方」（生命）

思考力・判断力・表現力 考え方		生物の構造と機能	生命の連続性	生物と環境の関わり
		見方・視点：多様性と共通性		

小学校3年生

同時に複数の事象を　時間的前後の関係で　**比較しながら**　差異点や共通点を基に、問題を見出す

身の回りの生物（視点　身の回りの生物の様子や周辺の環境、成長の過程、体のつくり）

- 身の回りの生物と環境との関わり
(ア) 生物は、色、形、大きさなど、姿に違いがある。周辺の環境と関わって生きている
- 昆虫の成長と体のつくり
(イ) 昆虫の育ち方には一定の順序がある。成虫の体は頭、胸及び腹からできている
- 植物の成長と体のつくり
(ウ) 植物の育ち方には一定の順序がある。その体は根、茎及び葉からできている

小学校4年生

既習の内容や生活経験と　変化とそれに関わる要因を　**関係づけて**　根拠のある予想や仮説を発想する

人の体のつくりと運動（視点　骨や筋肉のつくりと働き）

- 骨と筋肉
(ア) 人の体には骨と筋肉がある
- 骨と筋肉の働き
(イ) 人が体を動かすことができるのは、骨、筋肉の働きによる

季節と生物（視点　動物の活動や植物の成長と季節の変化）

- 動物の活動と季節
(ア) 動物の活動は、暖かい季節、寒い季節などによって違いがある
- 植物の成長と季節
(イ) 植物の成長は、暖かい季節、寒い季節などによって違いがある

小学校5年生

変化させる要因と変化させない要因を区別し　**条件を制御しながら**　予想や仮説を基に、解決の方法を発想する

植物の発芽、成長、結実（視点　発芽、成長及び結実の様子）

- 種子の中の養分
(ア) 植物は、種子の中の養分を基にして発芽する
- 発芽の条件
(イ) 植物の発芽には、水、空気及び温度が関係している
- 成長の条件
(ウ) 植物の成長には、日光や肥料などが関係している
- 植物の受粉、結実
(エ) 花にはおしべやめしべなどがあり、花粉がめしべの先につくとめしべのもとが実になり、実の中に種子ができる

動物の誕生（卵や胎児の様子）

- 卵の中の成長
(ア) 魚には雌雄があり、生まれた卵は日がたつにつれ中の様子が変化してかえる
- 母体内の成長
(イ) 人は、母体内で成長して生まれる

小学校6年生

互いの予想や仮説を尊重し方法を振り返り、再検討し　**多面的に**　複数の結果を基に考察し　より妥当な考えを作り出す

人の体のつくりと働き（視点　体のつくりと呼吸、消化、排出及び循環の働き）

- 呼吸
(ア) 体内に酸素が取り入れられ、体外に二酸化炭素などが出されている
- 消化・吸収
(イ) 食べ物は、口、胃、腸などを通る間に消化、吸収され、吸収されなかった物は排出される
- 血液循環
(ウ) 血液は、心臓の働きで体内を巡り、養分、酸素及び二酸化炭素などを運んでいる
- 主な臓器の存在
(エ) 体内には、生命活動を維持するための様々な臓器がある

植物の養分と水の通り道（視点　体のつくり、体内の水などの行方及び葉で養分を作る働き）

- でんぷんのでき方
(ア) 植物の葉に日光が当たるとでんぷんができる
- 水の通り道
(イ) 根、茎及び葉には、水の通り道があり、根から吸い上げられた水は主に葉から蒸散により排出される

生物と環境（視点　生物と環境との関わり）

- 生物と水、空気との関わり
(ア) 生物は、水及び空気を通して周囲の環境と関わって生きている
- 食べ物による生物の関係　水中の小さな生物
(イ) 生物の間には、食う食われるという関係がある
- 人と環境
(ウ) 人は、環境と関わり、工夫して生活している

中学校

規則性、関係性、共通点や相違点、分類するための観点や基準を見出す

生物の種類と分類の仕方　生物と細胞　生物の成長と殖え方　生物と環境
生物の体の共通点と相違点　生物の種類の多様性と進化　自然環境の保全と科学技術の利用
植物の体のつくりと働き　動物の体のつくりと働き　遺伝の規則性と遺伝子

学びに向かう力・人間性など

主体的に問題解決しようとする態度を養う　・　生物を愛護する（生命を尊重する）態度を養う
意欲的に事象に関わる　粘り強く問題解決　他者と関わりながら、学んだことを事象や生活に当てはめる

第 **14** 章

「地球」を柱とする領域の授業づくり

　「地球」領域の学習では，「小学校学習指導要領（平成29年告示）理科」において，「地球の内部と地表面の変動」「地球の大気と水の循環」「地球と天体の運動」といった，地球概念を構成する下位要素の内容表記へ修正された。また，地球領域における「理科の見方」として，「主に時間的・空間的な視点で捉えること」と明記された。これからの理科授業では，地球領域に関わる自然事象についての経験や情報を背景とした子どもの素朴な概念を実態として，時間的・空間的な見方を働かせながら地球領域における3つの下位要素に関わる概念を構築していくことが求められている。

キーワード　時間的・空間的　地質　気候　天文　観察　モデル

第1節　学習内容

1.「地球」を柱とする学習のねらい

　地球概念を対象とする学習は，果てしない空間的な広がりと，延々と続く時間の流れのもとで，複雑な原因が絡まりあって生じた現象を扱う。地層や天体などのように時間，空間の尺度が大きいという特性があるこの学習では，地球が誕生した46億年前を起点として，生命の誕生，進化における現在までの過程や，主に太陽系に関わる宇宙における広がり，地球内部，川の流れや水の循環などについて扱う。

　地球領域で扱う学習内容は，それぞれの形成過程を直接観察することができないものが多い。しかし，子どもの身の回りには，川，露頭，空や雲，雨の様子など直接観察することによって得られる情報が多く存在する。長い年月をか

けて形成される地層や川については，土地やその中に含まれる物，川を流れる水の様子や川原の石の大きさや形などを観察することを通して，その過程を推論していく。また，太陽や月，星の動き，気象現象などの継続観測をすることによって，それぞれの位置関係や変化の規則性等を捉えるようにする。

　直接観察からデータを収集し，多面的に分析をしていくことで，地球概念に関わる自然現象における関係性や変化の規則性を捉えるようにすることが本学習のねらいに置かれている。

2. 学習内容

　「地球」の基本的な概念について，『小学校学習指導要領（平成29年告示）解説　理科編』では，「地球の内部と地表面の変動」「地球の大気と水の循環」「地球と天体の運動」に分けて考えられている。

　「地球の内部と地表面の変動」の学習内容は，地震，火山，地層，岩石，侵食・運搬・堆積等の地質に関わる現象を扱う「地質学」を軸とした学習内容の構成となっている。

　「地球の大気と水の循環」の学習内容は，天気の移り変わりや四季の特徴，台風などの気象に関わる現象を扱う「気象学」を軸とした構成となっている。

　「地球と天体の運動」の学習は，日周・年周運動，月の満ち欠け，太陽系，恒星等の天文に関わる現象を扱う「天文学」を軸とした学習内容の構成となっている。

(1) 第3学年

　「太陽と地面の様子」では，物によってできる影の位置に着目して，継続的に観察し，時間の経過と関係付けて影の位置と太陽の位置の変化を捉えるようにする。また，日なたと日陰の地面の温度変化の比較，太陽の光と地面が温められていることの関係付けから，太陽と地面の様子について捉えるようにする。ここでは，時間的・空間的な見方を働かせていき，時間とともに太陽は東から南の空を通って西へと動くという概念を構築していく。

(2) 第4学年

　「雨水の行方と地面の様子」は平成29年告示の学習指導要領で新設された。ここでは，水は高い場所から低い場所へと流れて集まること，水のしみこみ方

は，土の粒の大きさによって違いがあることについて学習する。既習の内容や生活経験に基づき，雨水の流れ方やしみこみ方と地面の傾きや土の粒の大きさとを関係付けて考え，雨水が川へ流れ込むという自然界における現象まで捉えるようにする。

「天気の様子」では，晴れた日と曇りや雨の日の一日の気温の変化を1時間ごとに計測し，その結果をグラフに表し，グラフの読解を通して，天気によって一日の気温の変化の仕方に違いがあることを捉えるようにする。天気と一日の気温の変化を関係付け，天気の変化に関わる要因は雲の動きや量であることを抽出していき，第5学年の天気の変化へと系統的に学びを展開していく。

「月と星」では，太陽の動きを踏まえて，月や星の位置の変化と時間の経過に着目して，それらを関係付けて，月の見え方や星の特徴について捉えるようにする。

(3) 第5学年

「流れる水の働きと土地の変化」では，雨水の行方についての学習を踏まえて，川の水の働きには土地を侵食したり，石や土などを運搬したり堆積したりする働きがあることを捉えるようにする。流れる水の量や勢いなどの条件を制御しながら実験，観察を行い，身の回りに流れる川の地形と関係付けながら，時間的・空間的な見方を働かせていくことで，地形は水の働きによって長い年月をかけて形成されていくことを捉えるようにする。またここでは，堆積した砂の量の重さを測るなど，量的・関係的な見方を働かせることも必要となる。これは，理科の見方・考え方は領域によって偏ることなく，他の領域においても用いられる例としてあげられる。

「天気の変化」では，雲や風の動きと天気の変化を関係付けて捉えるようにする。また，天気を予想する活動を通して，天気の変化の規則性について追究していく。1時間ごとの天気の変化を調べていき，数時間後から次の日の天気の予想に必要な情報を収集することを通して，時間的・空間的な見方を働かせていくことで，天気の変化を捉えるようにする。ここでは，直接観測の可能な雲や風の動きに加えて映像などの情報を収集して，天気の変化の予想を立てる。予想する日時を後にすることで，自分たちの住んでいる場所から遠い場所の天気の様子についての情報の必要性を高めていき，時間的・空間的な見方を働かせていくことで，天気の変化を捉えるようになる。

　また，第4学年で学習する水の状態変化と関係付けながら，自然界における水の循環についての概念を構築していくことも重要な視点である。第4学年で新設された「雨水の行方と地面の様子」の学習では，雨水の流れ方やしみこみ方と地面の傾きや土の粒の大きさとの関係について追究する。雨の日の校庭の様子と雨が降った日の翌日の校庭の様子を比較する活動を通して，水のしみこむ方向や速さと粒の大きさを関係付けて考える。こうした学習と水の状態変化を関係付けた展開が必要となる。雨の日の校庭にできた水たまりが翌日なくなることは，水は加熱をしなくても自然に蒸発していることや空気中のどこにでも水蒸気が存在していることとの関係付けにより，空気の温度が下がると水蒸気は水となって雲が生成されるという系統的な学びが展開されていくのである。

(4) 第6学年

　「土地のつくりと変化」では，土地は礫，砂，泥，火山灰などからできており，層をつくって広がっているものがあること，また，層には化石が含まれているものがあることを学習する。ここでは，粒の大きさと水のしみこみ方を関係付けて考えた経験を活かして，複数の地点の地層のつくりを層の構成物の粒の大きさや形，色を相互に関係付けて調べ，地層の重なりや広がりを捉えるようにする。複数の地点の資料をつなげていくことによって，部分と全体で地層のつくりを捉えるようにする。膨大な時間をかけて広域の地層ができることや短時間で大きな変化を起こす地震や火山の噴火について調べるなど，時間的・空間的な見方を働かせて土地のつくりと変化を捉えるようにする。

　「月と太陽」では，太陽と月の位置関係を多面的に調べ，月の形の見え方と関係付けて，時間的・空間的な見方を働かせて規則性を見いだす。数日おきに月の観察を行い，月の見える位置と月の形の見え方等についての結果を継続的に収集することによって，月の満ち欠けについての問題を見いだしていく。収集した観察結果に基づき，教室等でのスケールでモデル実験を行い，月と太陽の位置関係における規則性を捉えるようにする。

第2節　「地球」の学習教材の研究と開発

　「地球」領域の学習は他の領域と比べて直接体験が難しい面があるが，測定

器具の正しい扱い方を習得したり観察結果を説明するためのモデル実験を行ったりなど，十分な教材研究や新たな教材開発を通して補っていく必要がある。

1. 第3学年「太陽と地面の様子」

　本単元における太陽の動きの継続的な観察の際に用いられる教材として「方位磁針」がある。本単元に入る前の子どもの学習状況として，太陽は東から昇り，南の空を通って西に沈むということを知っている場合が多い。一方で，実際に太陽の動きを観察すると，例えば，南に向かって腕を左右に伸ばしたときの右手側の方位は何かという問いに対して，正しく答えられない場合も多い。方位に関する認識（方位概念）の不十分さは学力・学習状況調査においても指摘されている。これに伴い，「方位磁針」の操作についても正しく身についていないことへの指摘もされている。

　右図は，平成24（2012）年4月に実施した全国学力・学習状況調査において，方位磁針の適切な操作方法についての問題である。当時の小学校6年生の正答率は27.6％と低い値を示した（文部科学省国立教育政策研究所，2012）。

　正答率の低い要因として，「方位磁針の針は磁石であり，常に北と南を指して止まるものであることの理解」「方位磁針の文字盤から対象の方位を読み取ることや，八方位についての理解」が十分でないことが挙げられている。

　方位については，社会科でも学習する。『小学校学習指導要領（平成29年告示）解説　社会編』では，「方位に

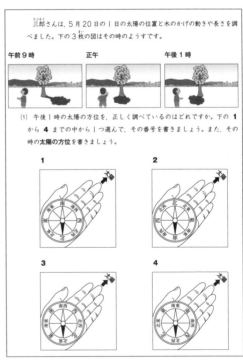

図14-1　太陽の方向と方角を子どもが正しく理解するのはなかなか難しい

ついては，四方位と八方位を扱う。その際，児童の実態等を考慮に入れ，最初に四方位を取り上げ，八方位については，（中略）第4学年修了までに身に付けるようにする」と示されている。理科においては，第4学年「月と星」においても，月，星の観察を通して方位磁針を用いた方位の学習を行う。方位の学習は，教科横断的，系統的に配列されているが，方位概念の構築に向けた指導は以前から課題としてあげられており，学習の文脈に沿ったていねいな指導が求められている。

2. 第6学年「土地のつくりと変化」

この単元では，土地やその中に含まれている物に着目して，土地のつくりとでき方を多面的に調べる活動を通して，土地のつくりや変化についての理解を図る。児童が土地のつくりや変化について実際に地層を観察する機会をもつようにするとともに，映像，模型，標本などの資料を活用し，土地を構成物といった部分で見たり，地層のつくりや広がりといった全体で見たりすることで，理解を深めるようにする。

こうした理解を図る授業づくりでは，博物館や資料館などの社会教育施設を活用することが考えられる。川崎市の「かわさき宙と緑の科学館」で展示されている最新の調査研究に基づいてつくられた8mの地層タワーは本物の地層を約5分の1に縮小再現しており，生田緑地約100万年の歴史を感じることができる。生田緑地の調査で採取された本物のボーリングコアや地層断面

写真14-2　科学館などを見学して展示物から学ぶ

模型があり，フィールドで観察できる地層についての解説が展示されている。

地域によっては，実際に地上に見られる路頭の観察なども可能である。資料や地層の観察で得た事実に基づきながら，地層のでき方や変化の要因について推論する。地層のでき方について推論する過程では，流れる水の働きや火山の噴火と関連づけて考えていくことは重要である。第5学年で学習した流れる水の働き（侵食・運搬・堆積）を確認し，礫，砂，泥が混じった土が流れる水の働きによって，それぞれの粒の大きさに分けられて堆積していく様子を観察し

たり，実際の地層から取り出した火山灰の粒を水洗いして観察したりする活動を通して，地層のでき方についての理解を図る。

第3節 「地球」の学習の指導法と実践

　小学校学習指導要領（平成29年告示）解説理科編では，問題解決の過程において自然の事物・現象をどのように捉えるかという「見方」について，領域の特徴に基づく整理が行われている。「地球」を柱とする領域では，主として時間的・空間的な視点で捉えると示されている。地球領域の学習内容を対象とするとき，教師は子どもが時間的・空間的な視点で捉えることを念頭に置いた授業づくりをしていくことが求められる。「理科の見方」については，領域固有のものではなく他の領域においても用いられる視点であることは，前述の通りであるが，問題解決の過程で用いる，比較，関係付け，条件制御，多面的に考えることなどといった「考え方」との関連も踏まえた上で，「理科の見方・考え方」を働かせる授業づくりをしていきたい。

1. 第3学年の指導例

「影のでき方と太陽の光」
（1）学習内容の分析
①学習指導要領
第3学年B生命・地球(2)太陽と地面の様子

　太陽と地面の様子との関係について，日なたと日陰の様子に着目して，それらを比較しながら調べる活動を通して，次の事項を身につけることができるよう指導する。
ア　次のことを理解するとともに，観察，実験などに関する技能を身に付けること。
　(ア)日陰は太陽の光を遮るとでき，日陰の位置は太陽の位置の変化によって変わること。
　(イ)地面は太陽によって暖められ，日なたと日陰では地面の暖かさや湿り気に違いがあること。
イ　日なたと日陰の様子について追究する中で，差異点や共通点を基に，太陽と地面の様子との関係についての問題を見いだし，表現すること。

（内容の取り扱い）

> (4) 内容の「B生命・地球」の(2)のアの(ア)の「太陽の位置の変化」については，東から南，西へと変化することを取り扱うものとする。また，太陽の位置を調べるときの方位は東，西，南，北を扱うものとする。

　本内容は，「地球」についての基本的な概念等を柱とした内容のうちの「地球の大気と水の循環」，「地球と天体の運動」に関わるものであり，第4学年「B(4)天気の様子」，「B(5)月と星」の学習につながるものである。

②学習内容

(ア)日陰は太陽の光を遮るとでき，日陰の位置は太陽の位置の変化によって変わる。

・建物によってできる日陰や，物によってできる影の位置に着目して，継続的に観察する。

・日なたと日陰について，時間ごとの比較観察を通して，太陽と日陰や影の位置を調べる。

・太陽が影の反対側にあることを基に，日陰は太陽の光を遮るとできることや日陰の位置は太陽の位置の変化によって変わることを捉える。

・太陽の位置が東から南に空を通って西の方に変化することを捉える。

(イ)地面は太陽によって暖められ，日なたと日陰では地面の暖かさや湿り気に違いがあること。

・太陽の光が当たっている地面と当たっていない地面の暖かさや湿り気について比較観察する。

・地面は太陽によって暖められ，日なたと日陰では地面の暖かさや湿り気に違いがあることを捉える。

(ウ)太陽と地面の様子について考えたり説明したりする活動の充実。

・太陽の位置を方位で記録したり，固定した物の影の位置を，時間をおいて地面に描いたりする活動を通して，日陰の位置の変化と太陽の位置の変化との関係について考え，表現する。

・方位については，日常生活や社会科との関連を図り，日常生活において使えるようにする。

(エ)安全に配慮する指導。

・太陽の観察においては，JIS規格の遮光板を必ず用い，安全に配慮するよう

に指導する。

(2) 単元目標

　日なたと日陰の様子に着目して，それらを比較しながら，太陽の位置と地面の様子を調べる活動を通して，それらについての理解を図り，観察，実験などに関する技能を身に付けるとともに，主に差異点や共通点を基に，問題を見いだす力や主体的に問題解決しようとする態度を育成する。

(3) 本単元で育成する資質・能力に対応した評価規準

知識・技能	思考・判断・表現等
①日陰は太陽の光を遮ることででき，日陰の位置は太陽の動きによって変わることを理解している。 ②地面は太陽によって暖められ，日なたと日陰では地面の暖かさや湿り気に違いがあることを理解している。 ③温度計や遮光板，方位磁針を適切に使って，日陰の位置の変化，日なたと日陰の地面の様子や太陽の動きを安全に観察している。	①日なたの位置の変化や日なたと日陰の地面の様子，日陰の位置の変化と太陽の動きを比較して，それらについて予想や仮説をもち，自分の考えを表現している。 ②日陰の位置の変化や日なたと日陰の地面の様子を比較し，それらを考察し，自分の考えを表現している。
主体的に学習に取り組む態度	
①太陽の位置と地面の様子について主体的に調べ，他者と関わりながら問題解決をしようとしている。 ②太陽の位置と地面の様子について学んだことを学習や生活に生かそうとしている。	

(4) 本単元で働かせる理科の見方・働かせ方

「見方・考え方」を働かせている姿	学習活動例				
	A 問題を見いだす	B 予想をもつ	C 検証の構想	D 観察，実験と整理	E 考察・結論
【見方】物によってできる影の位置に着目して，継続的に観察し，影の位置を比較する考え方を働かせ，時間の経過による影の位置の変化と太陽の動きを捉えている姿。【考え方】1. 太陽の光が当たっている地面と当たっていない地面の暖かさや湿り気に着目して，それらを比較する考え方を働かせている姿。2. 日なたと日陰の地面の温度の変化を比較し，太陽の光が地面を暖めているという関係性を捉えている姿。	A 時間を変えて影踏み遊びをし，影の位置や長さについて気づきを引き出す。D 太陽の位置を午前から午後にわたって数回調べる。E ライトを使って影と光源の位置関係を確かめ，影の様子が変わった要因が，時間による太陽の位置の変化であることに気づく。CD 同じ位置で時間を変えて記録する。DE 観察していない時間についてもVTRの記録などを活用して，太陽は東から西に動いていることをまとめる。A 雨や雪の降った後の晴れた日に，校庭の地面の様子を観察し，違いを見つける。B 生活経験を想起して，日なたの方が日陰より気温が高くなると予想する。C 感覚に加えて誰が見ても納得できる温度を数値で記録し，表に整理するという方法を考える。D 太陽の光がよく当たる場所で，朝と昼の地面の温度を測る。D 温度の変化について表やグラフに表し整理する。E 日なたと太陽の光が当たることで暖められることをまとめる。				

(5) 単元について

　本単元は，「地球」についての基本的な概念等を柱とした内容のうちの「地球の大気と水の循環」，「地球と天体の運動」に関わるものであり，第4学年「B(4)天気の様子」，「B(5)月と星」の学習につながるものである。

　本単元で太陽の位置の変化を調べる際には，地球から見た太陽の位置の変化を扱う。単元導入での影踏み遊び等を通して，影のでき方と太陽の位置関係に着目させ，時間の経過とともに影の向きが変化することへの問題意識から，影の動きと太陽の動きを関係付けて考えられるようにする。ここでは，1時間おき（午前9時から午後3時まで）の影の位置を記録する。次ページ写真14-3は，

観察の際に用いる記録板である。

　屋上の観察を教室で再現するため，影と影をつくった物（記録板）のほかに，遮光板で見た太陽の動きを再現する物を準備する。こうした記録板を用いて学校の屋上で観察した1時間おきの影の動きと遮光板で観察した太陽の位置との関係を教室で再現し，影と太陽の動きのモデル化を図っていく。まず，方位を捉えるようにするために，観察地点から見える屋上の景色を写真にして用意し，観察記録板の周りに配置することで，遮光板で見た太陽の位置の方位がとらえやすいようにする。

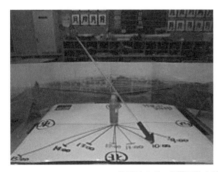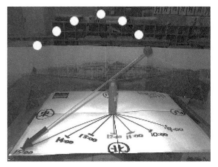

写真14-3　太陽の動きが分かる観察装置を活用する

　また，太陽の動きを再現するために，写真14-3のような観察装置を用いる。この観察装置は，アクリル棒に太陽に見立てたスチロール球を取り付け，アクリル棒で影の先と影をつくった棒の先を結ぶことで，延長線上に太陽があることを視覚的に捉えるようにしている。このような教材を用いることで，グループやクラス全体での話し合い等を通して，アクリル棒を動かしながら影の動きと太陽の動きをモデルで確認しながら考えることができる。

　観察装置を使った1時間ごとの影の観察と遮光板を使った太陽の観察を合わせて行うことは，太陽の動きを時間的・空間的な見方を働かせる場面である。

　ここでは，観察記録のモデル化を通して，影と太陽の動きを関係づけて考えられるようにする。影と太陽の位置の変化をとらえるには，平面ではなく空間的な見方を働かせる必要がある。影と太陽の観察では，どこから何を見ればいいのかといった視点移動が必要になる。影と太陽の動きの2つを同時にとらえることが難しい児童もいるため，配慮が必要となる場合もある。

　観察結果に基づく考察では，継続観察による影の位置の比較や影の動きと太陽の動きを関係づけるといった考え方を働かせ，時間の経過による影の位置の変化と太陽の動きを捉えるようにする。

(6) 指導計画例（全8時間扱い）

	児童の学習活動	教師の支援○　【評価】
第一次　影のでき方と太陽の光　4時間	1．影遊びをして気づいたことを話し合い，問題を設定する。 【問題】 ・影ができるとき太陽はどこにあるのか。 ・影はどのように動いているのか。 ・日なたと日陰の地面にはどのような違いがあるのか。 2．問題の設定，予想や仮説の設定，観察方法の立案，実験観察の実施。 【問題】 ・影ができるとき太陽はどこにあるのか。 3．結果の処理，考察・結論。 【結論】 ・影ができるとき，太陽は影の反対側にある。 ・太陽の光を遮ると，影ができる。 1．問題の設定，予想や仮説の設定，観察方法の立案，実験観察の実施。 【問題】 ・影はどのように動いているのか。 2．結果の処理，考察・結論 【結論】 ・太陽は東から南の空を通って，西に進む。影は西から北を通って，東に進む。	○影つなぎ，影踏み遊びを通して，太陽と地面にできる影の位置関係に気付かせる。 ○影のでき方，影の動き，日なたと日陰の違い，という3つの観点から，子どもの気付きを整理していく。 【思考力等①】 【態度②】 ○導入の活動から，影ができるときと太陽の関係に着目させる。 ○遮光板の使い方や観察時の注意事項などの安全指導を行う。 ○晴れた日の午前，午後に，太陽と物と影の位置の観察を行う。 ○観察結果を再現（モデル化）して，太陽と影と物との位置関係について話し合う。 【思考力等②】 【知識・技能①・③】 【態度①】 ○影の動きと太陽の動きを関係付けて考えられるようにする。 ○位置を正確に伝えるために，方位で表すことを確認し，方位磁針を提示する。 ○影の位置や長さを正確に記録するよう促す。 ○太陽の動きや高度の変化に注目させる。 【思考力等①】 【知識・技能①】

第二次 日なたと日かげの地面 3時間	1. 問題の設定，予想や仮説の設定，観察方法の立案，実験観察の実施。 【問題】 ・日なたと日陰の地面にはどのような違いがあるのか。 2. 結果の処理，考察・結論。 【結論】 ・日なたの地面の方が，日陰の地面より温度が高い。	○日なたと日陰を比較しながら考えられるようにする。 ○体感に加えて定量的に捉えていくために，温度計を提示する。 ○結果の比較し，日なたと日陰の温度の変化や違いについて確認する。 ○日なたと日陰の温度と日照時間関係付けながら考えられるようにする。 ○日光が地面を暖めていることを捉えられるようにする。 【思考力等②】 【知識・技能②】 【態度②】

（7）本単元でポイントとなる時間（4／8時間）

①本時の目標

日陰の位置の変化と太陽の動きを比較して，それらについて時間的・空間的な視点で捉え，日陰は太陽の光を遮るとでき，日陰の位置は太陽の動きによって変わることを理解する。

②展開

児童の学習活動	教師の支援○　評価☆
【問題の設定】（単元導入を振り返る） 「太陽の反対側に影ができていた」 「影が動くと太陽も動いた」	○影の位置が動いたとき，太陽の位置も動いていたことを想起し，影の動きと太陽の動きを関係づけて考えられるようにする。
太陽と影はどのように動いているのだろうか	
【予想や仮説の設定】 「影あそびのときに午前と午後では，影と太陽の位置が変わったので，太陽も影も時間がたつと動いていく」 「太陽の反対側に影ができるから，太陽の動きとは反対に影が動いていく」	○午前，午後の影の位置の比較により，時間的な見方を働かせながら，影の動きと太陽の動きを関係について考えられるようにする。 ○「どのように動いているか」という視点から，空間的な見方を働かせながら，太陽，影，影をつくっている物の位置関係について考えられるようにする。

【観察方法の立案】	○太陽の観察をするための遮光板の扱い方を指導する。
「太陽を遮光板でみて，影の反対側にあることを確認しよう」	○位置を正確に伝えるために，方位で表すことを確認し，方位磁針の使い方について指導する。
「方位磁針があれば，影の位置を正確に調べられる」	○動きを調べるために，1時間ごとに観察する。
「影は動くのだから，何回か観察する必要がある」	☆【思考力等①】
「影の長さを記録した方が良い」	日なたの位置の変化や日なたと日陰の地面の様子，日陰の位置の変化と太陽の動きを比較して，それらについて予想や仮説をもち，自分の考えを表現している。
「影の動きは，何か物を立てて調べてみよう」	
「1時間ごとに観察すると，太陽と影はどのように動いているか調べられそうだね」	

2. 第6学年の指導例

「土地のつくりと変化」
(1) 学習内容の分析
①学習指導要領

第6学年B生命・地球(4)土地のつくりと変化

> 　土地のつくりと変化について，土地やその中に含まれる物に着目して，土地のつくりやでき方を多面的に調べる活動を通して，次の事項を身に付けることができるよう指導する。
> 　ア　次のことを理解するとともに，観察，実験などに関する技能を身に付けること。
> 　(ア)土地は，礫，砂，泥，火山灰などからできており，層をつくって広がっているものがあること。また，層には化石が含まれているものがあること。
> 　(イ)地層は，流れる水の働きや火山の噴火によってできること。
> 　(ウ)土地は，火山の噴火や地震によって変化すること。
> 　イ　土地のつくりと変化について追究する中で，土地のつくりやでき方について，より妥当な考えをつくりだし，表現すること。

(内容の取り扱い)

> 　(4) 内容の「B生命・地球」の(4)については，次のとおり取り扱うものとする。
> 　ア　アの(イ)については，流れる水の働きでできた岩石として礫岩，砂岩，泥岩を扱うこと。
> 　イ　アの(ウ)については，自然災害についても触れること。

本内容は，第4学年「B(3)雨水の行方と地面の様子」，第5学年「B(3)流れる水の働きと土地の変化」の学習を踏まえて，「地球」についての基本的な概念等を柱とした内容のうち「地球の内部と地表面の変動」に関わるものであり，中学校第2分野「(2)大地の成り立ちと変化」の学習につながるものである。

(2) 単元目標

土地やその中に含まれている物に着目して，土地のつくりやでき方を多面的に調べる活動を通して，土地のつくりと変化についての理解を図り，観察，実験などに関する技能を身に付けるとともに，主により妥当な考えをつくりだす力や主体的に問題解決しようとする態度を育成する。

(3) 本単元で育成する資質・能力に対応した評価規準

知識・技能	思考・判断・表現等
①土地は，礫，砂，粘土，火山灰などからできており，幾重にも層状に重なり地層をつくって広がっていることを理解している。 ②ボーリング資料や映像資料などを活用したり，安全に野外観察を行ったりしながら，土地のつくりと変化の様子について調べている。 ③地層は流れる水の働きや火山の噴火によってできることを理解している。	①土地やその中に含まれる物に着目して，土地のつくりやでき方について，より妥当な考えをつくりだし，表現している。 ②地層ができた要因や土地の変化について，より妥当な考えをつくりだし，表現している。
主体的に学習に取り組む態度	
①土地のつくりと変化の様子について主体的に調べ，他者と関わりながら問題解決をしようとしている。 ②土地のつくりと変化の様子について学んだことから，生活している地域の特性を見直そうとしている。	

（4）本単元で働かせる理科の見方・働かせ方

「見方・考え方」を働かせている姿	学習活動例				
	A 問題を見いだす	B 予想をもつ	C 検証の構想	D 観察，実験と整理	E 考察・結論
【見方】 時間的・空間的な見方を働かせて，膨大な時間をかけて広域の地層ができることや短時間で大きな変化を起こす地震や火山の噴火を考えている姿。 【考え方】 1. 地層の構成物を流水と火山など複数の要因を考え多面的に調べて考察している姿。 2. 複数の地点の資料をつなげ，部分と全体で地層を調べている姿。	A　地形や露頭の観察から，学校周辺の土地の問題を見いだす。 D　ボーリング試料等を複数観察して関係付け，地層の広がりを表す。 B　観察したことなどを基に，地域の土地のでき方の仮説を立てる。 C　流水や噴火の状況と地域の土地の様子を関係付けた予想に合った水槽実験などを個人やグループで構想する。 D　地震や火山による土地の変化を複数考え，多面的に調べる。 E　モデル実験前の土地のでき方の仮説を修正しながら，よりよい表現で規則性を表現する。				

（5）単元について

　本単元は，第4学年「B(3)雨水の行方と地面の様子」，第5学年「B(3)流れる水の働きと土地の変化」の学習を踏まえて，「地球」についての基本的な概念等を柱とした内容のうち「地球の内部と地表面の変動」に関わるものであり，中学校第2分野「(2)大地の成り立ちと変化」の学習につながるものである。単元導入では，地下の様子を想像し，考える機会を設ける。「普段通っている学校の下」という身近な話題について自由に想像を膨らませ，友だちの考えと

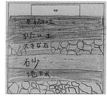 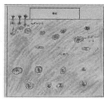  

写真14-4　ワークシート例：学校の地面の下を想像してみよう

比較することで学習意欲を高めていく。ここでは，土の様子に目を向けられるようにする支援が必要である。

学校の地下の地層については，学校で保存しているボーリング試料をもとに推論する。ボーリングデータを柱状図に整理していくことによって，地層の広がりや重なりを空間的な見方を働かせて推論し，より妥当な考えをつくり出していく。

(6) 指導計画例（全15時間扱い）

	児童の学習活動	教師の支援○ 【評価】
第一次 地層のでき方 6時間	学校の地面の下について話し合い，問題を設定する。 1. 問題の設定，予想や仮説の設定，観察方法の立案，実験観察の実施。 【問題】 「地層はどのようにできたのだろう」 2. 結果の処理，考察・結論。 【結論】 「地層は流れる水の働きや火山の働きによってできる」 「土地は，礫（れき），砂，泥，火山灰や岩石からできている」	○地形や露頭の観察から，学校周辺の土地の問題を見いだす。 ○礫，砂，泥などが層になって重なっていることを「地層」という言葉で確認する。 ○5年生「流れる水の働きと土地の変化」の学習を活かすようにする。 ○日常の経験から考えられるようにする。 ○流れる水の働きによって，土や砂がほぼ同じ粒の大きさにより分けられて堆積し，その繰り返しによって地層が形成していくことを確認する。 【思考力等①】 【態度①】 【知識・技能①】
第二次 土地のつくりと変化 8時間	1. 問題の設定，予想や仮説の設定，観察方法の立案，実験観察の実施。 【問題】 「○○小学校の土地のつくりはどうなっているのだろう」 2. 結果の処理，考察・結論 【結論】 「地層は長い時間をかけてつくられている。今でも少しずつ変化している」 1. 問題の設定，予想や仮説の設定，観察方法の立案，実験観察の実施。 【問題】	○観察したことなどを基に，地域の土地のでき方の仮説を立てる。 ○重なっている層の順序やつながりに目を向け，地層のでき方や広がり方について考えられるようにする。 ○ボーリング試料等を複数観察して関係付け，地層の広がりを表す。 【思考力等①】 【知識・技能②】 【態度①】 ○映像，図書資料などを十分に整えておく。 ○地震や火山の噴火によって，短時間で土

「土地の変化はどのように起こるのだろう」 2. 結果の処理，考察・結論 【結論】 「土地は，火山の噴火や地震によって変化することがある」 1. 問題の設定，予想や仮説の設定，観察方法の立案，実験観察の実施。 【問題】 「自然災害に備えてどんな工夫ができるか」 2. 結果の処理，考察・結論 【結論】 「自然災害が起きた時のための対策をしていくことが大切だね」	地が大きく変化することを確認する。 ○土地の変化と自然災害を関連づけて考えられるようにする。 【思考力等②】 【知識・技能③】 ○地震による津波等の被害についての資料の扱いは，被災経験を踏まえて慎重に提示する。 ○火山からの噴出物やその影響を知り，災害に結びつけていく。 ○地震や火山の噴火による土地の変化を伴う災害について整理する。 【思考力等①】 【態度②】

（7）本単元でポイントとなる時間（4 / 14時間）

①本時の目標

　土地やその中に含まれる物に着目して，土地のつくりやでき方について，より妥当な考えをつくりだし，表現している。

②展開

児童の学習活動	教師の支援○ 評価☆
【問題の設定】 「角が取れた丸みのある石や貝のようなものが入っているのは，川や海の流れる水の働きと関係しているのかな」	○流れる水の働きには，侵食，運搬，堆積があり，地層ができるのは主に堆積に働きによるものであるという考えを整理する。
地層はどのようにできたのだろうか	
【予想や仮説の設定】 「粒の大きさが違うから，積もる時に大きくて重たい粒から順に積もっていく」 「川の上流の方で大きな粒が残って，小さい粒は遠くまで運ばれると思う」 【観察方法の立案】 「2回目の土を流し込むのは，濁りが薄くなっ	○堆積実験の方法をあらかじめ示す場合，目的意識を高めておく。 ○しましまになることに加えて，どのような順番に積もっていくのか予想させる。 ○実際の河口の写真などと比較し，実験器具のイメージをより実際の川や海に近づける。 ○土の粒の大きさが地層によって異なること

てからにしよう」 【実験観察の実施】 「大きい粒は小さい粒より速く沈んだ」 【結果の処理】 「横から見ると層になっているね」 【考察】 「繰り返して土を流すと，上に同じ地層ができる」 【結論】 「地層は流れる水の働きによってできる。地面の下の地層も昔から繰り返し積もって重なってできている」	から，実験でも大きさの違う土（3種類）を繰り返し流すことを確認する。 ○水の働きによって，礫，砂，泥が混じった土が，粒の大きさに分けられて水中に堆積していく様子を観察する。 ○流れる水の働きによって，ほぼ同じ粒の大きさにより分けられて堆積し，その繰り返しによって地層が形成していくことを確認する。 【思考力等①】

> ## 課 題
>
> 1. 「地球」におけるねらい，内容，理科の見方・考え方，中学校までの学習内容の系統についてまとめなさい。
> 2. 「地球」に関わる内容について一つ取り上げ，指導計画，本時展開を作成しなさい。
> 3. 「地球」に関わる実験，観察の指導について，特に問題意識を高める工夫を
>   視点として，考察しなさい。

参考文献

川崎市立小学校理科教育研究会『川崎プラン』（指導案集）
　（http://www.keins.city.kawasaki.jp/9/ke9004/plan.html）
森本信也・森藤義孝著『小学校　理科教育法』建帛社，2018年
文部科学省「小学校学習指導要領（平成29年告示）解説　理科編」東洋館出版社，2018年
文部科学省・国立教育政策研究所「平成24年度全国学力・学習状況調査（小学校）報告書」2012年
横浜市立教育委員会「横浜市立学校カリキュラム・マネジメント要項理科編」2018年

「問題解決で目指す力」「考え方」と「見方」（地球）

思考力・判断力・表現力 考え方		地球の地球の内部と地表面の変動	地球の大気と水の循環	地球と天体の運動
		見方（視点：時間的空間的）		
小学校3年生	同時に複数の事象を **比較しながら** 差異点や共通点を基に問題を見出す	時間的前後の関係で	太陽と地面の様子（視点 日なたと日陰の様子） 日陰の位置と太陽の位置の変化 （ア）日陰は太陽の光を遮るとき、日陰の位置は太陽の位置の変化によって変わる 地面の暖かさや湿り気の違い （イ）地面は太陽によって暖められ、日なたや日陰では地面の暖かさや湿り気に違いがある		
小学校4年生	既習の内容や生活経験と **関係づけて** 根拠のある予想や仮説を発想する	変化とそれに関わる要因を	雨水の行方と地面の様子（視点 流れ方やしみ込み方） 地面の傾きによる水の流れ （ア）水は、高い場所から低い場所へと流れて集まる 土の粒の大きさと水のしみ込み方 （イ）水のしみ込み方は、土の粒の大きさによって違いがある	天気の様子（視点 気温や水の行方） 天気による1日の気温の変化 （ア）天気によって1日の気温の変化の仕方に違いがある 水の自然蒸発と結露 （イ）水は、水面や地面などから蒸発し、水蒸気になって空気中に含まれていく。空気中の水蒸気は、結露して再び水になって現れることがある	月と星（視点 位置の変化や時間の経過） 月の形と位置の変化 （ア）月は日によって形が変わって見え、1日のうちでも時刻によって位置が変わる 星の明るさ・色 （イ）空には、明るさや色の違う星がある 星の位置の変化 （ウ）星の集まりは、1日のうちでも時刻によって、並び方は変わらないが、位置が変わる
小学校5年生	変化させる要因と変化させない要因を区別し **条件を制御しながら** 予想や仮説を基に、解決の方法を発想する		流れる水の働きと土地の変化（視点 水の速さや量） 流れる水の働き （ア）流れる水には、土地を侵食したり、石や土などを運搬したり堆積したりする働きがある 川の上流・下流と川原の石 （イ）川の上流と下流によって、川原の石の大きさや形に違いがある 雨の降り方と増水 （ウ）雨の降り方によって、流れる水の速さや量は変わり、増水により土地の様子が大きく変化する場合がある	天気の変化（視点 雲の量や動き） 雲と天気の変化 （ア）天気の変化は、雲の量や動きと関係がある 天気の変化の予想 （イ）天気の変化は、映像などの気象情報を用いて予想できる	
小学校6年生	互いの予想や仮説を尊重し **多面的に** 複数の結果を基に考察し より妥当な考えを作り出す	方法を振り返り、再検討し	土地のつくりと変化（視点 土地やその中に含まれる物） 土地の構成物と地層の広がり（化石を含む） （ア）土地は、礫、砂、泥、火山灰などからできており、層をつくって広がっているものがある　層には化石が含まれているものがある 地層のでき方 （イ）地層は、流れる水の働きや火山の噴火によってできる 火山の噴火や地震による土地の変化 （ウ）土地は、火山の噴火や地震によって変化する		月と太陽（視点 月と太陽の位置） 月の位置や形と太陽の位置 （ア）月の輝いている側に太陽がある　月の形の見え方は太陽と月の位置関係によって変わる
中学校	規則性、関係性、共通点や相違点、分類するための観点や基準を見出す		身近な地形や地層、岩石の観察　地層の重なりと過去の様子　自然の恵みと火山災害・地震災害　火山と地震	気象観測　天気の変化　日本の気象　自然の恵みと気象災害	天体の動きと地球の自転・公転　太陽系と恒星
学びに向かう力・人間性など		主体的に問題解決しようとする態度を養う ・ 生物を愛護する（生命を尊重する）態度を養う 意欲的に事象に関わる　粘り強く問題解決　他者と関わりながら、学んだことを事象や生活に当てはめる		

Ⅲ 学習環境編と安全指導

　学習環境編では，「飼育・栽培の指導」および「理科室経営と安全管理」を学ぶ。

　理科は何のために学ぶのか，という視点で考えた時，「生命を尊び，自然を大切にし，環境の保全に寄与する態度を養う」という教育の大きな目標における理科の存在意義が明確になる。小学校において，飼育や栽培という直接体験をすることが，「自然を愛する心情」を養うことにつながり，地球という一つの生態系を守ることにつながるのである。

　また，子どもたちが安全に観察・実験に取り組めるようにするためには，薬品の扱いや飼育・栽培の方法などを教員自身が理解しておくことがとても大切である。

　特に薬品については，法律で管理の方法が定められた「劇物」や「危険物」に指定されている薬品もあり，扱い方を誤ると命に関わる事故も起きる。理科の授業を担当する上で，教師自身が正しい扱い方を学び，児童が危険な目にあわないようにしなくてはならない。

第 **15** 章

理科室経営と安全指導

　理科室は，薬品やガラス器具，加熱器具など，普通教室にはない設備や備品が多い。実験器具や薬品などの正しい扱い方や管理方法，安全指導のあり方や事故を起こさないための配慮，事故が起きた場合の対処法などについて教師自身が正しく理解することが大切である。また，理科室の使い方指導について校内教職員と共通理解することが重要である。本章では，誰もが使いやすく安全な理科室の経営と安全指導について学んでいく。

キーワード　実験器具リスト　機能的な収納　事故防止　薬品管理　事故事例

第1節　理科室経営

1. 理科室の環境整備

　小学校の理科室には，水道やガスなどの設備や多くの実験器具があり，普通教室の環境とは大きく異なっている。子どもたちも，理科室での実験や観察は大好きである。しかし，興奮しておちつかないまま授業をするのは危険である。わくわくする気持ちを理科という教科への意欲につなげつつ，理科室での授業が安全に行えるように指導していきたい。

　理科室は複数の教員が使用するが，常駐する教職員はいないため，教員の共通理解と協力は欠かせない。特に，初任者や初めて理科を担当する人など加熱機器や薬品の扱いに不安を感じている教員も多い。どの教員も安全に理科指導ができるよう理科室の管理を工夫し，安全指導を徹底する必要がある。

　理科室の設備や教材については，理科教育振興法：1953（昭和28）年制定，に基づいて，設備の整備や購入に対して補助金（理科教育設備整備費等補助金）

が支給される。直流電流計や顕微鏡，人体骨格模型など，文部科学省による設置基準（小学校教材整備指針）を参考に，校長と理科主任を中心に設備の充実を図っていく。文部科学省のサイトなどからダウンロードして実験器具リストをExcelファイルで作成しておくと良い。こうした予算の申請や安全な理科室経営については，地域の教育委員会や理科教材の業者，中学校・高等学校・大学とも連携をとり，より良い方法を学んでいくことも大事である。

2．年に一度の定期的な理科室点検

　年度始めや長期休暇中など，年に一度は理科主任を中心に理科室を使用する教員で集まって設備の点検を行う。各学年で使用する道具や薬品などの点検・補充をしながら，安全な扱い方や指導法の研修を行うと良い。特に，同学年の教員で共に教材研究を行うことが，事故防止と理科の授業の充実につながる。重要なことは，「児童が安全に使えるための機能的な収納」「事故防止のための徹底した点検と研修」の2点である。

　まず，ガス栓やガス管，ガス警報器，電源や照明，換気など設備を点検し，消火器や防火用砂，救急箱などの保管場所と使用方法を確認する。緊急時には，どの教員も対応できることが必要である。使用済み乾電池や金属ごみなど，理科室特有のごみ処理の整備も必要である。破損したガラス処理のための清掃用具やごみ箱は別に用意しておく。水道の蛇口には，飛散防止のためにシリコン製のホースをつけておくと良い。

　実験器具は，一度全て棚から出して破損がないか点検する。学年別や分野別など，学校の実態に合わせて分類し，見つけやすくしまいやすい収納を心がける。児童が取り出して良い道具の棚と，教員が管理して児童は勝手に持ち出さない棚を区別し，使用頻度の高い器具（鉄製スタンド，三脚，金網など）は，児童が出し入れしやすいところに置く。

　棚に実験道具の名称と写真やイラストなどを貼り付けたり，使い方や片付けのきまりなどを作成して道具の数だけ印刷してパウチし，道具と共に持ち出して手元で見られるようにする工夫も効果的である。

　ガラス器具は，ひび割れなどがないか点検し，お湯とクレンザーで丁寧に洗う。ビーカーや集気びんの内側に白い輪ができたり曇ったりしている場合は，石灰水に溶けていた炭酸カルシウムが付着していることが多いため，塩酸で洗うときれいに取れる。ビーカーや試験管等，多くの学年で使用するガラス器具

は，破損してもすぐに新しいものが出せるように予備を用意しておく。

3. 理科準備室と薬品の管理

　理科準備室は，原則として児童の入室は認めず，教員が管理を徹底する。塩酸や水酸化ナトリウム，アンモニア，アルコールなど法律で劇薬や危険物と指定されている薬品は，鍵付きの保管庫に保管する。保管の方法を誤ると，揮発して濃度が変わったり変質したりするので，薬品の性質や正しい保管方法を理解することが必要である。また，薬品管理簿（図15-1）を作成し，必ず使用者本人が使用量と残量を記入することを徹底する。管理簿の番号を薬品容器にも貼る，使用前の重量と使用後の重量の両方を記入する，薬品管理簿のそばに重量を測れるように電子天秤を置くなど工夫することで管理しやすくなる。

　劇物は，保管庫の外に「医薬用外劇物」と表示しなくてはならない。

薬品管理簿						
薬品名：　塩酸（HCl）　　12mol　36.5%　（劇物）				容器：500mLびん（ガラス）		管理番号：7
取り扱いの注意：　キャップを開けるときは，気体が発生するので吸い込まないように注意 窓を開けて風を通し，軍手を使う。 手や衣服につかないよう注意						
購入年月日	2020年4月13日			購入時の重量（びんごと）		589g
年月日	使用者	使用学級	用途	使用前の重量	使用後の重量	使用した重量
2020. 5. 30	高橋	6-2	水溶液	g	g	g
				g	g	g

図15-1　必ず薬品管理簿を作成して管理し，児童には絶対に触らせない

第2節　理科室使用の安全指導

　理科室の約束には科学的な意味がある。約束を頭ごなしに押し付けるのではなく，なぜ危険なのか，守らないとどのようなことが起きるのかなど，児童自身が約束の意味を理解した上で行動するように指導したい。安全指導を徹底す

るには，授業が楽しく充実し，児童主体であることはもちろん，教師と信頼関係を築き，勝手な行動をしない子，子ども同士が注意し合えるような学級を育てておくことも大切である。

1. 年間を通した理科室使用の約束

　理科室で行う実験の多くは，児童が初めて見る実験器具を用いて，初めて行うことが多い。しかし使用する実験室や実験器具は3年生から6年生まで共通である。理科室使用の約束を校内で共通にしておくことにより，児童は担当教員が変わっても混乱することなく，学年が上がるにつれて上手に実験室を使えるようになっていく。「理科室のきまり」を理科室に掲示したり，実験台に備える雑巾や小さなほうきセットなどを置き，授業前後に実験台を整える習慣を身につけさせることも効果的である。それでも，年度の始めや初めて理科室を使うときには，理科室の約束や安全の注意について丁寧な指導が必要である。いきなり大掛かりな実験をすることは避け，「マッチの火をろうそくに移そう」や「水100mlを計り取ろう」など，短時間でできる実験を行い，基本的な実験道具の使い方や片付け方などを確認するとよい。

2. 観察・実験前の指導

　理科室での実験を安全に行うために最も重要なものは，実験を安全に行おうとする児童の態度である。直前の授業においては，何を調べたいのか，そのためにどのような実験をするのか，実験の目的や明らかにしたいことを児童一人ひとりが自覚し，観察や実験を通して「知りたい」「確かめたい」という意欲を持てるようにする。

　その上で，器具や薬品の特性・仕組みや正しい操作法をしっかり指導する。また，観察・実験中にどのような危険が予想されるか，使い方を誤るとどのような危険が起きるかを理解させる。事前に，学級教室で実験器具を触ってみたり，ビデオ映像などで実験手順を見たりしておくと良い。

3. 観察・実験中の指導

　《身支度の注意》実験器具にひっかけて倒したりしないよう，長い髪，袖やネクタイなどをまとめるなどして整える。実験中は安全メガネを着用する。
　《実験台の使い方》記録用のノートやワークシート以外は片付け，実験台全

体を広く使う。火を使う実験や薬品を使う実験などは立って行う。立つときは，椅子を机の下にしまい，足元の空間に障害物が置かれないようにする。

《歩く時の注意》実験道具は班ごとにトレーやボックスに分けておき，教卓に取りに来る児童や動線を決めておく。運ぶときには，慌てずに順番を守り，両手で運ぶなど，ぶつかって落としたりしないよう注意する。

4. 観察・実験後の指導

原則として，理科室を出る時は，来た時と同じ状態にする習慣を身につけさせる。実験机の上はごみを取り除いてから，ぬれ雑巾で拭き，雑巾を念入りに水洗いしてから所定の位置に広げて乾かす。また椅子をしっかりと収納する。

実験で使用した道具は，原則として持ってきた児童が棚や教師用の机など元の場所に戻す。実験で生じた廃液は必ず回収する習慣を徹底する。冷却が済んでいないものや次の時間まで置いておくものは，決められた場所に集め，他の教員にも分かるよう，学級と用途を明記しておく。

ビーカーなどガラス器具は，水洗いしたあと乾燥棚に置く。乾燥棚に置いたままにしないよう，毎日保管棚に戻す。学年に応じて，「理科係」や「掃除当番」など，決めておくと良い。

第3節 理科室で起こりやすい事故事例

小学校理科実験中の事故は，4年生「金属，水，空気と温度」および6年生「燃焼の仕組み」，「水溶液の性質」における火傷や外傷が多く報告されている。特に4年生は，火を扱う初めての学年であるが，「物の温度と体積（熱膨張）」「物の温まり方（熱伝導と対流）」「水の三態（状態変化）」など水や鉄などを熱する実験が続く。器具チェックや安全指導を徹底しておきたい。事故が起きたら，素早く応急処置を行うとともに，保健室や管理職と連携を取り，必要に応じて医療機関に連絡して処置する。

1. 切り傷，擦り傷

外傷の多くは，ガラスの破損による切り傷である。ビーカーのふちが欠けていたり，ガラス棒の先などがぶつかったり，硬くなったゴム栓をフラスコにね

じ込もうとして強い力が加わったり，さまざまな場面で起きやすい。また，道具をこわごわと持っていたり気が散ったりして，試験管などを持つ手が滑って落としてしまう事故も起きる。また，蒸発皿，ビーカー，試験管などを加熱して急に冷却すると，収縮して割れてしまうこともあるので注意が必要である。

2. 火傷

火傷は，4年生「金属，水，空気と温度」での加熱実験において最も多く起きている。その多くは，加熱中に実験道具に接触したり，熱湯をかぶったりするものである。また，加熱直後にビーカーや蒸発皿，三脚などを触ってしまう火傷も多い。ガラスや金属などは，温度が高くなっても見ただけでは熱いと分からないため，不用意に触ってしまうことも多いのである。また，火を扱う経験がない児童も多く，火がついた途端に怖くて投げ出してしまうこともある。

加熱をしてなくても，化学反応によって発熱する現象も起きる。酸素用の気体検知管は，測定時に熱が発生する。また，児童が実験することは稀であるが，水酸化ナトリウムを水に溶かすときも，化学反応で発熱する。これらの現象も，高熱になっても炎が出たり赤くなったりしないため注意が必要である。

また，電気の実験で，乾電池の＋極と－極を導線で直接繋ぐと大量の電流が流れ（ショート回路），高温になることがあり，指先の火傷も起きやすい。

3. 薬品の吸引や中毒

小学校理科でも，劇薬や危険物を扱う。塩酸やアンモニア水などは，水溶液に気体が溶け込んでいる。その気体を吸い込んで気分が悪くなったり，目に入ったり皮膚についたりして激しく痛みを伴う損傷が起きることがある。特に，市販の濃塩酸やアンモニア水を子どもに扱わせることはとても危険である。必ず教師が授業前に適切に希釈しておく。

4. 事故が起きたときの対処

火傷をしたら，すぐに流水で冷やし，15分以上は冷やし続ける。

第4節　理科実験器具の安全な取り扱い

1. 加熱器具

(1) マッチ

怖くて，マッチに火をつけられない，という子どもは多い。家庭でマッチを使うことは少なく，火がついた状態のマッチを持つ経験もない児童，またオール電化で，炎を見たことがない児童も出現している。利き手でマッチを強くつまみ，もう一方の手でマッチ箱をしっかり持って，利き手のマッチをマッチ箱に擦り付け，火をつけるという作業は，非常に複雑である。さらに，火がついたらすぐに炎を上に向けてマッチを持つことも難しい。炎を怖がらずに，点火や消火ができることは，家庭生活がどう変化しても必要な技能であろう（図15-2）。

上は
熱い

横は熱
くない

図15-2　マッチの上と横から手を近づける

(2) アルコールランプ

アルコールランプは，液体のアルコールに芯を浸すだけで加熱を続けることができるシンプルな仕組み（図15-3）の加熱器具である。マッチの火を近づけるだけで火がつき，その後も安定した炎が燃え続ける。液体のアルコールが芯の先端で気化しており，その気体が燃えているのであり，芯は，液体のアルコールを吸い上げる役割をしているだけで，芯自体は燃えない。

そのため，芯の下端はアルコールにしっかりと浸され，上端は5mm程度出ている必要がある。芯の先を触ってみると冷たい液体が手につき，アルコールが染み込んでいることが分かる。芯の先端でアルコールが燃焼すると，下のアルコールが芯をつたって上に吸い上げられ，

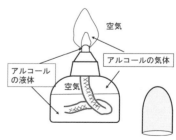

空気

アルコールの気体

アルコール
の液体

空気

図15-3　アルコールランプのしくみ

火が燃え続けるのである。

　ランプの中のアルコールが減っていくことに気付かずにずっと燃焼させ続けると，容器中のアルコールの量が少なくなり，内部にアルコールの気体がたまってしまう。この気体が空気と混ざって引火すると，爆発の危険もある。「アルコールランプに入れるアルコールは，8分目まで」というのは，こうした危険を避けるためである。

(3) 実験用ガスコンロ

　実験用ガスコンロは，ガスボンベを使って加熱する器具である。火力が強く，短時間で加熱することができるため，アルコールランプに代わり，水の沸騰の実験などで用いられるようになってきた。スイッチ一つで点火でき，マッチや燃え差し入れなどが必要ない。また，三脚を使わずにビーカーを上に乗せるだけで実験できる。しかし，ガスボンベをしっかり取り付けないと，ガスが漏れることがあるため，注意が必要である。

(4) ガスバーナー

　ガスバーナーは，ガスの元栓をひねって取り込み，空気を混合することで，アルコールランプよりも強い火力が得られる。小学校で使うことは少ないが，中学校理科ではほぼ全ての加熱実験でガスバーナーを使用する。ガス栓を開け，ガスバーナーの調節ねじを開きながらマッチの火を近づけてガスに点火するまでを手早く行う必要がある。栓を開いてから時間がかかると，多くのガスが供給され，大きな炎が出ることがある。

2. ガラス器具

　ガラス器具は，化学（粒子）分野で多く使われるが，シャーレやスライドグラスなど，生物分野で使用するものもある。ひびが入っていたり欠けたりしないか，使用する前後に必ず確認する。

(1) 試験管

　試験管は，少量の液体を入れて反応の様子を観察したり熱したりするときに使う。原則として，試験管に入れる液体の量は1/4 〜 1/5程度に留めることが望ましい。これは，加熱したり溶かしたりするときに，こぼれないためである。

4年生で水の温まり方の実験をするときに，試験管の上部まで水を入れることもあるが，本来の試験管の使い方とは少し違うことを知っておく必要がある。

（2）ガラス棒・棒温度計

ガラス棒は，溶液を攪拌したり水溶液をリトマス紙に付けて調べたりするときなどに使用する。棒温度計はガラス管の中に入れた液体の熱膨張によって，温度を測定する。アルコール温度計とも呼ばれるが，中身は赤く着色した白灯油であることが多い。どちらも15〜30cmと長いため，小さなビーカーに差し込んだままにすると，てこの原理で倒れてしまうこともあるため注意が必要である。

（3）集気びん

物が燃える様子を観察したり，気体を捕集したりするときに使用する。ろうそくなどの炎を近づけすぎたり，燃焼した物質が落下したりすると，高熱になって割れることがあるので注意が必要である。水上置換で気体を捕集するときはガラスの蓋を用いるが，6年「物の燃え方」の実験では，ガラスが加熱して割れやすいのでアルミ製の蓋を用いる。

（4）気体検知管

空気中の酸素や二酸化炭素の濃度を調べる器具で，採取器と使い捨ての検知管からなる（201ページ参照）。検知管は，密封したガラス管の中に化学物質が入っており，測定する気体や濃度によって使い分ける。測定する直前に両先端を切り取り，採取器に取り付けるときに，検知管に無理な力を加えて割らないよう気を付ける。

最近は，デジタルの気体センサーも開発されている。

第5節　小学校理科で扱う薬品の管理

小学校でも，塩酸や水酸化ナトリウム，アンモニアなど，毒物及び劇物取締法で劇物と指定されている薬品を扱う。薬品の特性を正しく知り，安全な使用と管理が重要である。特に，危険な薬品は必ず適切に希釈し，濃度の高い原液

は児童の手に触れることのないよう準備室から出さないことが必要である。

1．特に取り扱いに注意が必要な薬品

表15-1　アルコール，アンモニア，塩酸，水酸化ナトリウムは劇物指定で危険

学年	初めて使用する単元	使用薬品	使用目的	性質・取り扱いの注意
4	「金属，水，空気と温度」	アルコール（メタノール）	アルコールランプの燃料	【劇物・毒性・危険物（引火性）】密栓し火気から遠ざけて保管。
5	植物の発芽・成長	ヨウ素液	種子の中のでんぷんの有無を調べる	光に当たると変性する。褐色の瓶に入れ冷暗所に保存。
	物の溶け方	ミョウバン	温度によって溶ける量が違うことを調べる	密閉容器に入れ，気体の出入りを遮断する。
6	燃焼の仕組み	石灰水	気体を吹き込み，その気体が二酸化炭素かどうか調べる	水酸化カルシウム（消石灰）の飽和水溶液。蓋付きの大きな容器に水1L入れ，消石灰3gを溶かして，上澄液を使う。
	植物の成長	アルコール（エタノール）	でんぷんの有無を調べるために葉に含まれる葉緑素を脱色する	【危険物（引火性）】密栓し火気から遠ざけて保管。
	水溶液の性質	塩酸	気体が溶けている，強い酸性，金属の質的な変化など水溶液の性質を調べる	【劇物】刺激臭，空気中で白煙を生じる。気体を吸い込まない。
		水酸化ナトリウム	リトマス試験紙などでアルカリ性の性質を調べる	【劇物・毒性】強いアルカリ性，潮解性
		アンモニア水	気体が溶けている，アルカリ性などの性質を調べる	【劇物】揮発性，刺激臭，密閉して保存する。直接吸い込まない。
		炭酸水	気体が溶けている，酸性の性質を調べる	揮発性。一度開けたら使い切る。冷蔵庫に保存する。

（1）アルコール（メタノール）CH_3OH 　劇物・毒性・危険物4類（引火性）

　アルコールランプに入れるアルコールとして使われ，燃料用アルコールとして薬局等でも売っている。つんとする特有の臭いを持つ無色透明の液体で，揮

発性が高い。消毒用のエタノールと混同しないよう注意が必要である。有毒で，目に入ると失明し，大量に飲み込むと死に至ることもある。安全のためにエタノールと混合した教材用アルコールもある。

(2) アルコール（エタノール）C₂H₅OH　危険物４類（引火性）

消毒薬の臭いがする無色透明の液体で揮発性である。注射の際や手指の消毒に用いたり，飲酒用にも用いられる。引火しやすいため，葉の脱色の際にはエタノールを入れたビーカーを直接火にかけず，80℃程度の湯で湯煎する。

(3) ヨウ素液（ヨウ素ヨウ化カリウム水溶液）（KI+I₂）

ヨウ素をヨウ化カリウム水溶液に溶かした褐色の液体。単体のヨウ素は劇物であるため，市販のヨウ素液を購入するとよい。でんぷんと反応して褐色から青紫色に変化する。市販のヨウ素液は濃すぎて色の変化がわからないため，10倍程度（薄い麦茶の色）に薄めて使う。ヨウ素液は，光や熱に対して変質しやすいため，褐色の瓶に入れて，冷暗所に保存する。

(4) ミョウバン（硝酸カリウムアルミニウム）AlK（SO₄)₂・12H₂O

5年生「物の溶け方」で，水温による溶解度が大きく違う物質の一つとして使用する。白い結晶性の粉末でカリミョウバンと呼ばれる。溶解度の違いを生かして，大きな結晶をつくることができる。ミョウバンはナスなどのアクの強い野菜の変色を防ぐことでも知られているが，食品として販売されているものは，焼きミョウバンと呼ばれ，カリミョウバンから水分子（H₂O）を取り除いたものであり，溶解度が違うので「物の溶け方」の実験には適さない。

(5) 塩酸（HCl）　劇物・腐食性

塩化水素（HCl）という気体が溶けた強酸性の液体であり，激しい刺激臭と腐食性がある。目や皮膚に触れると強い痛みを伴って炎症を起こす。市販の濃塩酸は，12M（約36％）という非常に濃い濃度であるが，そのまま実験に使うことはない。栓を開けると刺激臭のある塩化水素の気体が出て白煙となり，吸い込むと危険である。観察したりリトマス試験紙を用いて調べたりする場合は1M，金属の質的な変化を調べる場合は3M（4倍に薄める：塩酸1に対して水3）に薄めて使う。単元の初めに，必要量を計算して3M水溶液を作ってお

くと良い。薄めるときは，濃塩酸に水を加えると発熱して危険であるため，水に塩酸を加えていく。びんの栓をしっかり閉めていても塩化水素の気体は少しずつ蒸発して外に漏れ出しているので，大量に購入し過ぎないよう注意が必要である。アンモニア水と一緒に保管していると，アンモニアの気体と反応してびんのキャップ周辺に白い結晶が生じることがある。また，金属製の薬品戸棚に充満して，戸棚の金属が錆びてしまうこともある。小学校理科実験用に薄い塩酸も販売されているので，予算に余裕があるならこうした教材を購入する方法もある。

(6) アンモニア水（NH_3）　劇物・腐食性

　アンモニア（NH_3）という気体を水に溶かした無色透明の液体。揮発性で，つんとする強い刺激臭がある。市販のアンモニア水は15mol/L（約28％）で，蓋を開けると気体のアンモニアが発生し，非常に危険であるため，児童の手の届かないところに保管する。授業では15倍程度に薄めて使うが，臭いを嗅ぐ時に，直接気体を吸い込まないよう指導が必要である。

(7) 水酸化ナトリウム（NaOH）　劇物・毒性・腐食性

　水酸化ナトリウムは，白色の粒状の固体であり，これを水に溶かしたものが水酸化ナトリウム水溶液である。この粒や水溶液に直接触れると激しい痛みを伴い皮膚が損傷する。苛性ソーダとも呼ばれ，洗剤や手作り石鹸の材料としても使われる。分子量が40であるため，40gを水に溶かして1L（リットル）にしたときに1mol/L水溶液となる。濃度が1mol/Lの水酸化ナトリウム水溶液を100ml作るためには，水酸化ナトリウムを4g測りとって100mlの水に溶かせば良いことになる。水酸化ナトリウムは空気に触れると空気中の水分に溶け出してキラキラと濡れたように見える（潮解性）。これは，表面が非常に濃い水溶液になっているためであり，触れると危険である。そのため，ボトルから取り出すときは手早く行い，手に触れないよう気を付ける。小学校理科用の薄い水酸化ナトリウム水溶液も理科教材会社から市販されているので，水溶液の調整や保管に不安があるときは，水溶液で購入することも考えられる。

2．廃液の処理

　授業で使用した液体は，流しには捨てずにすべて回収するというルールを徹

底し，教員も実験後の後片付けにおける廃液回収を習慣づける。実験室の流しから下水を通って海に流れていくことを意識させることで，環境教育としても重要である。特に6年生「水溶液」の単元では，酸性とアルカリ性の二つの廃液ボトルを用意し，色分けしたラベルをつけて別々に回収する指導を徹底する。

　金属を溶かした水溶液は，別に回収しておき，業者に処分を依頼する。食塩やミョウバンなどだけしか溶けていない水溶液は，回収した後に再結晶させて，再利用することもできる。

　一般的に，小学校理科で使用する薬品は濃度も薄く量も多くないので，中和して大量の水で薄め，濃度を5％程度まで薄めれば水道に流しても違法ではない。しかし，廃液の処理は正確さも求められ時間もかかるため，無理に学校で行おうとせず，教材を購入する業者や市町村教育委員会等に連絡して，回収を依頼することが望ましい。地域の中学校理科教員に相談するなど，連携していくことも大切である。

課　題

1. 教科書指導書や教育委員会等の資料を参考に，「理科室のきまり」の掲示物を作成しなさい。
2. 初めて理科室を使う授業の指導計画と指導案を作成しなさい。
3. 理科の教科書を参考に，学年ごとに使用する薬品のリストを作成しなさい。

参考文献

佐賀県教育センター『安全な理科観察，実験ハンドブック（小学校編）』2007年
　https://www.saga-ed.jp/kenkyu/kenkyu_chousa/h18/anzennarika/top4.htm
新潟市立総合教育センター『安全でわかりやすい理科室運営ハンドブック（小学校編）』2011年
　http://www.netin.niigata.niigata.jp/science_contents/text_etc/handbook.pdf
村山哲哉・日置光久編著『小学校理科室経営ハンドブック』東洋館出版社，2011年
森本信也・森藤義孝編著『小学校理科教育法』建帛社，2018年

第 **16** 章

飼育・栽培活動の指導

　動植物の飼育・栽培は，「理科」だけでなく「生活科」や「総合的な学習の時間」においても重要な位置を占め，多くの教員がその指導に携わっている。ではなぜ飼育・栽培活動が必要なのだろうか。本章では，まず理科における飼育・栽培活動の意義・役割を明らかにする。次に，各学年で飼育・栽培する主な動植物と学習内容を確認し，指導上の留意点について解説する。

キーワード　飼育　栽培　実験　観察　体験活動　環境教育

第1節　飼育・栽培活動の意義と役割

1. 教育の目的・目標と飼育・栽培活動

　理科教育における飼育・栽培活動においても，人を育てることに変わりなく，教育の目的である「人格の完成」や「生きる力」の育成に貢献しなければならない。その上で，飼育・栽培活動の意味することについて教育の目標から示す。

　日本の教育を規定する「教育基本法」の教育の目標において，関連する項目は以下に見ることができる。

教育基本法
　第二条　教育は，その目的を実現するため，学問の自由を尊重しつつ，次に掲げる目標を達成するよう行われるものとする。
　四　生命を尊び，自然を大切にし，環境の保全に寄与する態度を養うこと。

　ここでは，「生命」「自然」「環境」がキーワードとなる。この目標は，持続

可能な社会の構築のため，教育の果たす役割が重要であるとし，環境教育を位置づけるものとして規定されたものである。これに寄与するのが，飼育・栽培活動であり，生命尊重や自然愛護，環境保全の育成につながる。この目標を踏まえ，飼育・栽培活動は，幼児教育からはじまり，幼稚園教育要領等に示される「幼児期の終わりまでに育ってほしい姿」の(7)「自然との関わり・生命尊重」を基礎として，小学校生活科の内容(7)「動植物の飼育・栽培」，小学校理科へと学習が進み，さらに中学校理科，高等学校理科へと系統的，連続的に発展しながら目標が達成されるようになっている。

次に「学校教育法」の義務教育の目標において，次の項目が関連している。

学校教育法

第二十一条　義務教育として行われる普通教育は，教育基本法第五条第二項に規定する目的を実現するため，次に掲げる目標を達成するよう行われるものとする。

二　学校内外における自然体験活動を促進し，生命及び自然を尊重する精神並びに環境の保全に寄与する態度を養うこと。

七　生活にかかわる自然現象について，観察及び実験を通じて，科学的に理解し，処理する基礎的な能力を養うこと。

ここでは，理科の基盤となる体験活動の充実が明示されている。飼育・栽培活動は自然を対象とした体験活動であり，その学習過程において，観察や実験がともなう。体験活動は，小学校学習指導要領（平成29年告示）において，主体的・対話的で深い学びの実現に向けた授業改善を行う際，重要な意味を持つものとされていることからも，今後，さらに飼育・栽培活動の充実を図り，これらの教育の目標に向けた学習であることを念頭に指導することが大切である。

2. 理科の目標と飼育・栽培活動

小学校理科の教科の目標は，以下の通りである。

自然に親しみ，理科の見方・考え方を働かせ，見通しをもって観察，実験を行うことなどを通して，自然の事物・現象についての問題を科学的に解決するために必要な資質・能力を次のとおり育成することを目指す。

(1) 自然の事物・現象についての理解を図り，観察・実験などに関する基本的な技能を身に付けるようにする。

(2) 観察・実験などを行い，問題解決の力を養う。

> (3) 自然を愛する心情や主体的に問題を解決しようとする態度を養う。

　理科の目標が「自然に親しむ」ことから始まるように，理科は，児童が自然に親しむことから学習が始まる。『小学校学習指導要領（平成29年告示）解説理科編』において，ここでの「自然に親しむ」とは，「単に自然に触れたり，慣れ親しむということだけではない。児童が関心や意欲をもって対象と関わることにより，自ら問題を見いだし，それを追究していく活動を行うとともに，見いだした問題を追究し，解決していく中で，新たな問題を見いだし，繰り返し自然の事物・現象に関わっていくことが含意している」と示している。つまり子どもが示す興味・関心，好奇心は，自然の事物・現象，動物・植物に関するものが多いことから，飼育・栽培活動は，自然に親しむこと，そのものといえる。

　また主として「自然を愛する心情」や「主体的に問題解決をしようとする態度」を育てることに関連する。『小学校学習指導要領（平成29年告示）解説理科編』において，「自然を愛する心情」は，「植物の栽培や昆虫の飼育という体験活動を通して育まれる」とある。また文中(1)(2)およびその他，各所に表記される「観察，実験など」の「など」については，「自然の性質や規則性を適用したものづくりや，栽培，飼育の活動が含まれる」と示されている。

　つまり子どもは飼育・栽培の過程で，さまざまな生き物に触れ，感じたり，考えたりしながら，それらを愛護し，生命尊重の信条を抱くなかで，自然を愛する心情が育成されるのである。さらに，人間を含む生き物が生きていくためには，水，空気，食物，あるいは自然の資源，太陽のエネルギーなどが不可欠であることや，それらの自然環境と人間との適切な共生の手立てを考えながら自然を見直したり，実験や観察，そして飼育・栽培を通して，自然の秩序や規則性などに気付くことによって自然を愛する心情が育まれていくのである。

　「主体的に問題解決しようとする態度」とは，一連の問題解決の活動を，子ども自らが行おうとすることによって生まれる姿であり，小学校理科では，意欲的に自然の事物・現象に関わろうとする態度，粘り強く問題解決をしようとする態度，他者と関わりながら問題解決しようとする態度，学んだことを自然の事物・現象や日常生活に当てはめてみようとする態度を示している。

　飼育・栽培活動は，これらの育成を目指すことを念頭に置き，さらに学校教育が目指す「豊かな人間性」を育むことに密接に関わることから，その意義・役割は大きい。

3. 理科の学習と飼育・栽培活動

　飼育・栽培活動は，理科の学習のうち，主に「生命」を柱とする領域（生物分野）であり，学習する内容は「生物の構造と機能」「生命の連続性」「生物と環境の関わり」の3つで構成され，これらが小学校理科の「生命」概念の3要素となっている。飼育・栽培活動は，自然科学の本質として，「生命」の概念を形成するには欠かせない活動である。

　例えば，第3学年で扱う「身の回りの生物」は，これら3つの要素がいずれも関係してくる。同様に第4学年の「季節と生物」は「生命の連続性」と「生物と環境の関わり」の2つに関係している。一方，第5学年の「植物の発芽，成長，結実」「動物の誕生」は「生命の連続性」に，第6学年の「人の体のつくりと働き」「植物の養分と水の通り道」は「生物の構造と機能」と，それぞれ1つの要素に関連してくる。飼育・栽培活動を行う際には，これら「生命」概念の3要素のどの部分に関わるのかを把握し，関連性を念頭におくことが必要である。

　これまで述べてきたような飼育・栽培活動の意義・役割は，教師が子どもに言葉で説明して身に付くものではない。大切なのは，教師がそれを念頭に置きながら子どもと関わり，実際に子どもが自然の事物・現象，動物や植物に触れ，育て，観察し，親しんでいくうちに徐々に芽生え，育まれていくのである。では実際に飼育・栽培活動は，どのように進めていけばよいだろうか。次にその具体的な内容と方法について述べていく。

第2節　飼育・栽培活動の指導

1. 各学年で扱う主な動植物と学習内容

　小学校理科の教科書で取り扱う主な動植物は表16-1の通りである。近年では，日頃よく見る野菜が取り上げられるなど，種類の多様化が進んでいるものの，定番とされる教材がある。それには理由があり，第3学年の「植物の成長と体のつくり」で扱う植物では，「栽培が簡単で，身近に見られるもので，夏生一年生の双子葉植物を扱うようにする」など『学習指導要領』で明示されている

ことに加え，いくつか基本的な視点がある。1）児童が日常活動として継続的に世話ができ，身近で容易に飼育・栽培できるもの，2）学習内容を理解する上で，対象の特徴や性質が容易に観察できるもの，3）入手しやすく，取り扱いや保存・管理しやすいもの，4）怪我や病気につながりにくい安全なもの，などである。

このように教材に適切性や妥当性があれば，地域の気候や学校の実情などに合わせて選び，教材開発を重ね，新たな動植物で取り組むことが望ましい。

指導を行う際には，その生き物の特性を理解した上で，どのような学習の位置づけで（単元の目標や内容，科学の見方など），どのような方法で（年間計画と準備，留意点など）行うのかを念頭におくことが必要となる。

そこで表16-1で各学年の学習内容とそこで扱う主な動植物およびその用途・留意点について示す。

表16-1　各学年で扱う主な動植物と学習内容

※飼育・栽培活動を中心に掲載
※教材の種類や学習内容は，地域や実情等に合わせ，各学年，数種類選んで学習する
※各単元に記号（①〜⑰）を示し，動植物の種類及び用途・留意点の末尾に，関連する単元の記号を表記

学年	単元・内容	主な動植物の種類	主な用途・留意点
3年	身の回りの生物 ①「植物の成長と体のつくり」 ②「昆虫の成長と体のつくり」	〈植物〉 ホウセンカ ①⑨⑮⑯ ヒマワリ ①⑨ オシロイバナ ①③⑨ マリーゴールド ①⑨ サルビア ① ヒャクニチソウ ① フウセンカズラ ① ワタ ① オクラ ①⑨ ダイズ ①⑥⑦⑧ ピーマン ① トマト ① トウモロコシ ①⑨	・夏生一年生の双子葉植物を約2種類選び，栽培する。種から子葉が出て，成長して枯れるまでの一生を観察し，植物が育つ順序について比較しながら調べることがねらいである。栽培種は，学校や地域の状況，児童の興味・関心に応じて，栽培する植物を選ぶとよい。ヒマワリ，ホウセンカは育てやすい。ホウセンカは赤色や白色などの種類があり，花の数も多い。ワタやピーマンは実の色や形状などの美しさや面白さから，子どもの興味・関心を維持しながら継続して栽培するのに適している①。

| 3年 | | （モンシロチョウ採卵用）
キャベツ ②
コマツナ ②
ダイコン ②
ハッカダイコン ②など

〈動物〉
（完全変態昆虫）
モンシロチョウ ②
アゲハ ②④
カイコ ②
ツマグロヒョウモン ②
など
（不完全変態昆虫）
シオカラトンボ ②
アキアカネ ②
ショウリョウバッタ ②
トノサマバッタ ②
コオロギ ②
スズムシ ②など
（その他の節足動物）
ダンゴムシ（甲殻類）
②⑰
ジョロウグモ（クモ類）
②など | ・児童は水を多くやりすぎる傾向があるため，土が乾いたら潅水するよう指導する①。
・昆虫は完全変態と不完全変態昆虫を扱う。不完全変態昆虫は，飼育が難しい卵からでなく，幼虫を採集して飼育を始める方がよい②。
・昆虫の体のつくりや不完全変態・完全変態を学習する際の「理科の見方」は，「生物の共通性・多様性」だけではなく，全生物の約6割が昆虫であり，地球上で最も繁栄した理由が翅や完全変態の獲得にあることから，生物の進化という「時間的」な見方を教師はもつとよい②。
・キャベツなどのアブラナ科植物の栽培は，モンシロチョウの採卵用，食草用として教師が栽培する。学習時期に合わせて，前年度から準備しておく②。
・昆虫の発生時期は，地域やその年の気候などに左右されるため，常に生き物と気象状況に留意し，場合によって，前後の単元と平行して展開し，各教材に最も適した時期を捉えて，臨機応変に授業設定する必要がある（表16-2参照）。モンシロチョウは児童が個別または少人数で卵から丁寧に観察・学習ができるように工夫する。人工産卵法（リシャール法）を取り入れると，雌の産卵行動が観察でき，多数の卵を採集することができる②。
・同じ節足動物のグループではあるが，昆虫（昆虫類）ではないダンゴムシ（甲殻類）やジョロウグモ（クモ類）を扱う。昆虫の定義を軸として，生き物の姿を科学的に捉え |

学年	単元・内容	主な動植物の種類	主な用途・留意点
3年			ることがねらいである。単に「～がいた」ではなく,「～はどんな形・大きさをしていた」や「～はいくつあった」など,形や数で対象を捉えるよう指導する②。
4年	季節と生物 ③「植物の成長と季節」 ④「動物の活動と季節」 人の体のつくりと運動 ⑤「骨と筋肉の働き」	〈植物〉 (草本) ヘチマ ③⑨ ツルレイシ ③⑨ キュウリ ③⑨ ヒョウタン ③ オシロイバナ ①③⑨ ナス ③など (木本) サクラ ③⑮ イチョウ ③ アジサイ ③など 〈動物〉 ナナホシテントウ ④ オオカマキリ ④ アゲハ ②④ カブトムシ ④ アマガエル ④ ヒキガエル ④ ツバメ ④ ウサギ ⑤⑬など	・観察する動植物は年間を通して共通にし,季節ごとの変化を比較して捉えていく。動植物はそれぞれ2種類以上選び,観察する。その際,生き物に親しむ時間を十分に確保し,生き物の様子に関心をもたせ,1年間継続して観察したいという意欲をもつことができるよう配慮する③④。 ・栽培するウリ科の一年生つる植物は,ヘチマやツルレイシが一般的である。ヘチマが育ちにくい寒い地域では,寒さに強いキュウリを栽培するとよい。留意点として,ウリ科植物は同じ場所で何年も育てると連作障害を起こす。場所や花壇の土を変えたり,鉢栽培しやすいツルレイシを隔年で栽培するとよい③。 ・栽培活動は植物が枯死した後も,しばらく観察する。秋に実を結び,種をつくるヘチマなどの夏生一年生植物(草本)は枯れる一方で,サクラ(木本)などは,落葉するが枯死しない。冬越しの仕方と生命のつなぎ方の視点で比較するため枯死する草本と枯死しない木本を扱う③。 ・教師は年間を通じ,適切な学習時期が判断できるように,常に生き物の様子や気象状況に留意し,観察時期を逃さないようにする。場

4年		・合により，前後の単元と平行しながら進めるようにする③④。 ・ウサギは単元⑤として，ウサギの体に実際に触り，骨や筋肉，関節の様子を調べる学習を行う⑤。
5年	植物の発芽・成長・結実 ⑥「種子の中の養分」 ⑦「発芽の条件」 ⑧「成長の条件」 ⑨「植物の受粉・結実」 動物の誕生 ⑩「卵の中の成長」	〈植物〉 （双子葉植物） インゲンマメ⑥⑦⑧ ⑨⑭ ダイズ①⑥⑦⑧ ソラマメ⑥⑦⑧など （単子葉植物） トウモロコシ⑥⑦⑧⑨ イネ⑥⑦⑧⑨など ウキクサ⑧など （受粉の実験） アサガオ⑨ ツルレイシ③⑨ ヘチマ③⑨ カボチャ⑨ キュウリ③⑨ （花粉の観察） アサガオ⑨ ヒマワリ①⑨ オシロイバナ①③⑨ マリーゴールド①⑨ インゲンマメ⑥⑦⑧ ⑨⑭⑯ ホウセンカ①⑨⑮⑯ トウモロコシ⑥⑦⑧⑨ イネ⑥⑦⑧⑨など 〈動物〉 メダカ⑩⑬など	・5年生では，栽培活動を通して，条件制御の見方・考え方を定着させることが指導のポイントとなる。これは理科の学習の中でしか学べない大切な力であることを教師は意識して授業を行う⑥⑦⑧⑨。 ・種子のつくりや子葉の観察は，双子葉植物と一緒に特徴が異なる単子葉植物も合わせて観察するとよい⑥⑦（第13章参照）。 ・ウキクサは日光の条件を変えて，葉の数や大きさなどの成長の違いを比較する実験で扱う⑧。 ・植物の受粉・結実の実験では，アサガオの両性花とヘチマまたはツルレイシ，カボチャの単性花を主教材として学習する。実験において，作業時はできれば教室内で，また実験中，株を台風などから避けるために一時的に室内への移動が可能な鉢栽培が望ましい。そこで，アサガオは鉢でも栽培しやすく，また花や花粉が大きいことから観察に適している。ただ受粉実験の手順において，おしべを取り除く作業が細かく難しい。一方，ツルレイシは作業が野外になるが，花の数が多く，単性花で雄花と雌花が分かれており，おしべを取り除く必要がなく，児童には扱いやすいといった教材の特性を理解しておく⑨。

学年	単元・内容	主な動植物の種類	主な用途・留意点
5年			・花粉を顕微鏡で観察するが，風媒花として単子葉植物のイネ科（トウモロコシやイネなど）を扱うとよい⑨。 ・メダカは観察したいときに合わせてタイミングよく産卵するわけではない。地域による水温の状態の違いなどを考慮して，学習時期を設定する（飼育・産卵方法は第13章参照）⑩。 ・生命尊重の観点から，実験を終えたら植物は花壇などに植え替えるなど，栽培を継続する⑥⑦⑧⑨。また環境保全の観点から，地域特有の遺伝的特徴が失われる恐れがあるため，メダカは放流しないこと⑩。
6年	**人の体のつくりと働き** ⑪「呼吸」 ⑫「消化・吸収」 ⑬「血液循環」 **植物の養分と水の通り道** ⑭「でんぷんのでき方」 ⑮「水の通り道」 **生物と環境** ⑯「生物と水，空気との関わり」 ⑰「食べ物による生物の関係」	〈植物〉 ジャガイモ⑭ インゲンマメ⑥⑦⑧ ⑨⑭⑯ シロツメクサ⑭ ヨモギ⑭ オオカナダモ⑭⑯など ホウセンカ①⑨⑮⑯ セイタカアワダチソウ⑮ サクラ③⑮ ヒメジョオン⑮ ムラサキツユクサ⑮⑯ ツユクサ⑮⑯ （鉢植え） ホウセンカ①⑨⑮⑯ ベゴニア⑯ ニチニチソウ⑯ サルビア⑯	・学校で飼育しているウサギやメダカ，フナなどがいれば積極的に観察する⑪⑫⑬⑰。 ・魚は，人と魚などの呼吸のしくみを，肺やえらの働きと関係付けて学習する。発展学習では，魚が二酸化炭素を排出することを確かめる実験で，BTB溶液の中にキンギョ，フナ，コイ，メダカなど体調約5cmの魚を数匹入れ，フナ2匹では，約20分で黄色（酸性）に変化することが観察できる⑪。また消化・吸収の学習では，魚を解剖し，消化管を観察することで，口から肛門までひと続きになっている様子を観察してもよい⑫。 ・血液循環の学習では，メダカの尾びれには，血管が走っていることや，その中を血液が一定のリズムを刻んで流れている様子を顕微鏡で観

6年		トレニア ⑯ ポトス ⑯ ベンジャミン ⑯ 〈動物〉 メダカ ⑩⑪⑬⑰ キンギョ ⑪ フナ ⑪⑫ コイ ⑪⑫ ウサギ ⑬ など ダンゴムシ ②⑰ など 〈水中の小さな生き物〉 ミジンコ ⑰ ケミジンコ ⑰ ワムシ ⑰ ゾウリムシ ⑰ ツリガネムシ ⑰ クンショウモ ⑰ ミカヅキモ ⑰ ケイソウ ⑰ アオミドロ ⑰ など	んで流れている様子を顕微鏡で観察する。またウサギの大きな耳を裏側から光を当て，細部の血管を観察する⑬。 ・植物の葉に日光が当たると，でんぷんができることをジャガイモで観察する。そのため前年度にジャガイモを植えておく⑭。 ・「でんぷんのでき方」では，インゲンマメ，シロツメクサ，ヨモギなど様々な植物を調べ，「ジャガイモが」という見方ではなく「植物は」という見方を働かせること⑭。 ・オオカナダモは光合成の発展学習として，ヨウ素デンプン反応の実験⑭や，BTB溶液を入れたペットボトルなどの閉鎖空間で，光合成によって水中に含まれる二酸化炭素の割合が減り，色の変化を確認する実験⑯で知られるが，予想どおりに行かないことが多く，実施する場合は周到な準備が必要である⑮⑯。 ・色水吸い上げ実験では，染まった茎の断面や葉の様子を観察するため，ホウセンカの栽培品種は花色が白やピンクの淡色系を選ぶ。 ・6年のホウセンカ栽培は，実験で水の鉢上げや根ごと引き抜き，色水の入ったフラスコなどに入れたり⑮，葉の蒸散⑮や光合成の実験⑯で，暗所の中に株を移す作業があるため，扱いやすく，かつ株が大きく育ちすぎないよう鉢栽培にするとよい。その際, 直径約12cm（4号鉢）の鉢に種から直播すると手間がかからない⑮⑯。

学年	単元・内容	主な動植物の種類	主な用途・留意点
6年			・葉から水蒸気が出る蒸散の実験では，栽培ホウセンカ以外で，野草のセイタカアワダチソウ，ヒメジョオン，樹木のサクラの葉でもできる。ホウセンカ同様，良く晴れた日に同じような大きさの植物を選び，片方の植物の葉を取り去り，両方の植物にポリエチレンの袋をかけ，1～2時間後，葉のある方に水滴が確認できる⑮。 ・蒸散の証拠として葉に水の出口（気孔）があることを顕微鏡で観察するとよい。また気孔には，水蒸気を出す働きのほか，酸素や二酸化炭素を出入りさせる働きがあることから，その後の単元「生物と水，空気との関わり」⑯につながる。気孔の観察はホウセンカ以外で，ムラサキツユクサやツユクサが扱いやすい⑮。 ・植物が酸素を出すことを確かめる光合成の実験は，植物体に袋をかけ，日光あり・なしで，実験前後の酸素と二酸化炭素の割合を気体検知管で確かめる。ホウセンカ以外では，学校でよく栽培される鉢植え植物（ベゴニア，ニチニチソウ，ポトスなど）でもできる。学習のまとめでは，自然界における植物の役割の大きさに気付かせ，植物に対する畏敬の念が育つよう配慮して指導する⑯。 ・ダンゴムシは食物連鎖の学習として飼育し，餌となる枯れ葉が次第に食べられ糞となる様子を観察する。この糞が土中のミミズなど小さな生物の食べ物になり，枯れた

			植物や小さな動物の死骸などの分解に役立つことを学ぶ⑰。 ・食物連鎖の学習として，メダカの餌となるミジンコ，ケイソウ，ミカズキモなど水中の微生物を光学顕微鏡で観察する。ミジンコは大きいため穴のくぼんだホールスライドガラスに入れ，線毛などを絡めて動きを制限すると観察しやすい。またスポイトで小さな生物を取り，メダカの口の近くに出すと，メダカが寄ってきたり，食べる様子を観察することができる⑰。
6年			

2. 飼育・栽培活動の年間計画

　生き物は季節に影響されるため，特に見通しを持って，飼育・栽培計画を立てることが必要である。一方，学習を進めていく中で，児童の思いや疑問，発見したことなどに応えることが，興味・関心を高め，継続していくことになり，生命を尊重することにつながることから，飼育・栽培は計画的でありながら，弾力的に対応しなければならない。

　そのためにもまずは，生き物の季節（ここでは関東を基準）や生態に合わせた学習時期や内容（ここでは教科書「大日本図書」令和2年度版を参考）の1年間の流れを把握しておく必要がある。最後に，栽培・採集及び飼育・採集の年間計画の一例を表16-2・3に示す。

表16-2　飼育・採集の年間計画

栽培・採集の年間計画

※地域の気候や実情等に合わせて調整する
※前年度と同じ場所（プランターの場合は土）で同じ植物を育てないようにする

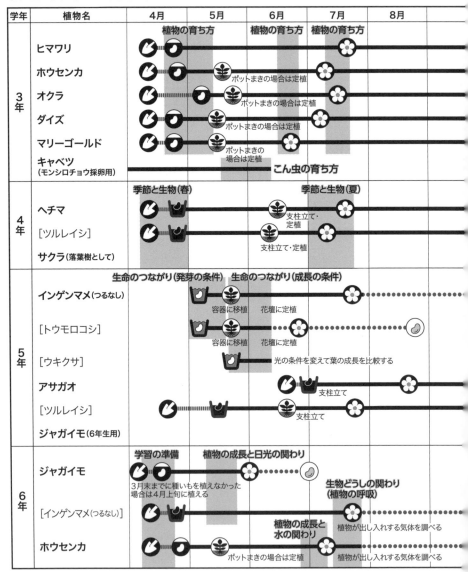

学年	植物名	4月	5月	6月	7月	8月
3年	ヒマワリ		植物の育ち方		植物の育ち方　植物の育ち方	
	ホウセンカ		ポットまきの場合は定植			
	オクラ		ポットまきの場合は定植			
	ダイズ		ポットまきの場合は定植			
	マリーゴールド		ポットまきの場合は定植			
	キャベツ（モンシロチョウ採卵用）			こん虫の育ち方		
4年	ヘチマ	季節と生物（春）		季節と生物（夏）　支柱立て・定植		
	［ツルレイシ］			支柱立て・定植		
	サクラ（落葉樹として）					
5年	インゲンマメ（つるなし）	生命のつながり（発芽の条件）　生命のつながり（成長の条件）				
			容器に移植　花壇に定植			
	［トウモロコシ］		容器に移植　花壇に定植			
	［ウキクサ］		光の条件を変えて葉の成長を比較する			
	アサガオ			支柱立て		
	［ツルレイシ］			支柱立て		
	ジャガイモ（6年生用）					
6年	ジャガイモ	学習の準備　植物の成長と日光の関わり				
		3月末までに種いもを植えなかった場合は4月上旬に植える				
	［インゲンマメ（つるなし）］			生物どうしの関わり（植物の呼吸）　植物が出し入れする気体を調べる		
	ホウセンカ		植物の成長と水の関わり　ポットまきの場合は定植		植物が出し入れする気体を調べる	

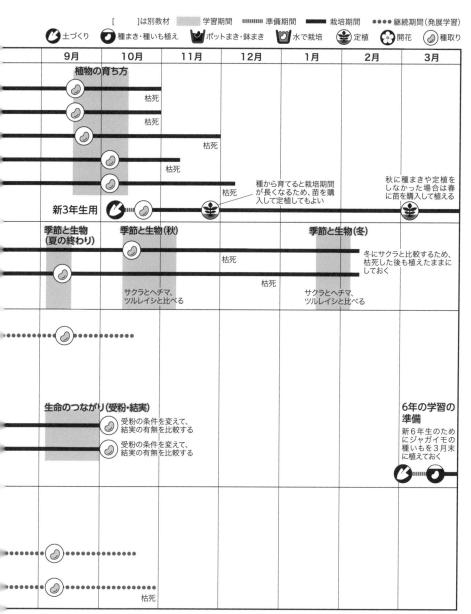

大日本図書(令和2年度版)より改変

表16-3　栽培・採集の年間計画

飼育・採集の年間計画 ※地域の気候や実情等に合わせて調整する

学年	植物名	4月	5月	6月	7月	8月	
3年	モンシロチョウ [アゲハ]・[カイコ] シオカラトンボ ショウリョウバッタ		**こん虫の育ち方**	野外で採集した幼虫はアオムシコマユバチに寄生されていることが多いため、卵から飼育したほうがよい トンボやバッタは飼育のしやすさから、卵からではなく幼虫から飼育したほうがよい			
4年	ナナホシテントウ オオカマキリ ツバメ アマガエル カブトムシ ウサギ	**季節と生物(春)** 越冬した成虫が春になると活発に動き始め、産卵し、ふ化した幼虫がアブラムシを餌に成長する 卵から幼虫がふ化する 春に日本に飛来して、繁殖する 越冬したカエルが春に産卵し、ふ化したおたまじゃくしが出現する 土中で越冬した幼虫が活動を開始する			**季節と生物(夏)** 春から夏にかけて1〜2世代が育つが、餌が少なくなる真夏までに成虫となり、夏眠する 幼虫は脱皮を繰り返して成長する。やがて夏の終わり頃に成虫になる 4月〜7月にかけて1〜2回繁殖する 繁殖の最盛期は5月〜6月だが8月まで断続的に交尾・産卵する 土中で蛹が7月ごろ羽化し、成虫は木の樹液などに集まって交尾、雌は土中で産卵する。卵は約2週間でふ化して成長する		
5年	ヒメダカ[メダカ]	新規で飼育を始める場合は水槽の環境が安定するまで時間がかかるため、早めに準備をする	**生命のつながり**				
6年	ウサギ ヒメダカ[メダカ] 水中の小さな生物 (ゾウリムシ、ミジンコなど) ダンゴムシ	**体のつくりとはたらき(血液循環)**		ウサギの耳の血管や魚の尾びれの血流を観察する	**生物どうしの関わり(食物連鎖)** 落葉した葉などは土壌動物によって分解され、植物の養分になることを捉える		

各学年の生物教材の内容

3年

生物の様子や周辺の環境、成長の過程や体のつくりについて、複数の種類を比較して共通点を調べる。植物は夏一年生の双子葉植物を扱い、種子から発芽し、子葉が出て、葉が茂り、花が果実になった後、枯死するが、種子として子孫を残すことを学ぶ。

4年

1年間を通して、季節と生物について、季節の変化と生物の活動の様子を関係付けて調べる。動植物はそれぞれ2種類以上、観察する。

[　]は別教材　▒▒▒学習期間　‖‖‖‖‖ 準備期間　━━━ 飼育期間　●●●● 継続期間（発展学習）　⬤ 採卵

	9月	10月	11月	12月	1月	2月	3月
		次年度の新3年生の採卵用にキャベツの種子をまいておくとよい	キャベツ苗を購入して植えてもよい				新3年生用のキャベツの種や苗を植えなかった場合は苗を植える
	夏眠から目覚めて、再び1〜2世代が育つ		**季節と生物（秋）** 秋になり気温が下がると日光浴をする。さらに秋が深まると越冬に備えて成虫は小さな集団を形成する 成虫は交尾・産卵し、数百個ほどの卵が詰まった卵鞘を作る 若鳥と親鳥が大集団を作り、涼しくなると日本を離れて南方へ渡る 低温でカエルの活動が低下し、さらに気温が下がると地面の下にもぐり越冬する 交尾した雌は8〜9月に土にもぐり産卵し、約2週間で卵がふ化する。秋には成虫は死ぬが、幼虫は土中にいる **わたしたちの体と運動**		**季節と生物（冬）** 草の根元や落ち葉の裏などで成虫が越冬する 卵鞘で越冬する 地面の下で越冬する 幼虫が土の中で越冬する		

大日本図書（令和2年度版）より改変

5年

植物の発芽・成長・結実の様子について、それらに関わる条件を制御しながら調べ、植物の育ち方を学ぶ。動物は魚を飼育し、卵の様子と時間の経過を関係付けて、動物の発生や成長を学ぶ。

6年

体のつくりと呼吸・消化・排出・循環の働きに着目して、生命を維持する働きについて多面的に調べ、人や他の動物の体のつくりと働きを学習する。また植物の体のつくりと、体内の水などの行方や、葉で養分をつくる働きに着目して、生命を維持するしくみを学ぶ。生物は水・空気・食べ物と関わって生きていることや、持続可能な社会に向けた人と環境との関わりについても学習する。

課　題

1. 小学校理科において，なぜ動植物の飼育・栽培活動や観察が必要なのだろうか。教育の目的・目標，学習指導要領などの関連を踏まえたうえで，その意義や役割について，自分の考えを述べなさい。
2. 次の生物教材（1. ホウセンカ，2. モンシロチョウ）で，どのような理科の授業が展開できるだろうか。対象とする学年，学年目標，学習内容，具体的な実験・観察の方法について述べ，それぞれ教材としての有用性について述べなさい。
3. 小学校第3学年を自分が担当すると仮定し，1年間の飼育・栽培活動の年間計画を立てなさい。その際，学習内容や学習時期，準備等の留意点も含めてまとめなさい。

引用・参考文献

小泉貞明・水野文夫監修『新訂　図解実験観察大事典　生物』東京書籍，1992年

国立教育政策研究所教育課程研究センター『環境教育指導資料（幼稚園・小学校編）』東洋館出版社，2014年

『たのしい理科3・4・5・6年教師用指導書』大日本図書，2020年

『楽しい理科3・4・5・6教師用指導書』東京書籍，2020年

鳩貝太郎・中川美恵子編著『学校飼育動物と生命尊重の指導』教育開発研究所，2003年

松森靖夫・森本信也編著『小学校教員志望学生のための理科教育入門書』東洋館出版社，2013年

『みんなと学ぶ小学校理科3・4・5・6年教師用指導書』学校図書，2020年

村山哲哉・日置光久編著『小学校理科室経営ハンドブック』東洋館出版社，2011年

文部科学省『小学校学習指導要領（平成29年告示）解説 理科編』東洋館出版社，2018年

吉田武男監修・大髙泉編著『初等理科教育』ミネルヴァ書房，2018年

索引

■あ

ICT 10章（125-136）
アルコールランプ 163, 245, 246, 248
生き物 15, 17, 19, 46, 95, 164, 197, 207, 208, 254, 256-258, 261, 263
生きる力 5, 12, 50, 252
糸電話 27, 29, 143
イメージ表現 60, 61
インクルーシブ 104
AI 4, 6, 10, 51
S極, N極 28, 109, 155-157, 159
エタノール 44, 248, 249
オオイヌノフグリ 30
オシロイバナ 30, 256, 258, 259

■か

回路概念 55, 56, 57
科学概念 55, 65, 87
学習評価 74, 75, 79, 80, 82
カリキュラム・マネジメント 12, 100, 101, 103
かわさき宙と緑の科学館 221
簡易電流計 147, 157
環境保全 193, 253, 260
感性 4, 10, 16, 18, 194
乾電池 28, 29, 32, 55, 64, 67, 108, 109, 140, 142, 145-148, 156, 159, 240, 244
観点別評価 6章（74-83）, 120, 122
気象 30, 36, 39, 40, 49, 102, 112, 217, 257, 258
季節 102, 106, 107, 109-111
気体検知管 43, 44, 98, 201, 247
教科横断 101, 221
協働 4, 7, 53, 54, 57-60, 86
記録カード 196
グラフ 35, 37, 71, 82, 92, 94, 109, 126, 129, 163, 172, 175, 179
形成的評価 80-83
けが 201
劇薬 241, 244
言語活動 105
顕微鏡 9, 38, 198, 240, 260-262

■さ

コイル 112, 141, 153-158
構成主義 55-57, 60, 62
コンデンサー 148, 149

サーモテープ 163
差異点や共通点 26-29, 77, 96, 104, 140, 151-153, 155
示温インク 178, 181
示温テープ 178
磁化 109, 112, 153-156
事故 120, 202, 240, 243, 244
試行錯誤 4, 10, 14, 132-135
磁石の性質 26, 28, 108, 140, 141, 143, 154-156, 158
事象提示 88-91, 116
自然体験 10, 19, 22, 51, 253
質的変化 184-186
遮光板 108, 223, 224, 226, 227, 229
主体的な学び 54, 57, 86, 101, 128, 129, 135
受動的な学習 53
障害のある児童 104
条件制御 14, 23, 81, 112, 211, 222, 259
状態変化 32, 34, 35, 57, 97, 102, 162, 163, 171, 172, 174, 175, 179, 219, 243
授業構想 116, 120
食物連鎖 44, 262, 263
書画カメラ 123, 125, 128, 129
ジョン・ホルト 62
磁力 28, 36, 112, 141, 153-156
浸食 39, 112, 128
人体模型 33, 43
診断的評価 80, 81, 83
生活科 13-16, 48, 50, 106, 152, 193, 205, 253
生態系 192, 193
全国学力・学習状況調査 7-9, 71, 220
センサー 114, 134-136, 247
総括的評価 80, 82, 83
双子葉 202, 212, 256, 259
送風機 150
測定 8, 82, 146, 201, 219, 244, 247

■た
対話的な学び　54, 57, 86, 128, 129, 135
タブレット　125, 127, 129, 131, 134
多様性・共通性　193
ダンゴムシ　30, 64, 207, 257, 261, 262
炭酸水　184, 186, 187, 248
単子葉　202, 212, 259, 260
地域性　193
地質　217
聴診器　43
TIMSS　8
鉄心　153
手回し発電機　42, 114, 148, 149
電気エネルギー　148
電気の回路　26, 28, 55, 140
電気の通り道　28, 108, 140, 145
電気容量　148
点検　173, 175, 240
電源装置　147, 148
電磁石　112, 153-159
天文　5, 217
電流計　33, 147, 148, 240
導線　29, 55, 142, 145-148, 153, 154, 159, 244

■な
二酸化炭素　41, 43, 201, 247, 262
年間計画
燃焼
能動的な学習　53-55, 62, 65, 77-79

■は
発光ダイオード　32, 33, 42, 134, 147
話し合い　7, 10, 23, 24, 45, 91, 93, 135, 213, 220
パフォーマンス　78
PISA　8, 9
評価規準　119
F（ファラッド）　148
沸点　164, 172
プラネタリウム　106, 107
振り返り　66, 83, 93, 98, 114-117, 127-129, 135
プログラミング　10章(125-136)

閉回路　142
ペットボトル寒材　175
変換　29, 32, 42, 58, 75, 139, 140, 141, 156
方位磁針　28, 36, 143, 144, 220, 221
保護眼鏡　173, 175, 184

■ま
マッチ　164, 242, 245, 246
豆電球　28, 29, 32, 33, 42, 55, 64-66, 140, 142, 145, 146, 148
虫眼鏡　27, 34, 142, 194, 203
メタ認知　86
モーター　32, 134, 146, 154
目標準拠評価　75
モンシロチョウ　64, 196, 203, 209

■や
薬品管理簿　241
火傷　173, 243, 244
要因や規則性　149
幼小連携　13
ヨウ素液　199, 248, 249

■ら
理科室　15章(239-251), 128, 129
リテラシー　8, 9
リトマス紙　114, 170, 183, 247
量的・関係的　11, 22, 23, 94, 107-109, 111-114, 141, 142, 149, 150, 155, 158, 174, 218

執筆者および執筆分担

石井恭子（いしい・きょうこ）編者，第1章，第15章
　玉川大学教育学部教授

市川直子（いちかわ・なおこ）編者，第16章
　玉川大学教育学部准教授

畑中喜秋（はたなか・よしとき）第1章，第2章，第3章
　元全国小学校理科研究協議会会長

森本信也（もりもと・しんや）第4章，第5章，第6章
　横浜国立大学名誉教授

八嶋真理子（やしま・まりこ）第7章，第8章，第9章
　玉川大学教師教育リサーチセンター客員教授

渡辺理文（わたなべ・まさふみ）　第10章
　北海道教育大学札幌校准教授

小澤良一（おざわ・よしかず）第11章
　玉川大学教師教育リサーチセンター客員教授

有馬武裕（ありま・たけひろ）第12章
　玉川大学教師教育リサーチセンター客員教授

中村　守（なかむら・まもる）第13章
　元玉川大学教師教育リサーチセンター客員教授

野原博人（のはら・ひろひと）第14章
　立命館大学産業社会学部准教授

教科指導法シリーズ　改訂第2版
小学校指導法　理科

2011年2月25日　初版第1刷発行
2021年2月25日　改訂第2版第1刷発行

編著者————石井恭子・市川直子
発行者————小原芳明
発行所————玉川大学出版部
　　　　　　〒194-8610　東京都町田市玉川学園6-1-1
　　　　　　TEL 042-739-8935　FAX 042-739-8940
　　　　　　http://www.tamagawa.jp/up/
　　　　　　振替　00180-7-26665
装幀————しまうまデザイン
印刷・製本————株式会社クイックス